MITOS PARA VIVER

Joseph Campbell

MITOS PARA VIVER

Tradução
Carlos Aldemir Farias e
Larissa Cavalcante

JOSEPH CAMPBELL
FOUNDATION

Palas Athena

Título original: *Myths to live by*
Copyright © 1972 by Joseph Campbell Foundation,
from The Collected Works of Joseph Campbell

Grafia segundo o Acordo Ortográfico da Língua Portuguesa de 1990, que entrou em vigor no Brasil em 2009.

Coordenação editorial: Lia Diskin
Revisão: Chantal Brissac
Revisão técnica: Tônia Van Acker
Revisão de provas: Rejane Moura
Projeto gráfico: Vera Rosenthal
Capa e diagramação: Tony Rodrigues

Dados Internacionais de Catalogação na Publicação (CIP)
(Câmara Brasileira do Livro, SP, Brasil)

Campbell, Joseph, 1904-1987.
    Mitos para viver / Joseph Campbell ; tradução Carlos Aldemir Farias, Larissa Cavalcante. -- 1. ed. -- São Paulo : Palas Athena Editora, 2023.

Título original: Myths to live by
ISBN 978-65-86864-28-1

1. Mitologia 2. Mitologia - Filosofia 3. Mitologia - História I. Título.

23-159759   CDD-291.13

Índices para catálogo sistemático:
1. Mitologia   291.13
Aline Graziele Benitez - Bibliotecária - CRB-1/3129

1ª edição – agosto de 2023

Todos os direitos reservados e protegidos pela
Lei 9610 de 19 de fevereiro de 1998.
É proibida a reprodução total ou parcial, por quaisquer meios, sem a autorização prévia, por escrito, da Editora.

Direitos adquiridos para a língua portuguesa no Brasil por
Palas Athena Editora
Alameda Lorena, 355 – Jardim Paulista
01424-001 São Paulo, SP – Brasil
Fone (11) 3050-6188
www.palasathena.org.br
editora@palasathena.org.br

SUMÁRIO

Sobre as Obras Reunidas de Joseph Campbell 6
Preâmbulo 9
Prefácio 11
I – O impacto da ciência sobre o mito 13
II – O surgimento da humanidade 31
III – A importância dos ritos 56
IV – A separação entre Oriente e Ocidente 75
V – O confronto entre Oriente e Ocidente na religião 97
VI – A inspiração da arte oriental 121
VII – Zen 143
VIII – A mitologia do amor 166
IX – Mitologias de guerra e paz 189
X – Esquizofrenia – a jornada interior 222
XI – A caminhada na Lua – a jornada exterior 255
Enviado – sem mais horizontes 274
    Agradecimentos 293
    Sobre o autor 295
    Sobre a Fundação Joseph Campbell 302
    Lista de ilustrações 303

SOBRE AS OBRAS REUNIDAS DE JOSEPH CAMPBELL

Ao morrer, em 1987, Joseph Campbell deixou uma significativa obra publicada onde explorou sua paixão de uma vida inteira: o complexo dos mitos e símbolos universais que chamou de "Mankind's one great story" [A grande narrativa da humanidade]. Também deixou um extenso volume de trabalhos não publicados: artigos não compilados, notas, cartas e diários, bem como palestras gravadas em áudio e vídeo.

A Joseph Campbell Foundation (JCF) – fundada em 1990 para preservar, proteger e perpetuar o trabalho de Campbell – encarregou-se de criar um arquivo de seus escritos e registros gravados e de publicar *The Collected Works of Joseph Campbell* [Obras reunidas de Joseph Campbell], cujo editor executivo é Robert Walter, e o organizador é David Kudler.

OBRAS COMPLETAS DE JOSEPH CAMPBELL

A JFC se encarregou de disponibilizar os trabalhos não publicados ou que não estão mais disponíveis – ensaios não reunidos, diários, entrevistas, palestras, fragmentos de artigos etc. – através desta instigante série. Os trabalhos em curso são:

IMPRESSOS:

- *Thou Art That: Transforming Religious Metaphor* – Um estudo dos mitos e símbolos da tradição judaico-cristã

- *The Inner Reaches of Outer Space: Myth As Metaphor and As Religion* – O último livro que Campbell completou em vida explora a mitologia nascente da era moderna.

- *The Flight of the Wild Gander: Explorations in the Mythological Dimension* – Uma coleção de alguns dos ensaios mais grandiosos de Campbell.

Sobre as obras reunidas de Joseph Campbell

- *Baksheesh and Brahman: Asian Journals – India* – O diário reflexivo da viagem à Índia que mudou a vida de Campbell.
- *Sake and Satori: Asian Journals – Japan* – A continuação da viagem de Campbell de 1955, incluindo suas experiências reveladoras no Japão.
- *Myths of Light: Eastern Metaphors of the Eterna* – Uma exploração dos mitos e símbolos centrais das grandes religiões asiáticas.
- *The Hero's Journey: Joseph Campbell on His Life and Work* – Uma maravilhosa série de conversas entre Campbell e muitos de seus colaboradores e amigos.
- *Mythic Worlds, Modern Words: Joseph Campbell on the Art of James Joyce* – Uma exploração do impacto mítico do maior romancista do século XX.
- *A Skeleton Key to Finnegans Wake* – Escrito em parceria com Henry Morton Robinson, recentemente editado por Edmond Epstein, especialista em Joyce. Esta continua sendo a análise seminal da obra-prima de Joyce.
- *Pathways to Bliss: Mythology and Personal Transformation* – Nesta obra, Campbell explora o mito no que se refere ao indivíduo.
- *The Mythic Dimension: Selected Essays 1959-1987* – Um novo volume dos abrangentes e instigantes ensaios de Campbell.
- *The Hero with a Thousand Faces* – Uma nova edição da clássica exploração de Campbell acerca do monomito universal da Jornada do Herói e de seu espelho cosmogônico, o Ciclo Cosmogônico.
- *Myths to Live By* (ebook) – Uma edição eletrônica recém-ilustrada e anotada desta clássica exploração dos afetos filosóficos, sociais e psicológicos dos mitos vivos.
- *A Joseph Campbell Companion* (ebook) – Uma nova edição digital de uma das obras mais populares e mais citadas de Joseph Campbell.

VÍDEOS:

- *The Hero's Journey: A Biographical Portrait* – Este filme, feito pouco tempo antes de sua morte, em 1987, acompanha a busca pessoal de Campbell – uma jornada de questionamento, descoberta e, por fim, de deleite e alegria, sem trilhas em uma vida à qual ele disse "sim".

- *Sukhavati: A Mythic Journey* – Este filme hipnótico e fascinante é um retrato de Campbell profundamente pessoal, quase espiritual.

- *Mythos* – Série composta por palestras que o próprio Campbell acreditava resumirem suas opiniões sobre "a grande história da humanidade".

ÁUDIOS:

- *The Joseph Campbell Audio Collection, Series I* – Um lançamento recém-digitalizado e remasterizado destas gravações clássicas, abrangendo os primeiros anos de Campbell como orador público e incluindo algumas de suas palestras mais inspiradoras e admiradas.

- *The Joseph Campbell Audio Collection, Series II.*

- *The Joseph Campbell Audio Collection, Series III* – A JCF está se preparando para o lançamento ordenado de sessenta gravações, até então indisponíveis, de Campbell em sua melhor forma explorando mito, religião, história, literatura e crescimento pessoal como só ele poderia fazer.

PREÂMBULO

A mente seminal de Peter Cooper (1791-1883) – livre-pensador radical, inventor, magnata e político, primeiro verdadeiro feminista de Nova York – concebeu, dentre outras coisas a The Cooper Union for the Advancement of Science and Art. Cooper sentia-se incomodado por sua própria falta de instrução formal, e por saber que a educação em sua época era concebida como algo apenas para ricos e homens. Ele mudou ambos os conceitos, estimulado provavelmente pelo movimento Chautauqua e pelos feitos de alguns outros filantropos. Sua maior e mais importante contribuição foi a criação do The Forum e a educação para adultos, que gerou a primeira faculdade de educação para adultos desta nação, fundada em 1859.

Desde o dia do discurso de Abraham Lincoln até o presente, mais de cinco mil oradores e artistas estiveram no palco do Grande Salão, e suas ideias alcançaram uma audiência de milhões: uma média de mais de mil pessoas por noite, três noites por semana.

E hoje – graças ao incentivo do Sr. Seymour Siegel e à ajuda do Sr. Bernard Buck – as palestras estão sendo divulgadas pela estação de rádio municipal da cidade de Nova York, a WNYC, para centenas de milhares mais. Esta já é a maior série de palestras via rádio da história; e graças à The Cooper Union o diretor que programa as palestras para o The Forum – ao qual foi confiada a tarefa intelectual solitária e incrível de representar o passado e investigar o futuro – nunca foi interrompido, direcionado, nem sofreu interferências por parte da The Cooper Union.

Uma das minhas premissas durante os 22 anos naquela instituição foi que cada uma das mais de mil pessoas que convidei para falar ou se apresentar, e que esteve na plataforma, deveria ser um amigo – assim como cada membro, tanto da audiência presencial quanto dos milhões de ouvintes remotos. Seria difícil selecionar um único orador; mas Joseph Campbell, autor do presente livro, é o epítome da qualidade de comunicação e intelecto necessárias ao The Forum. Ele nunca usa anotações, fala lindamente, é brilhante e, acima de tudo, transmite ideias que fazem uma ponte entre o passado e o futuro e entre os mundos do Oriente e Ocidente. Campbell realizou muitas palestras e séries de palestras no The Forum, as quais sempre foram uma alegria e um prazer. O presente trabalho, desenvolvido a partir daquelas palestras, faz um apanhado de uma vida inteira de conhecimento acadêmico e dos melhores princípios do The Forum da The Cooper Union. Estou orgulhoso em fazer parte deste importante livro.

Johnson E. Fairchild
Nova York,
15 de outubro de 1971

PREFÁCIO

A partir de uma série de 25 palestras sobre mitologia apresentadas no Grande Salão do The Forum da The Cooper Union, em Nova York, entre 1958 e 1971, selecionei aqui uma "dúzia de padeiro"[1] – visto que a palestra Número Quatro é composta por partes de duas do mesmo ano. Os tópicos e títulos, devo à mente fértil do Dr. Johnson E. Fairchild, presidente do The Forum, cuja sagacidade, sabedoria e charme pessoal mantiveram aquela instituição jovial funcionando durante a maior parte de um quarto de século. Meu contínuo prazer em palestrar naquele local derivava, em parte, é claro, do simples e antigo esplendor do próprio Grande Salão e do conhecimento de que Abraham Lincoln uma vez discursou naquele mesmo palco no qual eu estava (uma certa sensação secreta de participação no grande fluxo da eloquência americana); porém, contavam também a atmosfera e o caráter das audiências de olhos e corações abertos que o Dr. Fairchild conseguia atrair para suas inúmeras séries de palestras e discussões gratuitas naquele lugar amistoso. Na hora das perguntas que se seguiam às palestras, quando ele passeava com um microfone de uma ponta à outra, entre as fileiras de cadeiras, permitindo que qualquer um que erguesse a mão falasse o que quisesse à guiza de comentário, interrogação ou exposição elaborada com antecedência, contribuíam mais do que qualquer outra experiência ao longo da vida para que eu valorizasse o imenso prazer

---

1. *A baker's dozen*: "uma dúzia de padeiro" é uma antiga expressão em inglês que possui várias origens históricas. A mais aceita dentre elas é a de que na Inglaterra Medieval, estando o preço do pão atrelado à flutuação do preço do trigo, os padeiros estavam sujeitos a punições caso sua produção fosse considerada superfaturada. Devido à falta de equipamentos de precisão que certificassem que todos os pães tinham exatamente o mesmo peso, muitos eram acusados injustamente e, para evitar que isso acontecesse, frequentemente, quem comprasse uma dúzia de pães receberia treze unidades, como precaução. Dessa forma, ao se referir a "uma dúzia de padeiro", Campbell se refere ao fato – explicado logo em seguida – de que os capítulos do livro reúnem treze, e não doze, palestras. [N.Ts.]

de conversar com pessoas de boa vontade sobre tópicos que me interessavam em termos apropriados aos interesses delas. E espero que, mesmo sob a configuração mais formal da prosa escrita deste livro, algo do frescor e tranquilidade de meu prazer em ministrar aquelas palestras tenha sido preservado.

Estou de fato feliz que o Dr. Fairchild tenha muito gentilmente concordado em fazer a introdução deste volume, como ele mesmo fez a introdução de cada uma das palestras; a última, no dia 1º de março de 1971, ministrada (a propósito) na última noite antes de se aposentar de sua longa carreira, tanto como presidente do The Forum quanto de diretor do Departamento de Educação para Adultos da The Cooper Union. Penso nesta coleção como um símbolo apropriado de minha dívida de gratidão a ele pelo encorajamento, pela calorosa amizade, e pelas sugestões sempre oportunas de temas e títulos que me ensinaram a trazer meus Deuses-búfalo, Quetzalcoatls, Budas e Rainhas-fada a um diálogo reciprocamente esclarecedor com aquelas centenas de membros de suas audiências – muitos dos quais fiéis por anos – que foram, afinal, a inspiração para essas palestras. Meus agradecimentos vão para todos eles, tanto quanto para o seu presidente.

Quero agradecer, também, aos técnicos e funcionários da estação de rádio WNYC pelas gravações em fita cassete, a partir das quais preparei estes capítulos; à Srta. Marcia Sherman por datilografar, cuidadosa e repetidamente, os muitos rascunhos, não apenas destas, mas também das apresentações que não foram incluídas aqui; e à minha esposa, Jean Erdman, por ter tido a ideia de transformar essas palestras em capítulos de um livro, e depois pelas críticas e sugestões que o tornaram realidade.

J. C.
Cidade de Nova York,
4 de julho de 1971

I – O impacto da ciência sobre o mito

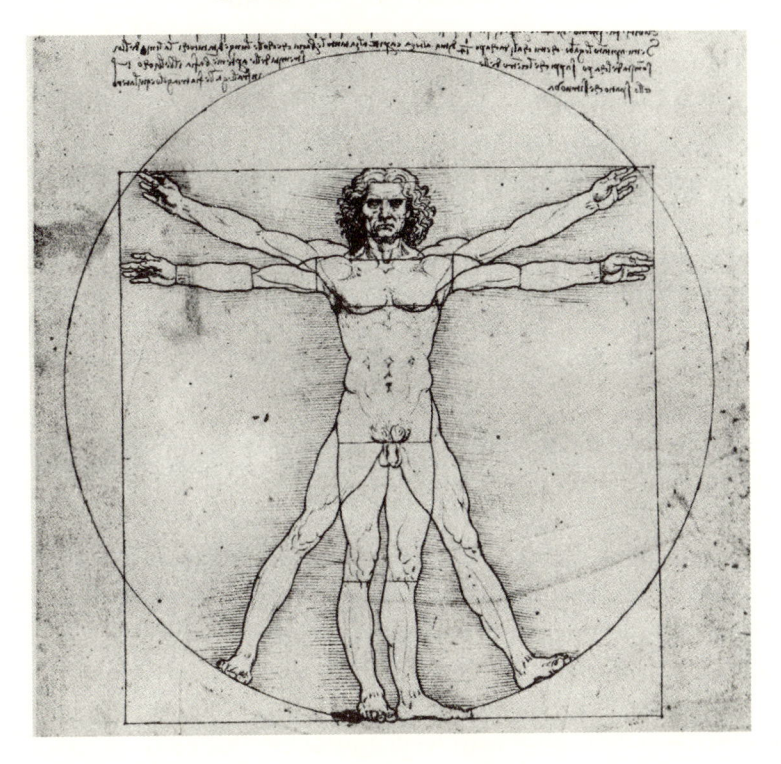

Fig. 1.1 – Homem Vitruviano
[1961][2]

Outro dia estava eu sentado em uma lanchonete da qual particularmente gosto, quando um jovem com cerca de doze anos, chegou com sua mochila escolar e ocupou o lugar à minha esquerda. Com ele veio um garotinho mais novo, segurando a mão de sua mãe, e esses dois ocuparam os lugares seguintes. Todos fizeram seus pedidos e,

---

2. De uma palestra (L45) de mesmo título. Como Campbell afirmou no prefácio, todos os capítulos neste livro foram extraídos de palestras ministradas na The Cooper Union. A data abaixo do título do capítulo indica o ano em que a palestra foi ministrada. O número de arquivo (neste caso, L45) refere-se ao catálogo de itens no Arquivo e Biblioteca Joseph Campbell, alojada no Centro OPUS de Arquivo e Pesquisa.

enquanto esperavam, o menino ao meu lado disse, virando a cabeça levemente em direção à mãe: "Jimmy escreveu hoje uma redação sobre a evolução do homem, e a professora disse que ele estava errado, que Adão e Eva foram nossos primeiros pais".

Meu Deus! – pensei. Que professora!

A senhora a três lugares de mim disse então: "Bem, a professora estava certa. Nossos primeiros pais *foram* Adão e Eva".

Que mãe para uma criança do século XX!

O jovem respondeu: "Sim, eu sei, mas essa era uma redação *científica*". Por essa resposta eu estava pronto a indicá-lo para receber uma medalha do Smithsonian Institute por notável serviço.

A mãe, entretanto, replicou com outra. "Ah, esses cientistas!", disse ela aborrecida. "Isso são só teorias."

E ele estava à altura daquela também. "Sim, eu sei", respondeu de modo calmo e ameno, "mas elas foram corroboradas: eles encontraram os ossos".

O leite e os sanduíches chegaram, e acabou-se a conversa.

Então, vamos agora refletir por um momento sobre a imagem cósmica santificada que foi destruída pelos fatos e descobertas de jovens irrefreáveis, do tipo que anda à procura de verdades.

No ápice da Idade Média, digamos nos séculos XII e XIII, havia dois conceitos muito diferentes sobre a Terra. O mais popular era o da Terra plana, como um prato, cercado por e flutuando sobre um mar cósmico infinito, no qual havia todos os tipos de monstros perigosos para o homem. Esta é uma noção extremamente antiga, datando do início da Idade do Bronze. Aparece nos textos cuneiformes sumérios de cerca de 2000 a.C., e é a imagem autorizada na Bíblia.

O conceito medieval considerado mais seriamente, entretanto, era aquele dos antigos gregos, segundo o qual a Terra não era plana, mas uma esfera sólida estacionária no centro de um tipo de caixa chinesa de sete esferas giratórias transparentes, e dentro de cada uma delas havia um planeta visível: a Lua, Mercúrio, Vênus, o Sol, Marte, Júpiter e Saturno, os mesmos sete que dão nome aos nossos dias da semana.

Além disso, os tons sonoros desses sete, geravam uma música, a "música das esferas", às quais correspondem as notas em nossa escala diatônica. Havia também um metal associado a cada planeta: prata, mercúrio, cobre, ouro, ferro, estanho e chumbo, nessa ordem. E a alma, ao descer do céu para nascer na Terra, conforme descia, adquiria as qualidades daqueles metais; de modo que nossas almas e corpos são compostos dos próprios elementos do universo e cantam, por assim dizer, a mesma canção.

A música e as artes, de acordo com esta visão ancestral, serviam para nos lembrar essas harmonias, das quais os pensamentos e as questões gerais desta Terra nos distraem. Na Idade Média, os sete ramos do aprendizado estavam, portanto, associados a estas esferas: gramática, lógica e retórica (conhecidos como *trivium*), aritmética, música, geometria e astronomia (o *quadrivium*). E ainda, as próprias esferas cristalinas não eram – como o vidro – feitas de matéria inerte, mas de poderes espirituais vivos, sobre os quais seres angélicos ou, como dissera Platão, ninfas, presidiam. Além de tudo isso, havia aquele reino celestial luminoso onde Deus, em sua majestade, sentava-se em seu trono triúno, de modo que a alma ao morrer, retornando ao seu criador, passava novamente pelas sete

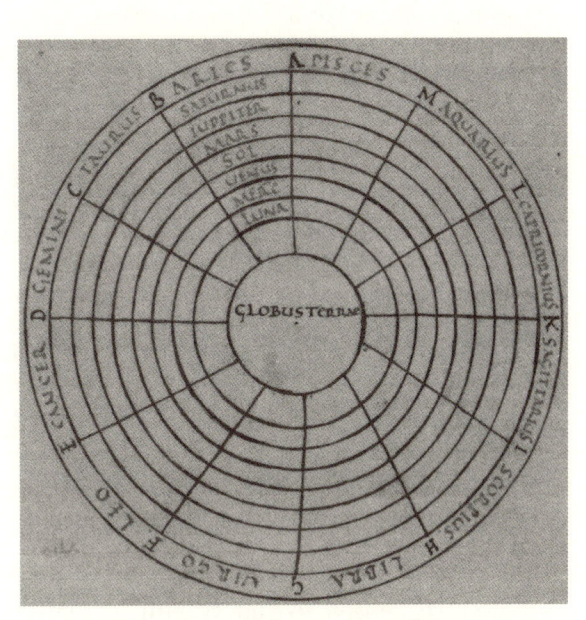

Fig. 1.2 – Esferas planetárias

esferas, abandonava cada qualidade correspondente e chegava despida para o julgamento. Supunha-se que o imperador e o papa governavam na Terra conforme as leis e a vontade de Deus, representando seu poder e autoridade em ação na comunidade cristã ordenada. Assim, na visão total dos pensadores medievais havia uma perfeita harmonia entre a estrutura do universo, os cânones da ordem social e o bem do indivíduo. Através de obediência inquestionável, portanto, o cristão se colocaria em harmonia não apenas com sua sociedade, mas também com seus próprios interesses internos e a ordem externa da natureza. O Império Cristão era um reflexo terreno da ordem dos céus, organizado hieraticamente com as vestimentas, tronos e procedimentos de seus tribunais imponentes inspirados por imagens celestiais, os sinos dos pináculos de suas catedrais e as harmonias de seus coros sacerdotais ecoando em tons terrenos os exércitos angélicos divinais.

Dante, em sua *Divina Comédia*, revelou uma visão do universo que satisfez perfeitamente tanto as noções religiosas aprovadas quanto as noções científicas aceitas em seu tempo. Quando Satanás foi lançado para fora do céu por seu orgulho e desobediência, supunha-se que ele caíra como um cometa flamejante e, ao atingir a Terra, fora arremessado diretamente até o seu centro. A extraordinária cratera que ele abriu em decorrência disso se tornou o poço ígneo do Inferno; e a grande massa de terra que foi empurrada para o polo oposto se tornou a Montanha do Purgatório, a qual é representada por Dante erguendo-se em direção ao céu, exatamente no Polo Sul.

Fig. 1.3 – Dante e o Monte Purgatório

Na visão dele, o hemisfério sul inteiro era composto de água, com essa poderosa montanha emergindo dela e abrigando em seu cume o Paraíso Terrestre, centro do qual fluíam os quatro rios abençoados citados nas Sagradas Escrituras.

E parece que quando Colombo zarpou em direção àquele "oceano azul" que muitos de seus vizinhos (e possivelmente seus marujos) acreditavam ser um oceano finito cercando uma terra em formato de disco, ele próprio tinha em mente uma imagem mais parecida com aquela do mundo de Dante – sobre a qual podemos ler em seus diários. Ali consta que durante sua terceira viagem, quando alcançou pela primeira vez a costa norte da América do Sul, passando em sua frágil embarcação com grande perigo entre Trinidad e o continente, Colombo mencionou que a quantidade de água doce ali misturada com a salgada (brotando da foz do Orinoco) era enorme. Sem saber nada sobre o continente que

I – O impacto da ciência sobre o mito

ficava adiante, mas tendo em mente a ideia medieval, ele supôs que a água doce poderia estar vindo de um dos rios do Paraíso, correndo em direção ao mar do sul a partir da base da grande montanha oposta. Mais do que isso, quando ele então voltou, velejando em direção ao norte, e observou que seus navios estavam passando mais rápido do que quando haviam velejado rumo ao sul, tomou isto como evidência de que estavam agora navegando em sentido descendente, vindos do pé do promontório da mítica montanha paradisíaca.

Gosto de pensar no ano de 1492 como o marco do fim – ou ao menos do início do fim – da autoridade dos antigos sistemas mitológicos, dos quais a vida dos homens havia recebido suporte e inspiração desde tempos imemoriais. Logo depois da histórica viagem de Colombo, Magalhães navegou ao redor do globo. Um pouco antes, Vasco da Gama tinha navegado ao redor da África até a Índia. A Terra estava começando a ser explorada sistematicamente, e as geografias antigas, simbólicas, mitológicas, desacreditadas. Ao tentar mostrar que havia em algum lugar da Terra um jardim do Paraíso, São Tomás de Aquino afirmou, escrevendo apenas dois séculos e meio antes de Colombo zarpar: "A localização do Paraíso está isolada do mundo habitável por montanhas ou mares, ou por alguma região tórrida que não tem como ser cruzada; e por isso as pessoas que escreveram sobre topografia não fazem menção alguma a ele". Cinquenta anos depois da primeira viagem, Copérnico publicou seu trabalho sobre o universo heliocêntrico (1543); e cerca de sessenta anos depois, o pequeno telescópio de Galileu trouxe confirmação tangível a essa visão copernicana. No ano de 1616, Galileu foi condenado pelo Tribunal da Inquisição – assim como o menino ao meu lado na lanchonete por sua mãe – ao defender e ensinar uma doutrina contrária às Sagradas Escrituras. E hoje, é claro, temos aqueles telescópios muito maiores nos topos, por exemplo, do Monte Wilson na Califórnia, Monte Palomar no mesmo estado, Pico de Kitt no Arizona, e Haleakala, no Havaí; de modo que agora não apenas o Sol está bem estabelecido no centro de nosso sistema planetário, mas sabemos que ele é apenas um dentre duzentos bilhões de sóis em uma galáxia formada por esferas flamejantes similares: uma galáxia com a forma de uma prodigiosa lente, com muitas centenas de quintilhões de milhas de diâmetro. E não só isso! Nossos telescópios agora estão nos revelando, em meio àqueles sóis brilhantes, certos outros pontos de luz que não são sóis mas galáxias inteiras, cada uma tão ampla, grandiosa e inconcebível quanto a nossa, das quais muitos milhares e milhares já foram observados. Por conseguinte, esta é a ocasião para uma experiência de admiração diante da maravilha do universo, que vem sendo desenvolvida para nós por nossos cientistas. Certamente é uma revelação mais espetacular e surpreendente do que qualquer coisa que o mundo pré-científico jamais poderia ter imaginado. A pequena imagem pueril da Bíblia é, em comparação, para crianças – ou, de fato, nem é mais para elas, a julgar pelas palavras daquele jovem estudante ao meu lado no balcão que, com o seu "Sim, eu sei, mas essa era uma redação científica", já havia encontrado uma maneira de resgatar seu aprendizado a partir da arquitetura medieval em ruínas da Igreja de sua mãe.

Não apenas se desfizeram em pedaços todas as antigas noções míticas da natureza do cosmos, mas também das origens e da história da humanidade. Já na época de Shakespeare, quando Sir Walter Raleigh chegou à América e viu ali todos os novos animais desconhecidos do outro lado do Atlântico, ele entendeu, como mestre marinheiro, que teria sido absolutamente impossível para Noé ter colocado exemplares de todas as espécies da Terra em uma arca, não importa quão grande ela fosse. A lenda bíblica do Dilúvio não era verdadeira: uma teoria que não tinha como ser "factualizada". E nós, hoje (para piorar a questão), estamos datando a aparição mais antiga de criaturas semelhantes aos humanos na Terra em mais de um milhão de anos antes da data bíblica para a criação divina do mundo. As grandes cavernas paleolíticas da Europa datam de aproximadamente 30.000 a.C.; o começo da agricultura, de mais ou menos 10.000 a.C, e as primeiras cidades relevantes por volta de 7.000. No entanto, Caim, filho mais velho de Adão, o primeiro homem, é declarado em Gênesis 4,2 e 4,17 como sendo "um lavrador da terra" e o construtor de uma cidade conhecida como Henoc na terra de Nod, a leste do Éden. A "teoria" bíblica foi novamente provada inverídica, e "eles encontraram os ossos!".

Eles também encontraram as construções – e estas igualmente não corroboram as Escrituras. Por exemplo, o período da história egípcia, que supostamente teria sido o do Êxodo – de Ramsés II (1301-1234 a. C.), ou talvez Merneptá (1234-1220 a.C.) ou Seti II (1220-1200 a.C.) –, é ricamente representado nos vestígios arquitetônicos e hieroglíficos,

I – O impacto da ciência sobre o mito

embora não haja sinal algum de qualquer coisa parecida com aquelas famosas pragas bíblicas, nenhum registro de algo sequer comparável. Além disso, como contam outros registros, hebreus beduínos, os "habirus", já tinham invadido Canaã durante o reino de Akhenaton (1377-1358 a.C.), um século antes da época de Ramsés.

O resumo disto é simplesmente que os textos hebreus, dos quais derivam todas essas lendas judaicas populares da Criação, Êxodo, Quarenta Anos no Deserto e a Conquista de Canaã, não foram compostos por "Deus" ou sequer por alguém chamado Moisés, mas são de várias datas e autores, tudo muito mais tardio do que anteriormente se supunha. Os cinco primeiros livros do Antigo Testamento (Torá) foram organizados somente depois do período de Ezra (século IV a.C.), e os documentos a partir dos quais foram compostos datam desde o século IX a.C. (os assim chamados textos J e E) ao século II aproximadamente (os escritos P ou "sacerdotais"). Percebemos, por exemplo, que existem dois relatos do Dilúvio. No primeiro ficamos sabendo que Noé trouxe para a Arca "dois seres vivos de cada tipo" (Livro do Gênesis, 6,19-20; texto P, pós-Ezra), e no segundo, "sete pares de todos os animais puros, o macho e sua fêmea, e um par dos animais que não sejam puros" (Gênesis, 7, 2-3, texto J, aproximadamente 800 a.C. $\pm$ 50). Também encontramos duas histórias da Criação, a mais antiga em Gênesis 2, e a posterior em Gênesis 1. No Gênesis 2, um jardim foi plantado e um homem criado para cultivá-lo; em seguida os animais são criados, e finalmente (como em um sonho) a Mãe Eva é retirada da costela de Adão. Em Gênesis 1, por outro lado, Deus, sozinho com as águas cósmicas, diz "Que haja luz", etc., e, passo a passo, o universo vem a existir: primeiro, a luz; e o Sol, três dias depois; então, os vegetais, os animais e, finalmente, a humanidade, macho e fêmea juntos. Gênesis 1 data aproximadamente do século IV a.C. (o período de Aristóteles), e o 2, do século VIII ou IX (época de Hesíodo).

Hoje, estudos culturais comparativos já demonstraram inequivocamente que contos míticos similares são encontrados em cada canto da Terra. Quando Cortez e seus espanhóis católicos chegaram ao México asteca, imediatamente reconheceram na religião local tantos paralelos com sua própria Verdadeira Fé, que tiveram dificuldade de explicar o fato. Havia imponentes templos piramidais representando, em cada nível, como a Montanha do Purgatório de Dante, graus de elevação do espírito. Havia treze céus, cada um com seus deuses ou anjos correspondentes; nove infernos, de almas padecentes. Havia um Deus Supremo acima de todos, cuja existência estava além de toda capacidade humana de produzir imagens e pensamentos.

Havia até mesmo um Salvador encarnado, associado a uma serpente, nascido de uma virgem, que morrera e ressuscitara, de quem um dos símbolos era uma cruz. Os padres, para explicar tudo isso, inventaram eles mesmos dois mitos. O primeiro era que São Tomé, o Apóstolo das Índias, provavelmente alcançara a América e pregara ali o Evangelho; mas, sendo essas margens tão distantes da influência de Roma, a doutrina se deteriorara, e o que eles estavam vendo ao seu redor era simplesmente uma forma terrivelmente degenerada de sua própria revelação. E a segunda explicação, então, era de que o diabo estava ali deliberadamente vomitando paródias da fé cristã para frustrar a missão.

Estudos acadêmicos modernos, ao comparar de maneira sistemática os mitos e ritos da humanidade, encontraram praticamente em todo lugar lendas de virgens dando à luz heróis que morrem e são ressuscitados. A Índia está repleta de histórias como essas, e seus templos elevados, muito parecidos com os astecas, representam novamente nossa montanha cósmica de vários andares, sustentando o Paraíso no seu cume e com terríveis infernos por baixo. Os budistas e os jainistas têm ideias similares. E olhando para o passado pré-cristão, descobrimos no Egito a mitologia do morto e ressuscitado Osíris; na Mesopotâmia, Tammuz; na Síria, Adônis; e na Grécia, Dionísio: todos forneceram aos cristãos primitivos modelos para suas representações de Cristo.

Os povos de todas as grandes civilizações, em todo lugar, tiveram uma propensão a interpretar suas próprias figuras simbólicas literalmente e, assim, a considerarem-se favorecidos de modo especial, em

Fig. 1.4 – Pirâmide do Sol

I – O impacto da ciência sobre o mito

contato direto com o Absoluto. Mesmo os politeístas gregos e romanos, hindus e chineses, que conseguiram ver os deuses e costumes dos outros com simpatia, pensavam nos seus próprios como supremos ou, no mínimo, superiores; e entre os monoteístas judeus, cristãos e muçulmanos, é claro, os deuses dos outros são considerados não como deuses, mas demônios, e seus adoradores como ímpios. Portanto, Meca, Roma, Jerusalém e (menos enfaticamente) Benares e Pequim têm sido por séculos, cada um à sua maneira, o umbigo do universo, conectados diretamente – como por uma linha direta – com o Reino da Luz ou de Deus.

Entretanto, hoje em dia tais afirmações não podem mais ser levadas a sério por qualquer um que tenha sequer uma educação de jardim de infância. E nisto há um sério perigo. Pois não somente o costume das multidões foi interpretar seus próprios símbolos de modo literal, mas tais formas simbólicas, lidas literalmente, sempre foram – e ainda o são, de fato – os pilares de suas civilizações, de suas ordens morais, sua coesão, vitalidade e poderes criativos. À sua perda se segue a incerteza, e, com a incerteza, o desequilíbrio, uma vez que a vida, como ambos Nietzsche e Ibsen sabiam, requer ilusões que lhe deem sustento; e onde elas tenham sido extintas, não há nada seguro em que se agarrar, nenhuma lei moral, nada firme. Nós vimos o que aconteceu, por exemplo, com comunidades primitivas desestabilizadas pela civilização do homem branco. Com seus antigos tabus desacreditados, elas imediatamente desmoronaram, se desintegraram e se tornaram centros de vício e doença.

Hoje a mesma coisa está acontecendo conosco. Nossos antigos tabus fundados mitologicamente foram desestabilizados por nossas próprias ciências modernas, há por toda parte no mundo civilizado a incidência de vício e crime crescendo rapidamente, distúrbios mentais, suicídios e dependência de drogas, lares destruídos, crianças impertinentes, violência, assassinato e desespero. Estes são fatos; não os estou inventando. Eles dão força aos apelos dos pregadores por arrependimento, conversão e retorno à antiga religião. E desafiam, também, o educador moderno no que diz respeito à sua própria fé e à sua lealdade verdadeira. O professor consciencioso – preocupado com o caráter moral tanto quanto com o aprendizado acadêmico dos seus alunos – deve ser leal em primeiro lugar aos mitos que sustentam a nossa civilização, ou às verdades "factualizadas" de sua ciência?

Estão ambas, em todos os níveis, em desacordo? Ou há algum ponto de sabedoria além dos conflitos entre ilusão e verdade por meio do qual vidas podem ser reconstruídas?

Hoje essa é uma questão primordial, diria eu, no que diz respeito à criação dos nossos filhos. Este é o problema, na verdade, que estava sentado ao meu lado aquele dia na lanchonete. Naquele caso, tanto a professora quanto a mãe estavam do lado de uma ilusão já obsoleta; e em geral – ou assim me parece – a maioria dos guardiões da sociedade tem uma tendência nessa direção, afirmando sua autoridade, não a favor, mas contra a busca por verdades perturbadoras. Tal tendência chegou a aparecer recentemente entre cientistas sociais e antropólogos sobre questões de ordem racial. Pode-se prontamente entender, até partilhar em certa medida, de sua ansiedade, uma vez que as mentiras são o alimento do mundo, e aqueles que conseguem encarar o desafio de uma verdade e construir suas vidas de acordo são, afinal, muito poucos.

Acredito que a melhor resposta a este problema crítico virá das descobertas da psicologia e, especificamente, das descobertas relacionadas à fonte e à natureza do mito. Pois uma vez que as ordens morais das sociedades sempre foram fundadas sobre mitos, canonizadas como religião, e uma vez que o impacto da ciência sobre o mito resulta – de maneira aparentemente inevitável – em desequilíbrio moral, devemos agora perguntar se não é possível chegar *cientificamente* a um tal entendimento da natureza dos mitos como suporte vital de modo que, ao criticar seus aspectos arcaicos, não deturpemos e desqualifiquemos a necessidade que os humanos têm deles – jogando fora, por assim dizer, o bebê (gerações inteiras de bebês) com a água do banho.

Tradicionalmente, como já disse, nas ortodoxias da fé popular seres e eventos míticos via de regra são considerados e ensinados como fatos; em particular nas esferas judaica e cristã. *Houve* um Êxodo do Egito; *houve* uma Ressurreição de Cristo. Historicamente, entretanto, tais fatos estão agora sendo questionados, e também as ordens morais que eles sustentam.

Contudo, quando essas narrativas são interpretadas não como relatos de fatos acontecidos, mas como episódios imaginados projetados na história, e quando são então reconhecidos, como análogos a projeções similares produzidas em outros lugares, na China, Índia e Yucatán, sua importância se torna óbvia; a saber: que embora sejam falsas e devam

I – O impacto da ciência sobre o mito

ser rejeitadas enquanto relatos de história física, tais figuras universalmente estimadas da imaginação mítica devem representar fatos mentais. "Fatos mentais tornados manifestos em uma ficção material", como minha falecida amiga Maya Deren explicou uma vez o mistério. E ainda que deva, é claro, ser a tarefa do historiador, do arqueólogo e dos estudiosos da pré-história mostrar que, como fatos, os mitos não são verdadeiros – que não existe um Povo Eleito de Deus neste mundo multirracial, nenhuma Verdade Revelada à qual todos devemos nos curvar, nenhuma Única e Verdadeira Igreja – será cada vez mais, e com crescente urgência, tarefa do psicólogo e do especialista em mitologia comparada não apenas identificar, analisar e interpretar os "fatos mentais" simbolizados, mas também conceber técnicas para mantê-los saudáveis e, à medida em que as antigas tradições do passado desbotam e dissolvem, ajudar a humanidade a chegar a um conhecimento e uma valorização da nossa própria ordem factual interna e da ordem factual externa do mundo.

Entre os psicólogos houve uma considerável mudança de atitude neste sentido durante os últimos três quartos de século, mais ou menos. Ao ler o grandioso e justificadamente celebrado *Golden Bough* [*O ramo de ouro*] de Sir James G. Frazer, cuja primeira edição apareceu em 1890, nos deparamos com um autor típico do século XIX, cuja crença era de que as superstições da mitologia seriam finalmente refutadas pela ciência e abandonadas para sempre. Ele via a base do mito na magia, e a da magia na psicologia. Entretanto, sendo sua psicologia de um tipo essencialmente racional, pouco atenta aos impulsos irracionais mais profundamente enraizados de nossa natureza, presumiu que quando se constatava que um costume ou crença eram irracionais, logo desapareceriam. E pode-se demonstrar o quão equivocado ele estava simplesmente apontando qualquer professor de filosofia brincando em uma pista de boliche: observe-o curvar-se e virar depois da bola ter saído de sua mão, como se quisesse empurrar a bola em direção dos pinos não derrubados. A explicação de Frazer para a magia era de que, uma vez que as coisas estão associadas na mente, acredita-se que estão associadas de fato. Sacuda um chocalho que soa como chuva caindo, e logo a chuva cairá. Celebre um ritual de relação sexual, e a fertilidade da natureza aumentará. Uma imagem que retrate um inimigo, à qual tenha sido dado o nome do inimigo, pode ser adulterada, espetada com alfinetes etc., e ele morrerá. Ou um pedaço de suas vestes, mecha de cabelo, lasca de unha, ou outro elemento que tenha entrado em contato com sua pessoa, pode ser empregado para um resultado similar. A primeira lei da magia de Frazer, então, é que "a semelhança produz semelhança", um efeito lembra a sua causa; e a segunda, de que "as coisas que uma vez tiveram contato entre si continuam a agir uma sobre a outra à distância, mesmo depois que o contato físico tiver sido interrompido". Frazer pensava tanto na magia quanto na religião como algo cuja finalidade e essência era controlar a natureza externa; a magia mecanicamente, por meio de atos imitativos, e a religião por meio da oração e do sacrifício direcionado aos poderes personificados que, segundo a crença, controlam as forças naturais. Ele parece não ter compreendido a relevância e importância de ambas para a vida interior; assim, confiava que com o progresso e desenvolvimento da ciência e da tecnologia, tanto a magia quanto a religião iriam desaparecer, uma vez que as finalidades às quais se presumia que elas servissem seriam melhor e certamente mais bem servidas pela ciência.

Todavia, simultaneamente a esses volumes de Frazer, surgia em Paris uma série de publicações não menos importantes do distinto neurologista Jean Martin Charcot, ponderando sobre histeria, afasia, estados hipnóticos e coisas do gênero; demonstrando também a relevância dessas descobertas para a iconografia e a arte. Sigmund Freud passou um ano com seu mestre em 1885, e durante o primeiro quarto do presente século levou o estudo da histeria, dos sonhos e dos mitos a novas profundezas. Mitos, de acordo com a visão de Freud, são da ordem psicológica do sonho. Mitos, por assim dizer, são sonhos públicos; sonhos são mitos privados. Ambos, em sua opinião, são sintomáticos de repressões de desejos incestuosos infantis, e a única diferença essencial entre uma religião e uma neurose é que a primeira é mais pública. A pessoa com uma neurose se sente envergonhada, sozinha e isolada em sua doença, enquanto os deuses são projeções gerais em uma tela universal. São igualmente manifestações de medos inconscientes, compulsivos, e de ilusões. Além disso, segundo a visão de Freud, todas as artes, e em particular as artes religiosas, são similarmente patológicas; do mesmo modo, todas as filosofias. A própria civilização, de fato, é um substituto patológico para decepções infantis inconscientes. E assim Freud, como Frazer, julgou os mundos do mito,

I – O impacto da ciência sobre o mito

da magia e da religião negativamente, como erros a serem refutados, ultrapassados e, por fim, suplantados pela ciência.

Uma abordagem inteiramente diferente é apresentada por Carl G. Jung, segundo o qual o imaginário da mitologia e da religião serve a finalidades positivas, que promovem a vida. De acordo com seu modo de pensar, *todos* os órgãos do nosso corpo – não apenas aqueles do sexo e da agressão – têm propósito e sentido, estando alguns sujeitos ao controle consciente e outros não. Nossa consciência orientada para fora, direcionada às exigências do dia, pode perder contato com essas forças internas; e os mitos, afirma Jung, quando lidos corretamente, são os meios de nos reaproximar. Eles falam, em linguagem figurativa, sobre os poderes da psique a serem reconhecidos e integrados em nossa vida, poderes que têm sido comuns ao espírito humano desde sempre, e que representam aquela sabedoria da espécie pela qual o homem tem resistido há milênios. Portanto, eles não foram e nunca poderão ser substituídos pelos achados da ciência, que têm relação mais com o mundo exterior do que com as profundezas onde mergulhamos no sono. Através de um diálogo conduzido com essas forças interiores por meio de nossos sonhos e por meio de um estudo dos mitos, podemos aprender a conhecer e chegar a um acordo com o horizonte maior de nosso próprio ser interior, mais profundo e mais sábio. E, de maneira análoga, a sociedade que estima e mantém seus mitos vivos será nutrida a partir dos estratos mais sólidos e mais ricos do espírito humano.

Entretanto, há um perigo aqui também; isto é, o de ser atraído pelos sonhos e mitos herdados de longe do mundo da consciência moderna, fixados em padrões de sentimento e pensamento arcaicos, inapropriados para a vida contemporânea. À vista disso, Jung afirma que é necessário um diálogo, não uma fixação em nenhum dos polos; um diálogo por meio de formas simbólicas desenvolvidas a partir da mente inconsciente, e reconhecidas pela mente consciente em contínua interação.

E então, o que acontece a partir daí com as crianças de uma sociedade que se recusou a permitir o desenvolvimento de qualquer tipo de interação, mas, agarrando-se ao seu sonho herdado como quem se agarra a uma fixação de verdade absoluta, rejeita as novidades da consciência, da razão, da ciência e de novos fatos? Há uma história bem conhecida que pode satisfatoriamente nos servir de aviso.

Como todo estudante sabe, os primórdios do que pensamos como ciência devem ser atribuídos aos gregos, e muito do conhecimento que eles reuniram foi levado à Ásia, através da Pérsia, e à Índia, e daí em diante até chegar à China. Mas cada um desses mundos orientais já estava comprometido com o seu próprio estilo de pensamento mitológico, e as atitudes e métodos objetivos, realistas, inquisitivos e experimentais dos gregos foram deixados de lado. Compare a ciência da Bíblia, por exemplo – uma escritura oriental, organizada em grande medida seguindo a rejeição dos gregos por parte dos macabeus –, com, digamos, a de Aristóteles; para não mencionar Aristarco (*c*.275 a.C.), para quem a Terra já era uma esfera giratória em órbita ao redor do Sol. Eratóstenes (*c*.250 a.C.) já calculara corretamente a circunferência da Terra como 250.000 estádios (24.662 milhas, sendo que a cifra equatorial correta é 24.902). Hiparco (*c*.240 a.C.) calculara com uma diferença de poucas milhas tanto o diâmetro da Lua quanto sua distância média da Terra. E agora tente imaginar quanto sangue, suor e lágrimas – as pessoas queimadas na fogueira por heresia, e tudo mais – teriam sido evitados se, em vez de fechar todas as escolas gregas pagãs, em 529 d.C., Justiniano as tivesse incentivado! Em seu lugar, nós e nossa civilização tivemos Gênesis 1 e 2, e um atraso de bem mais de mil anos na maturação não apenas da ciência, mas de nós mesmos e da civilização mundial.

Uma das histórias mais interessantes sobre as consequências da rejeição da ciência podemos ver no Islã, que no início recebeu, aceitou e até desenvolveu o legado clássico. Durante uns cinco ou seis ricos séculos há um impressionante registro islâmico do pensamento, experimentos e pesquisa científica, particularmente na medicina. Mas daí, infelizmente, a autoridade da comunidade em geral, a Suna, o consenso – que, Muhammad, o Profeta, declarara que estariam sempre certos – entrou em colapso. A Palavra de Deus no Alcorão era a única fonte e veículo da verdade. O pensamento científico levava à "perda de crença na origem do mundo e no Criador". E foi assim que, justo quando a luz do aprendizado grego estava começando a ser levada do Islã para a Europa – mais ou menos a partir de 1100 – a ciência e a medicina islâmicas estagnaram e morreram; e, com isso, o próprio Islã sucumbiu. A tocha, não apenas da ciência, mas da própria história, passou para o Ocidente cristão. E podemos daí em diante seguir em detalhe o maravilhoso desenvolvimento, do início do século XII

I – O impacto da ciência sobre o mito

em diante, através de uma história de mentes ousadas e brilhantes, incomparáveis por suas descobertas em toda a longa história da vida humana. A magnitude de nossa dívida para com essas poucas mentes não pode ser inteiramente apreciada por qualquer um que nunca tenha pisado em terras que estão além dos limites desse sortilégio europeu. Naquelas chamadas "nações em desenvolvimento", toda transformação social é resultado, hoje, como tem sido por séculos, não de processos contínuos, mas de invasões e suas consequências. Cada pequeno grupo se fixa em sua própria mitologia petrificada, há muito estabelecida, e as mudanças ocorrem apenas como resultado de colisão; tal como quando os guerreiros do Islã invadiram a Índia e durante algum tempo houve ali inevitáveis trocas de ideias; ou quando os britânicos chegaram e outra era transformadora de surpreendentes e inesperadas inovações despontou. Em nosso moderno mundo ocidental, por outro lado, como resultado de uma contínua busca, graças ao coração e mente abertos de alguns poucos homens de coragem em busca dos limites da verdade ilimitada, houve uma continuidade auto consistente de crescimento produtivo, quase com a natureza de um florescer orgânico.

Mas agora, finalmente, qual seria o significado da palavra "verdade" para um cientista moderno? Certamente não o significado que teria para um místico! Pois o fato grandioso e essencial a respeito da revelação científica – o fato mais admirável e desafiador – é que a ciência não finge e nem poderia pretender ser "verdadeira" em qualquer sentido absoluto. Ela não almeja nem poderia almejar ser definitiva. É uma organização experimental de meras "hipóteses de trabalho" ("Ah, esses cientistas!" "Sim, eu sei, mas eles encontraram os ossos") que por ora parecem levar em conta todos os fatos relevantes conhecidos até o momento.

E então será que não existe alguma intenção implícita, de se dar por satisfeito com um conjunto final, ou um número suficiente de fatos?

De fato, não! Deve existir apenas uma contínua busca por mais – como a de uma mente ávida por crescer. E esse crescimento, enquanto durar, será a medida da vida do homem ocidental e a do mundo com toda a promessa que ele já trouxe e ainda está trazendo à vida: isto é, um mundo de mudanças, de novos pensamentos, de coisas novas, inéditas magnitudes, e contínua transformação. Não de petrificação, rigidez, ou alguma "verdade" estabelecida e canonizada.

Então, meus amigos, não sabemos nada, e nem mesmo nossa ciência pode nos dizer a verdade; pois ela é, por assim dizer, uma avidez por verdades, não importa onde seu fascínio possa nos levar. E assim me parece que aqui, mais uma vez, temos uma revelação maior, mais viva, do que qualquer coisa que nossas antigas religiões jamais nos deram ou sequer nos sugeriram. Os antigos textos nos confortam com horizontes. Eles nos dizem que um pai amoroso, bondoso e justo está por aí, olhando por nós, pronto para nos receber, e sempre com nossas estimadas vidas em sua mente. Por outro lado, conforme as ciências, ninguém sabe *o que está* lá fora, ou se existe qualquer "lá fora". Tudo o que pode ser dito é que parece existir uma prodigiosa exibição de fenômenos, que nossos sentidos e seus instrumentos traduzem para nossa mente de acordo com a natureza dessa mente. E existe uma exibição de um tipo de imagem bem diferente de dentro para fora, que experimentamos melhor à noite, no sono, mas que também pode irromper em nossas vidas diurnas e até nos destruir pela loucura. Qual pode ser o pano de fundo dessas formas, internas e externas, nós podemos apenas supor e, possivelmente, nos dirigir a ele através de hipóteses. O que são, ou onde estão, ou porque são assim (para perguntar todas as questões usuais) é um mistério absoluto – o único absoluto conhecido, por ser absolutamente desconhecido; e isto, todos nós devemos ter a grandeza de admitir.

Não há mais "Tu deves!". Não há nada em que alguém *tenha* que acreditar, e não há nada que alguém *tenha* que fazer. Por outro lado, uma pessoa ainda pode, é claro, se assim preferir, escolher jogar o antigo jogo da Idade Média, ou algum jogo oriental, ou até mesmo algum tipo de jogo primitivo. Estamos vivendo em um mundo difícil, e qualquer coisa que nos defenda do manicômio pode ser aplaudida como sendo boa o suficiente – para aqueles sem coragem.

Quando eu estava na Índia no inverno de 1954, conversando com um cavalheiro indiano quase da minha idade, ele perguntou, com um certo ar distante, depois de termos trocado formalidades: "O que vocês estudiosos ocidentais estão dizendo agora sobre a data dos Vedas?".

Os Vedas, como vocês sabem, são os equivalentes hinduístas da Torá para os judeus. São suas escrituras mais antigas e, portanto, a mais elevada revelação.

I – O impacto da ciência sobre o mito

"Bem", eu respondi, "a datação dos Vedas foi reduzida recentemente e está sendo situada, acredito, em algo como, digamos, 1500 a 1000 a.C; o que provavelmente é de seu conhecimento". E acrescentei: "Foram encontrados na própria Índia os vestígios de uma civilização anterior à védica".

"Sim," disse o cavalheiro indiano, não de mau humor mas firme, com um ar de certeza imperturbável. "Eu sei; mas como um hindu ortodoxo, não posso acreditar que exista qualquer coisa no universo mais antiga que os Vedas." E ele falava isso a sério.

"OK", disse eu. "Então, por que perguntou?"

Para dar o devido crédito à velha Índia, deixem-me concluir com o fragmento de um mito hindu que, para mim, parece ter capturado, em uma imagem particularmente propícia, todo o sentido de um tal movimento como o que todos nós estamos enfrentando hoje nesta conjuntura de nossa história humana em geral. Ele fala sobre um tempo bem no começo da história do universo, quando os deuses e seus principais inimigos, os antideuses, estavam travando uma de suas guerras eternas. Eles decidiram dessa vez firmar uma trégua e, em cooperação, agitar o Oceano Lácteo – o Mar Universal – para conseguir a manteiga

Fig 1.5 – Batendo o Mar Lácteo

da imortalidade. Eles tomaram a Montanha Cósmica como haste para agitá-lo (o equivalente védico da Montanha do Purgatório de Dante), e como corda propulsora colocaram a Serpente Cósmica ao seu redor. Daí, com todos os deuses puxando pela ponta da cabeça e os antideuses pela cauda, fizeram com que a Montanha Cósmica rodopiasse.

Eles agitaram o mar dessa maneira durante mil anos, quando uma grande nuvem negra de fumaça completamente venenosa se ergueu das águas e os rodopios tiveram que parar. Eles haviam ativado uma fonte de poder sem precedentes, e o que estavam experimentando primeiro eram seus efeitos negativos e letais. Para que o trabalho continuasse, alguém teria que engolir e absorver aquela nuvem venenosa e, como todos sabiam, havia só um capaz de tal ato; a saber, o deus arquetípico do yoga, Shiva, uma assustadora figura demoníaca. Ele simplesmente colocou aquela nuvem de veneno inteira em sua tigela de esmolas e a bebeu de um só gole, retendo-a, mediante as técnicas do yoga, à altura de sua garganta, que ficou inteira azul; desde então, ficou conhecido como Garganta Azul, Nilakantha. Daí, quando esse feito admirável foi concluído, todos os outros deuses e antideuses retornaram ao seu trabalho comum. E giraram, giraram e seguiram girando incansavelmente, até que vejam só!, vários benefícios incríveis começaram a vir à tona de dentro do Mar Cósmico: a Lua, o Sol, um elefante com oito trombas, um glorioso corcel, alguns remédios e sim, (até que enfim!), um grande vaso radiante cheio da manteiga ambrosíaca.

Ofereço este antigo mito indiano como uma parábola para nosso mundo hoje, como uma exortação para seguir em frente com o trabalho, para além do medo.

II – O surgimento da humanidade

Fig. 2.1 – O mago de Trois Frères
[1966][3]

A mitologia é, aparentemente, contemporânea da humanidade. Desde os tempos, por assim dizer, em que pudemos seguir as evidências fragmentadas, dispersas e mais antigas da emergência de nossa espécie, foram encontrados sinais que indicam que as finalidades e preocupações mitológicas já estavam dando forma às artes e ao mundo do *Homo sapiens*. Tais evidências nos dizem algo, ademais, sobre a unidade da nossa espécie; pois os temas fundamentais do pensamento mitológico permaneceram constantes e universais, não apenas ao longo da história, mas também por toda a extensão da ocupação humana da Terra. Normalmente, ao tratar da evolução humana, cientistas se

---
3. De uma palestra (L163) de mesmo título.

concentram nos traços físicos, os aspectos anatômicos que nos distinguem: postura ereta, o grande cérebro, o número e a disposição de nossos dentes, e o polegar opositor ativo, que permite que nossas mãos manipulem ferramentas.

O Professor L. S. B. Leakey, a cujas descobertas na África Oriental devemos a maior parte do que hoje sabemos sobre os primeiros hominídeos, nomeou a mais humana de suas descobertas mais antigas – de cerca de 1.800.000 a.C. – *Homo habilis*, Homem Capaz;[4] e tal designação é, sem dúvida, apropriada, uma vez que essa pequena criatura foi talvez a mais ancestral artífice de ferramentas rústicas. Quando consideramos, entretanto, em vez do caráter físico, o caráter psicológico de nossa espécie, o sinal distintivo mais evidente é a organização que o homem faz de sua vida de acordo com finalidades e leis primariamente míticas e, secundariamente, econômicas. A comida e a bebida, a reprodução e a construção do ninho, é verdade, desempenham papeis fundamentais na vida das pessoas, não menos do que na vida dos chimpanzés. Mas o que dizer sobre os gastos com as Pirâmides, as catedrais da Idade Média, os hindus morrendo de fome com gado comestível ao seu redor, ou da história de Israel, desde o tempo de Saul até o presente? Se um aspecto que *diferencia* tem de ser nomeado, separando a psicologia humana da animal, certamente é este: da subordinação, na esfera humana, até mesmo da economia à mitologia. E se alguém perguntar por que ou como um tal impulso insubstancial se tornou dominante na ordem da vida física, a resposta é que neste nosso maravilhoso cérebro humano despontou uma compreensão desconhecida aos outros primatas. É a do indivíduo, consciente de si mesmo como tal, e ciente de que ele, e tudo com que ele se importa, irá morrer um dia.

---

4. Este era o consenso na época em que Campbell escreveu (1972). Atualmente, pensa-se que o período do *Homo habilis* tenha sido de 1,5 a 2,5 milhões de anos atrás, e cientistas desenterraram muitos fósseis hominídeos mais antigos. Como Campbell reconheceu, a ciência é uma mitologia que se autocorrige implacavelmente. Ela remodela nosso entendimento do mundo ao mesmo tempo em que remodela a si mesma para introduzir informações novas. Esta mudança nos dados é um exemplo. Confira a subsequente revisitação e revisão de Campbell acerca do entendimento da ciência sobre a pré-história humana em *The Historical Atlas of World Mythology, Volume I – The Way of the Animal Powers* (New York: Alfred van der Marck, 1985; Harper and Row, 1988). [N.E. do original].

II – O surgimento da humanidade

Este reconhecimento da mortalidade e a necessidade de transcendê-la é o primeiro grande impulso dado à mitologia. E junto com ele corre outra compreensão: a de que o grupo social no qual o indivíduo nasceu, que o nutre e protege e que durante a maior parte de sua vida ele mesmo deve nutrir e proteger, floresceu muito antes de seu nascimento e permanecerá quando ele se for. Isto quer dizer que não apenas o membro individual de nossa espécie, consciente de si mesmo como tal, encara a morte, mas também confronta a necessidade de adaptar-se a qualquer que seja a ordem de vida da comunidade na qual ele nasceu, sendo esta uma ordem de vida instituída acima da sua, um superorganismo no qual ele deve se deixar absorver, e no qual, por meio de sua participação, virá a conhecer a vida que transcende a morte. Em cada um dos sistemas mitológicos que no longo curso da história e da pré-história foram propagados nas várias zonas e cantos desta Terra, essas duas compreensões fundamentais – da inevitabilidade da morte individual e da persistência da ordem social – foram combinadas simbolicamente para constituir a força nuclear estruturante dos rituais e, portanto, da sociedade.

Fig. 2.2 – Sepultamento Neandertal

Contudo, o jovem que cresce em uma comunidade primitiva de caçadores terá de se adaptar a uma ordem social diferente daquela em que vive o jovem habitante de uma nação industrial tal como a nossa; e entre esses dois extremos de vida social estável existem outros, inumeráveis. Consequentemente, na unidade nuclear dual que acabamos de mencionar, tem de ser reconhecido não apenas um fator representativo da *unidade* da nossa espécie, mas também um fator de *diferenciação*. A humanidade inteira enfrenta a morte; todavia, os vários povos do mundo enfrentam a morte de maneiras muito diferentes. Em decorrência disso, um levantamento transcultural das mitologias da humanidade terá de observar não só os elementos universais, mas também as transformações daqueles temas comuns nos âmbitos em que acontecem.

E há um terceiro fator, além disso, que em todo lugar exerceu uma influência profunda na formação das mitologias, um terceiro âmbito e contexto especificamente da experiência humana, do qual o indivíduo em desenvolvimento inevitavelmente toma consciência conforme seus poderes de pensamento e observação amadurecem, a saber: o espetáculo do universo, do mundo natural no qual ele se encontra, e o enigma da relação deste com a sua própria existência. Sua magnitude, a mudança nas suas formas e, ainda assim, por meio delas, uma aparência de regularidade. O entendimento humano acerca do universo mudou muito ao longo dos milênios – particularmente em épocas mais recentes, conforme nossos instrumentos de pesquisa melhoraram. Mas houve grandes mudanças também no passado: por exemplo, na época da ascensão das primeiras cidades-estados sumérias, com seus observadores sacerdotais das rotas celestes; ou na dos físicos e astrônomos alexandrinos, com seu conceito de um globo terrestre fechado dentro de sete esferas celestes giratórias.

Assim sendo, temos que levar em conta, na nossa análise dos mitos, lendas e ritos correlatos de nossa espécie em geral, além de certos temas e princípios constantes, algumas variáveis também, não apenas de acordo com a grande diversidade de sistemas sociais que floresceram neste planeta, mas também com os modos de conhecimento da natureza que, ao longo de milênios, moldou e remoldou a imagem que o homem tem deste mundo.

Ainda mais: é evidente, à luz das descobertas da arqueologia que, durante os primeiros e primitivos estágios da história de nossa espécie, houve um movimento geral centrífugo dos povos rumo a lugares distantes, para todos os lados, com as várias populações se tornando cada vez mais separadas, cada uma desenvolvendo suas próprias aplicações e interpretações correspondentes dos temas universais compartilhados. Por outro lado, uma vez que estamos agora sendo reunidos de novo neste poderoso período de transporte e comunicação mundial, aquelas diferenças estão desaparecendo. As antigas diferenças, separando um sistema de outro, agora estão se tornando cada vez menos importantes, cada vez menos fáceis de definir. E o que, pelo contrário, está se tornando mais e mais importante é que aprendamos a enxergar *através* de todas as diferenças os temas comuns que estiveram ali o tempo inteiro, que passaram a existir com o primeiro surgimento do homem ancestral a partir dos níveis animais de existência, e que ainda permanecem conosco.

Mais uma consideração, antes de passar ao nosso próximo tema: o fato de que em nosso momento presente – pelo menos nos principais centros modernos de criatividade cultural – as pessoas começaram a não dar a devida importância à existência das ordens sociais que lhes dão sustento, e em vez de focar em defender e manter a integridade da comunidade, começaram a colocar no centro de suas preocupações o desenvolvimento e a proteção do indivíduo – o indivíduo, ainda por cima, não como um órgão do Estado mas como um fim e uma entidade em si mesmos. Isto marca uma mudança de posicionamento extremamente importante, sem precedentes, cujas implicações para os futuros desenvolvimentos em mitologia teremos agora que levar em conta.

Antes de seguir adiante, consideremos primeiro algumas daquelas diferenças significativas nos pontos de vista tradicionais, os quais, no passado, em várias partes do mundo, deram origem a interpretações contrastantes de mitos comuns.

Fig. 2.3 – Criação

Em relação aos primeiros livros e capítulos da Bíblia, era costume tanto de judeus quanto de cristãos tomar as narrativas literalmente, como se fossem relatos confiáveis da origem do universo e de eventos pré-históricos reais. Supunha-se, e era ensinado, que houvera concretamente uma criação do mundo em sete dias por um deus conhecido apenas pelos judeus; que em algum lugar desse amplo mundo novo houvera um Jardim do Éden contendo uma serpente que sabia falar;

que a primeira mulher, Eva, foi formada a partir da costela do primeiro homem; e que a perversa serpente lhe falou sobre as maravilhosas propriedades dos frutos de uma certa árvore da qual deus proibira o casal de comer; e que, como consequência de terem comido daquele fruto, seguiu-se uma "Queda" de toda a humanidade, a morte entrou no mundo e o casal foi expulso do jardim. Pois havia no centro daquele jardim uma segunda árvore, cujo fruto proporcionaria a eles a vida eterna; e seu criador, temendo que eles agora também o tomassem e o comessem, e se tornassem tão sábios e imortais como ele, os amaldiçoou e, tendo-os expulsado, colocou nos portões de seu jardim "os querubins e a chama da espada fulgurante que girava para todos os lados, guardando o caminho para a árvore da vida".

Parece impossível hoje, mas as pessoas de fato acreditavam em tudo isso até recentemente, mais ou menos meio século atrás: clérigos, filósofos, oficiais de governo, e assim por diante. Hoje sabemos – e muito bem – que nunca houve nada do gênero: nenhum Jardim do Éden em lugar algum desta Terra, nenhum tempo em que a serpente sabia falar, nenhuma "Queda" pré-histórica, nenhuma expulsão do jardim, nenhum Dilúvio Universal, nenhuma Arca de Noé. Toda a narrativa, sobre a qual nossas principais religiões ocidentais foram fundadas, é uma antologia de ficções. Mas são ficções de um tipo tal que – por mais curioso que pareça – têm uma popularidade universal, do mesmo modo que as lendas fundantes de outras religiões. Suas contrapartidas surgiram em todo lugar e, no entanto, nunca houve tal jardim, serpente, árvore ou dilúvio.

Como explicar tais anomalias? Quem inventa esses contos impossíveis? De onde vêm suas imagens? E por que – embora obviamente absurdas – elas têm em todo lugar uma credibilidade tão reverente?

O que eu sugeriria é que, comparando várias delas, vindas de diferentes partes do mundo e de diversas tradições, podemos chegar a um entendimento de sua força, sua fonte e seu possível sentido. Pois elas não são históricas. Isto já está claro. Portanto, elas falam não de eventos externos mas de temas da imaginação. E, uma vez que essas imagens exibem aspectos que são na verdade universais, devem de alguma maneira representar aspectos da imaginação de nossa espécie em geral, aspectos permanentes do espírito humano – ou, como dizemos hoje, da psique. Logo, elas estão nos contando a respeito de

II – O surgimento da humanidade

assuntos fundamentais para nós mesmos, princípios essenciais duradouros que seria bom que conhecêssemos; sobre os quais, de fato, será necessário que saibamos se quisermos que nossas mentes conscientes mantenham contato com nossas próprias profundezas mais secretas, mais motivadoras. Em suma, esses contos sagrados e suas imagens são mensagens à mente consciente vindas de partes do espírito desconhecidas da consciência diurna normal, e, se forem lidas como se fizessem referência a eventos no campo do espaço e do tempo – seja do futuro, presente ou passado – terão sido lidas de modo equivocado e sua força desviada, e alguma coisa secundária externa à época tomará para si a referência do símbolo, algum bastão, pedra ou animal, pessoa, evento, cidade ou grupo social santificados.

Vejamos mais de perto a imagem bíblica do jardim.

Fig. 2.4 – Éden

Seu nome, Éden, significa em hebraico "deleite, lugar de deleite," e nossa própria palavra em inglês, *Paradise*, que vem do persa, *pairi-*, "ao redor de", *daeza*, "um muro", significa "um recinto murado". Aparentemente, então, o Éden é um jardim de deleites murado, e em seu centro se encontra a grande árvore; ou melhor, em seu centro se encontram duas árvores, uma do conhecimento do bem e do mal, e outra da vida eterna. Além disso, quatro rios correm de dentro do jardim, como que de uma fonte inexaurível, para refrescar o mundo nas quatro direções. E quando nossos primeiros pais, tendo comido do fruto, foram expulsos, dois querubins foram posicionados (conforme ouvimos) no portão oriental do jardim, para guardar o caminho da volta.

Compreendido não como alusão a qualquer cena geográfica, mas sim a uma paisagem da alma, aquele Jardim do Éden teria de estar dentro de nós. Contudo, nossas mentes conscientes não conseguem adentrá-lo e ali desfrutar o sabor da vida eterna, uma vez que já provamos do conhecimento do bem e do mal. Este, de fato, deve então ser o conhecimento que nos colocou para fora do jardim, que nos lançou para fora de nosso centro, de modo que agora julgamos as coisas naqueles termos e experimentamos apenas o bem e o mal ao invés da vida eterna – a qual, visto que o jardim fechado está dentro de nós, já deve ser nossa, ainda que desconhecida às nossas personalidades conscientes. Este pareceria ser o significado do mito quando lido, não como pré-história, mas como uma referência ao estado espiritual interno do ser humano.

Voltemos agora nossos olhos desta lenda bíblica com a qual o Ocidente se encantou, para a lenda indiana, do Buda, que fascinou todo o Oriente; pois lá também existe a imagem mítica de uma árvore da vida eterna defendida por dois guardiões intimidadores. A árvore é aquela sob a qual Sidarta estava sentado, com o rosto voltado para o leste, quando despertou para a luz de sua própria imortalidade e ficou conhecido dali em diante como o Buda, o Desperto. Há também uma serpente nessa lenda, mas ao invés de ser conhecida como má, pensa-se nela como um símbolo da energia imortal que habita toda a vida na Terra. Pois a serpente trocando de pele para, digamos, nascer de novo, é comparada no Oriente ao espírito reencarnado que assume e descarta corpos como um homem veste e tira as roupas. Há na mitologia indiana uma grande cobra que é imaginada equilibrando a Terra em formato de mesa em sua cabeça; sua cabeça estando, é claro, no ponto central, exatamente debaixo da árvore do mundo. E de acordo com a lenda do Buda, quando o Bem-Aventurado, após alcançar a onisciência, continuou sentado absorto por dias em estado de meditação absoluta, passou a ser ameaçado por uma grande tempestade que se ergueu no mundo ao seu redor, essa prodigiosa serpente, vinda de baixo, envolveu o Buda de forma protetora, cobrindo-lhe a cabeça como se fosse um capuz.

Assim, enquanto em uma dessas duas lendas sobre a árvore o serviço da serpente é rejeitado e o próprio animal é amaldiçoado, na outra ele é aceito. Em ambas, a serpente é de alguma forma associada à árvore e aparentemente saboreou seus frutos, uma vez que ela pode

II – O surgimento da humanidade

descamar sua pele e viver de novo; mas na lenda bíblica, nossos primeiros pais são expulsos do jardim daquela árvore, enquanto na tradição budista todos somos convidados a entrar. A árvore sob a qual o Buda se sentou corresponde, portanto, à segunda árvore do Jardim do Éden, que, como já dito, deve ser entendido não como um lugar geograficamente situado, mas como um jardim da alma. Então, o que nos impede de retornar a ele e nos sentarmos como o Buda sob a árvore? Quem ou o que são aqueles dois querubins? Os budistas conhecem algum par semelhante?

Um dos centros budistas mais importantes no mundo hoje é a cidade santa de Nara, no Japão, onde existe um grande templo abrigando uma colossal imagem de bronze, com mais de 16 metros de altura, do Buda sentado com as pernas cruzadas sobre um grande lótus, com a mão direita erguida na postura "não temais".

E, à medida que alguém se aproxima dos arredores desse templo, passa por um portão que é guardado, à esquerda e à direita, por duas maravilhosas, gigantescas e ameaçadoras figuras militares empunhando espadas. Eles são os equivalentes budistas dos querubins posicionados por Jeová no portão do Jardim do Éden. Entretanto, aqui não devemos nos sentir intimidados ou mantidos à distância. O medo da morte e o desejo pela vida que esses ameaçadores guardiões provocam em nós devem ser abandonados conforme passamos por eles.

Fig. 2.5 – **Não temais**

Na visão budista, isto quer dizer que o que nos mantém fora do jardim não é o ciúme ou a ira de qualquer deus, mas nosso próprio apego instintivo àquilo que entendemos ser a nossa vida. Nossos sentidos, voltados para fora, para o mundo do espaço e do tempo, nos prendam a este mundo e aos nossos corpos mortais dentro dele. Relutamos em desistir do que pensamos ser os bens e os prazeres desta vida física, e esse apego é o grande fato, a grande circunstância ou barreira, que nos mantém fora do jardim. Isso, e somente isso, nos impede de reconhecer dentro de nós mesmos aquela consciência imortal e universal da qual nossos sentidos físicos, voltados para o exterior, não passam de agentes.

Conforme esse ensinamento, nenhum querubim de verdade com uma espada flamejante é necessário para nos manter fora de nosso jardim interno, uma vez que nós mesmos estamos nos mantendo do lado de fora através de nosso interesse ávido pelos aspectos externos, mortais, tanto de nós mesmos quanto do nosso mundo. O que está simbolizado em nossa passagem pelo portão guardado é o abandono do nosso mundo assim como o conhecemos e, de nós mesmos, assim como nos conhecemos dentro dele: a mera aparência do fenômeno das coisas vistas como algo que nasce e morre, experimentadas como boas ou más e consideradas, consequentemente, com desejo ou temor. Dos dois grandes querubins budistas, um tem a boca aberta; o outro, fechada – como um símbolo (assim me foi dito) da maneira como experenciamos as coisas neste mundo temporal, sempre em termos de pares de opostos. Ao passar entre eles, devemos abandonar tal modo de pensar.

Fig. 2.6 – Guardiões da Entrada

Mas esta, afinal, não é também a lição da história bíblica? Eva, e depois Adão, comeram o fruto do conhecimento do bem e do mal, ou seja, dos pares de opostos, e imediatamente sentiram-se diferentes entre si mesmos e sentiram vergonha. Deus, portanto, não fez mais do que confirmar o que já tinha sido realizado quando os colocou para fora do jardim a fim de experimentar as dores da morte, do nascimento e da labuta pelos bens deste mundo. Mais do que isso, eles estavam agora experienciando o próprio Deus como totalmente "outro", colérico e perigoso aos seus propósitos, e os querubins no portão do jardim eram representações desse modo – agora adotado por eles – de experienciar tanto Deus quanto eles mesmos. Mas, como nos é dito

II – O surgimento da humanidade

igualmente na lenda bíblica, também seria de fato possível para Adão "estender sua mão e da mesma forma pegar da árvore da vida, comer e viver para sempre". E na imagem cristã do redentor crucificado é exatamente o que se pede que façamos. O ensinamento aqui é que Cristo restaurou para o homem a imortalidade. Sua cruz, ao longo da Idade Média, era equiparada à árvore da vida eterna; e o fruto dessa árvore é o próprio Salvador crucificado, que ali ofereceu sua carne e o seu sangue para ser nosso "verdadeiro alimento" e nossa "verdadeira "bebida". Ele próprio passara destemidamente, por assim dizer, pelo portão guardado, sem medo dos querubins e daquela espada giratória flamejante. E assim como o Buda, quinhentos anos antes, abandonara todos os desejos e medos originados pelo ego para vir a conhecer a si mesmo como o Vazio puro, imortal, também o Salvador ocidental abandonou seu corpo pregado na árvore e passou em espírito para a reconciliação com o Pai: para ser agora seguido por nós.

As imagens simbólicas das duas tradições são, portanto, formalmente equivalentes, ainda que os pontos de vista de ambas possam ser difíceis de reconciliar. Na visão do Antigo e do Novo Testamento, Deus e o homem não são um, mas sim opostos, e o motivo pelo qual o homem foi expulso do jardim foi porque desobedeceu ao seu criador. Logo, o sacrifício na cruz teve a natureza não tanto de uma realização unificadora quanto de reconciliação (tornar-se um com) penitencial. Do lado budista, no entanto, a separação do homem da fonte de seu ser tem de ser lida em termos psicológicos, como um efeito de consciência mal direcionada, ignorante de sua base e origem, que atribui realidade final a aparições meramente fenomênicas. Enquanto o nível de instrução representado na história bíblica é praticamente o de um conto infantil de desobediência e punição, inculcando uma atitude de dependência, temor e devoção respeitosa, tais como podem ser considerados apropriados para uma criança com relação aos pais, o ensinamento budista, em contraste, é para adultos autorresponsáveis. Contudo, a iconografia compartilhada pelos dois é muito mais antiga do que ambos, mais antiga que o Antigo Testamento, muito mais antiga que o budismo, mais antiga até do que a Índia, posto que encontramos o simbolismo da serpente, da árvore e do jardim da imortalidade já nos primeiros textos cuneiformes, retratados em antigos selos cilíndricos sumérios, e representados até mesmo nas artes e ritos de habitantes de vilarejos pelo mundo inteiro.

Nem importa, do ponto de vista de um estudo comparativo de formas simbólicas, se o Cristo ou o Buda em algum momento de fato viveram e realizaram os milagres associados aos seus ensinamentos. As literaturas religiosas do mundo abundam em figuras correspondentes a essas duas grandes vidas. E afinal, o que se pode aprender a partir de todas elas, é que o salvador, o herói, o redimido, é aquele que aprendeu a penetrar a muralha protetora daqueles medos internos que excluem o restante de nós, geralmente, em nossos pensamentos diurnos e até mesmo noturnos, de toda experiência de nossa própria base divina e da base divina do mundo. As biografias mitologizadas de tais salvadores comunicam as mensagens de sua sabedoria, que transcende o mundo por meio de símbolos que transcendem as palavras – os quais, ironicamente, são logo traduzidos de volta em pensamentos verbalizados responsáveis pela construção daqueles muros interiores. Já ouvi bons clérigos cristãos admoestarem jovens casais em suas cerimônias de casamento para que vivam juntos nesta vida de modo que no mundo vindouro possam ter a vida eterna; e pensei: Ai de nós! A advertência mítica mais apropriada seria para que vivessem seus casamentos de tal forma que *neste mundo* possam experimentar a vida eterna. Pois há de fato uma vida eterna, uma dimensão de valores humanos duradouros inerentes ao próprio ato de viver, e em cuja experiência e expressão simultâneas homens através dos tempos viveram e morreram. Todos nós os incorporamos sem saber, sendo os grandes simplesmente aqueles que despertaram para o seu conhecimento – conforme é sugerido em uma fala atribuída ao Cristo no *Evangelho Gnóstico de Tomé*: "O Reino do Pai está espalhado pela Terra e os homens não o veem".

Mitologias podem ser definidas sob esta ótica exatamente como expressões poéticas desse enxergar transcendental, e se podemos tomar como evidência a antiguidade de certas formas míticas básicas – o deus-serpente, por exemplo, e a árvore sagrada –, os princípios daquilo que hoje entendemos como revelação mística devem ter sido conhecidos pelo menos por alguns, até mesmo pelos primitivos mestres de nossa raça, logo na aurora dos tempos.

Quais são, então, as mais antigas evidências do pensamento mitológico da humanidade?

Como já observamos, entre as mais antigas evidências que podemos citar hoje das criaturas humanas emergentes nesta Terra, estão

II – O surgimento da humanidade

as relíquias recentemente escavadas no Desfiladeiro Olduvai da África Oriental pelo Dr. L. S. B. Leakey: mandíbulas e crânios claramente humanoides descobertos em estratos de terra de cerca de 1.800.000 anos atrás. Esse é um longo, longo mergulho no passado. E desse período em diante, até a ascensão no Oriente Próximo das artes da agricultura de grãos e da domesticação do gado, o homem era absolutamente dependente da coleta

Fig. 2.7 – Montes de pedras nas montanhas

de raízes e frutas, da caça e da pesca para se alimentar. Além disso, naqueles milênios mais antigos os homens habitavam e se movimentavam em pequenos grupos, como uma minoria nesta Terra. Hoje somos a grande maioria, e os inimigos que enfrentamos são de nossa própria espécie. Naquela época, por outro lado, a maioria estava constituída por animais que também eram os "veteranos" na Terra, e que, já estabelecidos e seguros – muitos deles extremamente perigosos – sentiam-se em casa. Era relativamente raro que uma comunidade de humanos tivesse que enfrentar uma outra e lidar com ela; via de regra seria com os animais que seus encontros – dramáticos ou não – aconteceriam. E assim como hoje encaramos nossos companheiros humanos com diferentes atitudes, com medo, respeito, repulsa, afeição ou indiferença, assim também naquela época – por todos aqueles milênios de séculos – eram os animais do entorno com quem se experienciavam tais atitudes. Mais do que isso, da mesma forma que hoje nos entendemos com nossos vizinhos – ou pelo menos imaginamos nos entender – assim também aqueles primevos homens-macaco parecem ter imaginado que havia certos entendimentos mútuos que compartilhavam com o mundo animal.

As primeiras evidências tangíveis do pensamento mitológico são do período do Homem de Neandertal, que durou aproximadamente de 250.000 a 50.000 a.C.; e tais vestígios consistem, em primeiro lugar, de sepultamentos com suprimentos alimentícios, apetrechos de túmulo, ferramentas, animais sacrificados e afins; em segundo lugar, uma quantidade de santuários em cavernas de altas montanhas, onde crânios de ursos-das-cavernas, dispostos de maneira cerimonial em arranjos simbólicos, foram preservados. Os sepultamentos sugerem a ideia, se não exatamente de imortalidade, então no mínimo de alguma espécie de vida que estava por vir; e os santuários quase inacessíveis de crânios de ursos-das-cavernas nas altas montanhas com certeza representam um culto em honra daquele personagem peludo grandioso, de pé e semelhante a um homem, o urso. O urso ainda é reverenciado pelos povos caçadores e pescadores do extremo Norte, tanto na Europa e na Sibéria quanto entre nossas tribos indígenas norte-americanas; e temos registros desses povos nos quais as cabeças e os crânios das feras honradas estão tão preservados quanto naquelas primitivas cavernas de Neandertal.

Particularmente instrutivo e bem descrito é o exemplo do culto ao urso entre os ainos, no Japão, uma raça caucasóide que adentrou e se instalou no Japão séculos antes dos japoneses mongóis, e hoje estão confinados às ilhas setentrionais de Hokkaido e Sakhalin – esta última agora sob o poder da Rússia.

Esse povo peculiar tem a ideia sensata de que *este* mundo é mais atraente que o vindouro, e que seres divinos que vivem no outro mundo, consequentemente, são propensos a vir nos visitar. Eles chegam sob a forma de animais; mas, uma vez que tenham vestido seus uniformes de animais, não conseguem removê-los. Não têm, portanto, como voltar para casa sem ajuda humana. E assim os ainos os ajudam – matando-os, removendo

Fig. 2.8 – Sacrifício aino de um urso

e comendo os uniformes, e desejando aos visitantes libertados *bon voyage* de maneira cerimonial.

Temos uma quantidade de relatos detalhados das cerimônias, e mesmo agora é possível ter a sorte de testemunhar tal ocasião. Os ursos são capturados ainda filhotes e criados como animais de estimação da família do captor, cuidados afetuosamente pelas mulheres do grupo, e têm permissão para brincar e lutar com os jovens.

Quando já estão mais velhos e um pouco mais violentos, entretanto, são mantidos confinados em uma jaula, e quando o pequeno hóspede atinge cerca de quatro anos, chega a hora de ser mandado para casa. O chefe da casa na qual esteve vivendo irá prepará-lo para a ocasião advertindo-o que, embora ele possa achar os festejos um pouco brutais, é inevitável que assim o sejam e são feitos com boas intenções. "Pequena divindade", dirão ao companheirinho enjaulado em um discurso público, "estamos prestes a mandá-lo para casa, e caso você nunca tenha experimentado uma destas cerimônias antes, fique sabendo que tem de ser dessa forma. Queremos que vá para casa e conte a seus pais o quanto foi bem tratado aqui na Terra. E se você desfrutou de sua vida entre nós e gostaria de nos dar a honra de nos visitar novamente, de nossa parte, lhe daremos a honra de preparar outra cerimônia de ursos como esta". O companheirinho é rápida e habilmente despachado.

Sua pele é removida com a cabeça e as patas, e arrumada sobre um cavalete para parecer viva. Um banquete é então preparado, cujo prato principal é um robusto ensopado de sua própria carne, do qual uma tigela generosa é colocada sob seu focinho para sua própria última refeição na Terra; após isso, com vários presentes de despedida para levar consigo, supõe-se que retornará alegremente para casa.

Um tema central para o qual gostaria de chamar a atenção aqui é o do convite para que o urso retorne à Terra. Isto sugere que na visão dos ainos não existe morte. E encontramos o mesmo pensamento expressado nas últimas instruções dadas aos defuntos nos ritos de sepultamento do povo aino. Os mortos não voltarão como assombrações ou espíritos possessores, mas apenas pelo curso natural apropriado, como bebês. Além disso, uma vez que apenas morrer não seria uma punição para um aino, sua pena máxima para crimes sérios é a morte por tortura.

Uma segunda ideia essencial é a do urso como um visitante divino, cujo corpo animal tem de ser "quebrado" (como eles dizem) para libertá-lo e poder retornar ao seu lar do outro mundo. Acredita-se que muitas plantas comestíveis, bem como feras caçadas, sejam visitantes desse tipo; de modo que os ainos, ao matá-los e comê-los, não estão lhes fazendo mal algum, mas sim um favor.

Existe aqui uma óbvia defesa psicológica contra os sentimentos de culpa e o medo de vingança de um povo primitivo caçador e pescador cuja existência como um todo depende de atos contínuos de matança inexorável. Pensam nas feras mortas e nas plantas consumidas como vítimas voluntárias; de tal sorte que a gratidão, e não a maldade, deve ser a resposta de seus espíritos libertados diante do "quebrar e comer" de seus corpos materiais meramente provisórios.

Há uma lenda dos ainos de Kushiro (na costa sudeste de Hokkaido), que se propõe a explicar a alta reverência que eles têm pelo urso. Esta lenda fala sobre uma jovem esposa que costumava ir todos os dias com seu bebê às montanhas para procurar raízes de lírio e outras plantas comestíveis; e quando já havia conseguido o suficiente, ia até um riacho para lavar suas raízes, tirando o bebê de suas costas e deixando-o na margem enrolado nas roupas dela, enquanto entrava nua na água. Certo dia, estando assim no riacho, ela começou a cantar uma bela canção, e quando tinha chegado até a margem, ainda cantando, começou a dançar com aquela melodia completamente encantada por sua própria dança e sua canção, sem prestar atenção ao que acontecia a seu redor até que, de repente, ouviu um som assustador, e quando olhou estava ali o deus-urso indo na sua direção. Aterrorizada, ela saiu correndo, do jeito que estava. E quando o deus-urso viu a criança abandonada à beira do riacho, pensou: Eu vim atraído por aquela bela canção, pisando silenciosamente, para não ser ouvido. Mas veja! Sua música era tão bela que me deixou encantado e, inadvertidamente, fiz barulho.

Fig. 2.9 – Morte do urso

II – O surgimento da humanidade

Tendo a criança começado a chorar, o deus-urso colocou a língua em sua boca para alimentá-la e acalmá-la e, durante dias, cuidando dela ternamente, desse modo, sem nunca sair do seu lado, conseguiu mantê-la viva. Todavia, quando um grupo de caçadores do vilarejo se aproximou, o urso foi embora, e os aldeões, encontrando a criança viva, entenderam que o urso cuidara dela e, admirando-se, disseram: "Ele tomou conta deste bebê perdido. O urso é bom. Ele é uma divindade digna, e certamente merece nosso culto". Então foram atrás dele e mataram o urso, trouxeram-no para a aldeia, fizeram um festival para o urso e, oferecendo boa comida e bom vinho à sua alma, e carregando-o de fetiches, enviaram-no para casa em meio a riquezas e alegria.[5]

Uma vez que o urso, a principal figura do panteão aino, é considerado um deus da montanha, vários acadêmicos sugeriram que uma crença similar pode explicar por que imponentes cavernas montanhosas foram escolhidas para ser os santuários do antigo culto Neandertal aos ursos. Os ainos também preservavam os crânios dos ursos que sacrificavam. Mais do que isso, sinais de fogo usado para cozinhar foram percebidos naqueles elevados recintos neandertais; e durante o rito aino a deusa do fogo, Fuji, é convidada a partilhar com o urso sacrificado o banquete de sua própria carne. Acredita-se que os dois, a deusa do fogo e o deus da montanha, estejam conversando enquanto seus anfitriões e anfitriãs ainos os entretêm com canções a noite inteira, com comida e bebida. Não há como ter certeza, é claro, que os Homens de Neandertal de cerca de duzentos mil anos atrás tivessem tais ideias. Várias autoridades acadêmicas questionam seriamente se é apropriado interpretar vestígios pré-históricos tomando como referência os costumes de povos primitivos modernos. Ainda assim, no presente exemplo as analogias são de fato impressionantes. Chegou a ser observado que, em ambos os contextos, a quantidade de vértebras cervicais que ficam atreladas aos crânios decapitados geralmente são duas. Mas, em todo caso, podemos afirmar com segurança que o urso é, em ambos os contextos, um animal venerado, que seus poderes sobrevivem à morte e são eficazes no crânio preservado, que rituais servem para ligar tais poderes aos objetivos da comunidade humana, e que o poder do fogo está de alguma maneira ligado aos ritos.

---

5. Carl Etter, *Ainu Folklore: Traditions and Culture of Vanishing Aborigines of Japan* (Chicago: Wilcox and Follett, 1949), p. 56-57.

As evidências mais antigas de que temos conhecimento a respeito do cultivo do fogo datam de um período tão remoto com relação ao Homem de Neandertal quanto seus obscuros dias o são para o nosso tempo, a saber, no período do Homem de Java (*Pithecanthropus erectus*), há aproximadamente 500 mil anos, nas cavernas do faminto canibal de testa curta conhecido como Homem de Pequim, que tinha aparentemente um gosto particular por cérebros *à la nature*, que eram devorados crus em crânios que haviam acabado de ser abertos. Suas fogueiras não eram usadas para cozinhar. Nem as dos neandertais. Serviam para quê, então? Para fornecer calor? Possivelmente. Mas é provável, também, como um fetiche fascinante, mantido aceso em sua lareira como em um altar. E essa conjectura é a mais provável à luz da aparição posterior do fogo domesticado, não apenas nos altos santuários de urso dos neandertais, mas também no contexto dos festivais de urso dos ainos, onde é identificado explicitamente com a manifestação de uma deusa. O fogo, então, pode muito bem ter sido a primeira divindade consagrada do homem pré-histórico. O fogo tem a propriedade de não diminuir quando é dividido, mas sim aumentar. O fogo é luminoso, como o Sol e o raio, a única coisa da Terra que é assim. Além disso, está vivo: no calor do corpo humano ele é a própria vida, que vai embora quando o corpo esfria. É imenso em vulcões, e, como sabemos a partir do conjunto de várias tradições primitivas, frequentemente era identificado como um demônio fêmea dos vulcões, que preside um mundo posterior, onde os mortos desfrutam de uma dança eterna em incríveis chamas vulcânicas rodopiantes.

A raça e o estilo de vida rude do Homem de Neandertal se foram e até se perderam da memória com o fim das Eras Glaciais, há uns 40 mil anos; e daí apareceu, de maneira bem abrupta, uma raça humana distintamente superior, o *Homo sapiens*, que é nosso ancestral direto. É a esses homens – de maneira significativa – que são associadas às belas pinturas rupestres dos Pireneus e da Dordonha franceses, e das montanhas da Cantábria espanhola; também aquelas pequenas estatuetas femininas de pedra, ou de ossos ou de marfim de mamute, que foram apelidadas – de modo lúdico – de Vênus paleolíticas, e que são, aparentemente, as obras de arte mais antigas produzidas pelos seres humanos. Um crânio de urso-das-cavernas cultuado não é um objeto de arte, nem um sepultamento, ou uma ferramenta lascada, no sentido em que estou empregando o termo aqui. As estatuetas foram esculpidas sem os pés, porque eram feitas com a intenção de serem fincadas na terra, posicionadas em pequenos santuários domésticos.

E me parece importante salientar que, enquanto as figuras masculinas, quando aparecem nas pinturas das paredes do mesmo período, estão sempre usando algum tipo de veste, estas estatuetas femininas estão absolutamente nuas, simplesmente de pé, sem adornos. Isto diz algo sobre os valores psicológicos e, por conseguinte, míticos das presenças masculina e feminina, respectivamente.

A mulher é diretamente mítica em si mesma, e é vivenciada dessa forma não apenas como fonte e doadora de vida, mas também na magia do seu toque e sua presença. A harmonia de sua menstruação com os ciclos da Lua é também uma questão misteriosa. Ao passo que o homem, vestido, é alguém que *ganhou* seus poderes e representa uma função ou papel social específico e limitado.

Na infância – conforme tanto Freud quanto Jung salientaram – a mãe é sentida como um poder da natureza, e o pai como a autoridade da sociedade. A mãe trouxe a criança à vida, lhe fornece o alimento e, na imaginação

Fig. 2.10 – Vênus de Laussel

da criança, pode aparecer também (como a bruxa de João e Maria) como uma mãe devoradora, ameaçando engolir de volta o que produziu. O pai é, então, o iniciador, não apenas induzindo o menino em seu papel social, mas também representando para a filha sua primeira e principal experiência do caráter do macho, despertando-a para seu papel social como fêmea em relação ao macho. As Vênus paleolíticas foram encontradas sempre nas proximidades das lareiras domésticas, enquanto as figuras dos homens vestidos aparecem no interior profundo e obscuro dos templos-cavernas pintados, entre as manadas de animais maravilhosamente retratadas. Além disso, eles lembram, em sua vestimenta e atitude, os xamãs de nossas tribos primitivas posteriores, e eram sem dúvida associados com rituais da caça e de iniciação.

Permitam-me recapitular aqui uma lenda da tribo norte-americana dos blackfoot, que já recontei em *As Máscaras de Deus*, volume I, *Mitologia Primitiva*; pois ela sugere, melhor do que qualquer outra lenda que eu conheça, a maneira segundo a qual os artistas-caçadores da era paleolítica devem ter interpretado os rituais de seus misteriosos templos-cavernas pintados. Essa lenda blackfoot é de uma época em que os indígenas se encontravam, com a iminência do inverno, sem conseguir armazenar um suprimento de carne de búfalo, uma vez que os animais estavam se recusando a ser empurrados em debandada no precipício dos búfalos. Quando eram levados a se aproximar do precipício, desviavam na beira para a direita ou para a esquerda e saíam galopando.

E foi assim que, em uma manhã bem cedo, quando uma jovem do vilarejo faminto, acampada no sopé de um grande penhasco, foi buscar água para a tenda de sua família, ao olhar para a planície acima, observou um rebanho pastando à beira do precipício, e gritou que se eles pulassem para dentro do curral ela se casaria com um deles. No que, vejam só!, os animais começaram a cair, tropeçando uns nos outros e tombando rumo à morte. Ela ficou, é claro, admirada e entusiasmada, mas então, quando um grande touro, com um único salto, ultrapassou os muros do curral e veio trotando em sua direção, ela ficou aterrorizada. "Venha!", disse ele. "Oh, não!", respondeu ela, recuando. Mas, insistindo na promessa, ele a puxou até o topo do penhasco, em direção à pradaria, e a levou embora.

Aquele touro havia sido o espírito incentivador do rebanho, uma figura mais de dimensão mítica do que material. E encontramos figuras equivalentes a ele em todo lugar nas lendas dos caçadores primitivos: personagens de caráter xamânico semi-humanos, semianimais (como a serpente do Éden), difíceis de imaginar, seja como animal ou como homem; ainda assim, nas narrativas aceitamos seus papéis com facilidade.

Quando o povo feliz do vilarejo havia terminado de abater aquela safra inesperada, perceberam que a jovem havia desaparecido. Seu pai,

II – O surgimento da humanidade

descobrindo seus rastros e notando ao lado deles os do búfalo, voltou para buscar seu arco e aljava, e então subiu a trilha no penhasco até a planície. Ele havia caminhado uma distância considerável antes de chegar a um chafurdeiro de búfalos e, a uma pequena distância, observou um rebanho. Cansado, sentou-se e, enquanto pensava no que fazer, viu um pega voando, que desceu ao chafurdeiro ali perto e começou a ciscar.

"Oh!", exclamou o homem. "Ei, belo pássaro! Quando voar por aí, se vir a minha filha, poderia dizer-lhe, por favor, que seu pai está aqui, esperando por ela no chafurdeiro?"

O belo pássaro preto e branco com uma longa e graciosa cauda voou diretamente até o rebanho, e vendo uma jovem ali, serpenteou até a terra e voltou a ciscar, virando a cabeça para um lado e para o outro, até que, chegando bem perto dela, sussurrou: "Seu pai está esperando por você no chafurdeiro".

Ela ficou assustada e olhou ao redor. O touro, seu marido, ali por perto, estava dormindo. "Shh! Volte para lá!", sussurrou ela, "e diga ao meu pai que espere".

O pássaro retornou ao chafurdeiro com a mensagem, e o grande touro logo acordou.

"Vá buscar um pouco de água", disse o grande touro, e a jovem, levantando-se, arrancou um chifre da cabeça de seu marido e dirigiu-se ao chafurdeiro, onde seu pai subitamente a agarrou pelo braço. "Não, não!", alertou ela. "Eles nos seguirão e matarão a nós dois. Devemos esperar que ele volte a dormir, quando então eu virei e escaparemos."

Ela encheu o chifre e caminhou de volta com ele até seu marido, que bebeu tudo até sobrar só um gole e farejou o ar. "Há uma pessoa por perto", disse ele. Deu mais um gole e farejou o ar de novo; então levantou-se e deu um berro. Que som terrível!

Todos os búfalos se levantaram. Ergueram suas pequenas caudas e as sacudiram, agitaram suas grandes cabeças e berraram de volta; então patearam a terra, correram em todas as direções e, finalmente, dirigindo-se ao chafurdeiro, pisotearam até a morte o pobre indígena que viera em busca de sua filha: furaram-no com seus chifres e novamente o pisotearam com seus cascos até que não sobrou sequer a menor partícula de seu corpo para ser vista. A filha gritava: "Ó meu pai, meu pai!". E as lágrimas corriam pelo seu rosto como um rio.

"Ahá!", disse o touro de forma ríspida. "Então estás de luto pelo teu pai! Talvez agora entenderás como é e como sempre tem sido conosco. Temos visto nossas mães, pais, todos os nossos parentes, mortos e dilacerados pelo teu povo. Mas terei pena de ti e te darei apenas uma chance. Se puderes trazer teu pai de volta à vida, vós podereis retornar ao teu povo."

A infeliz menina, voltando-se para o pássaro, implorou-lhe que procurasse na lama pisoteada alguma pequena porção do corpo de seu pai, o que ele fez, novamente ciscando no chafurdeiro até que seu longo bico veio à tona com uma junta da espinha dorsal do homem. A jovem colocou a junta no chão cuidadosamente e, cobrindo-a com seu manto, entoou uma certa canção. Não demorou muito e podia-se ver que havia um homem debaixo do manto. Ela ergueu uma das pontas. Era seu pai, embora ainda não estivesse vivo. Abaixou a ponta, retomou a canção e em seguida, quando retirou o manto, ele estava respirando. Seu pai se levantou, e o pássaro encantado rodopiou pelo ar com um maravilhoso zunido. Os búfalos ficaram espantados.

"Vimos coisas estranhas hoje", disse o grande touro aos outros do seu rebanho. "O homem foi pisoteado até a morte e está vivo de novo. O poder de seu povo é forte."

E virou-se para a jovem: "Agora, antes que tu e teu pai vão embora, te ensinaremos nossa própria música e dança, que jamais deverão esquecer". Pois estes seriam os meios mágicos pelos quais os búfalos mortos pelas pessoas no futuro seriam restaurados à vida, assim como o homem morto pelo búfalo havia sido restaurado.

Todos os búfalos dançaram; e, como era apropriado à dança de tais feras grandiosas, a canção era lenta e solene, o passo pesado e deliberado. E quando a dança terminou o grande touro disse: "Agora vão para casa e não esqueçam o que viram. Ensinem essa dança e essa canção ao seu povo. O objeto sagrado do rito deve ser a cabeça de um touro e a pele de um búfalo: todos que dançarem fazendo o papel de búfalo devem vestir a cabeça de um touro e o manto de um búfalo quando representarem a dança".[6]

---

6. George Bird Grinnell, *Blackfoot Lodge Tales* (New York: Charles Scribner's Sons, 1916), p. 104-112. Cf. Joseph Campbell, *As máscaras de Deus*, Vol. I: *Mitologia Primitiva*, Palas Athena Editora, São Paulo, 1992, p. 232-235.

II – O surgimento da humanidade

É surpreendente quantas das figuras pintadas nas grandes cavernas paleolíticas ganham vida nova quando vistas à luz de tais contos dos povos caçadores recentes. Não há como ter certeza, é claro, que as referências sugeridas sejam de todo corretas. Entretanto, que as ideias principais eram muito parecidas, é certamente uma quase verdade. E entre essas podemos destacar aquelas dos animais mortos sendo vítimas voluntárias, aquelas das cerimônias de sua invocação representando uma aliança mística entre o mundo animal e o mundo humano, e aquelas da canção e da dança como sendo os veículos da força mágica de tais cerimônias. Além disso, o conceito de cada espécie do mundo animal como um tipo de indivíduo multiplicado, tendo como sua semente ou mônada essencial um Animal Mestre magicamente potente semi-humano, semianimal; e a ideia relacionada a isso: de não existir algo tal como a morte, os corpos materiais sendo meramente trajes vestidos por entidades monádicas que seriam invisíveis de outra forma, que podem ir e voltar de um outro mundo invisível para este, como se atravessassem um muro intangível. Também encontramos as noções de casamento entre seres humanos e feras, de comércio e conversas entre feras e homens em tempos antigos, e de episódios de pactos específicos naqueles tempos, dos quais os ritos e os costumes do povo foram derivados; a percepção do poder mágico de tais ritos, e a ideia de que, para manter seu poder, estes devem ser fiéis à sua forma primeva e original – mesmo o menor desvio destruiria sua magia.

Portanto, esse é o mundo mítico dos caçadores primitivos. Habitando principalmente nas grandes pastagens, onde o espetáculo da natureza é de uma terra amplamente esparramada, coberta por um domo azul-celeste que toca em horizontes distantes, onde a imagem dominante da vida é de sociedades animais movendo-se naquele vasto espaço, aquelas tribos nômades, vivendo de matar, via de regra tiveram um caráter guerreiro. Sustentadas e protegidas pelas habilidades de caça e pela coragem na luta de seus machos, são necessariamente dominadas por uma psicologia masculina, uma mitologia voltada para o masculino, e pela valorização da bravura individual.

Nas selvas tropicais, por outro lado, uma ordem natural completamente diferente prevalece e, por conseguinte, de psicologia e mitologia também. Pois o espetáculo dominante ali é o de uma vida vegetal abundante, com todo o resto mais oculto do que visível. Acima está um mundo superior frondoso habitado por pássaros guinchantes; embaixo, uma densa cobertura de folhas, sob as quais serpentes, escorpiões e muitos outros perigos mortais espreitam. Não há nenhum horizonte distante claro, mas sim um sempre contínuo emaranhado de troncos e folhagem em todas as direções, onde a aventura solitária é perigosa. A estrutura da aldeia é relativamente estável, presa à terra, nutrida com alimento vegetal coletado ou cultivado sobretudo pelas mulheres; e a psique masculina está, portanto, em uma situação inferior. Pois mesmo a tarefa *psicológica* primária para o jovem macho, a de alcançar a separação da dependência da mãe, dificilmente é possível em um mundo onde todo o trabalho essencial está sendo feito, de maneira irrestrita, por fêmeas plenamente eficientes.

Assim, é entre as tribos tropicais que se originou a maravilhosa instituição da sociedade secreta dos homens, onde não era permitida a presença da mulher e onde curiosos jogos simbólicos que exaltam o zelo masculino por façanhas heroicas podiam ser apreciados em segurança, longe do olho governante da Mãe. Naquelas zonas, além disso, a visão comum da vegetação apodrecida dando lugar a novos brotos verdes parece ter inspirado a mitologia da morte como algo que dá vida; da qual se seguiu a ideia hedionda de que a maneira de aumentar a vida é aumentando a morte. O resultado tem sido, durante milênios, um furor universal de sacrifícios por todo o cinturão tropical de nosso planeta, em vívido contraste com as cerimônias comparativamente infantis de culto e apaziguamento animal dos caçadores das grandes planícies: sacrifícios brutais tanto animais quanto humanos, altamente simbólicos nos detalhes; sacrifícios também de frutas do campo, de primogênitos, de viúvas sobre os túmulos de seus maridos e, por fim, de cortes inteiras junto com seus reis. O tema mítico da Vítima Voluntária tornou-se associado aqui com a imagem de um ser primordial que, no princípio, ofereceu a si mesmo para ser imolado, desmembrado e enterrado; de cujas partes inumadas surgiram então os alimentos vegetais por meio dos quais a vida das pessoas é sustentada.

Nas Ilhas Cook polinésias há uma engraçada variante local desse mito comum na lenda de uma donzela chamada Hina (Lua), que gostava de se banhar em certa lagoa. Um dia, uma grande enguia passou nadando atrás dela e a tocou. Isso aconteceu de novo, dia após dia, até que, em uma ocasião, abandonou seu traje de enguia e um belo jovem, Te Tuna (a Enguia), ficou diante dela, que o aceitou como amante. Depois disso, Te Tuna a visitava em forma humana, mas se tornava uma enguia quando ia embora a nado, até que um dia anunciou que havia chegado a hora de ele ir embora para sempre. Ele a visitaria mais uma vez, chegando na forma de enguia em meio a uma grande enchente, quando ela deveria cortar sua cabeça e enterrá-la. E de fato ele chegou e Hina fez exatamente como lhe tinha sido ordenado. E todos os dias, dali em diante, ela visitava o lugar da cabeça enterrada, até que um broto verde surgiu, cresceu e se tornou uma bela árvore que com o tempo acabou dando frutos. Aqueles foram os primeiros cocos; e cada um deles, quando descascado, ainda exibe os olhos e o rosto do amante de Hina.[7]

---

7. William Wyatt Gill, *Myths and Songs from the South Pacific* (Londres: Henry S. King and Company, 1876), p. 77-79; citado em Campbell, *Mitologia Primitiva*, op. cit., p. 161-166.

III – A importância dos ritos

Fig. 3.1 – Sacerdote hopi
[1964][8]

A função do ritual, em meu entendimento, é dar forma à vida humana, não à maneira de um mero arranjo superficial, mas em abrangência e profundidade. Em tempos longínquos, toda ocasião social era estruturada ritualmente e a sensação de profundidade era obtida por meio da manutenção de um tom religioso. Hoje, por outro lado, o tom religioso está reservado para ocasiões muito especiais, "sagradas". E, ainda assim, mesmo nos padrões de nossa vida secular, o ritual sobrevive. Ele pode ser reconhecido, por exemplo, não apenas no decoro das cortes e nos regulamentos da vida militar, mas também no comportamento das pessoas que se sentam à mesa juntas.

---

8. De uma palestra (L90) intitulada *The Importance of Rites*. Gravações de duas palestras posteriores (L96 e L536), sobre um tema similar, foram combinadas e lançadas como *The Necessity of Rites*, parte 4 de *Man and Myth*, volume 4 da *Joseph Campbell Audio Collection*.

III – A importância dos ritos

Toda a vida é estrutura. Na biosfera, quanto mais elaborada é a estrutura, mais elevada é a forma de vida. A estrutura por meio da qual as energias de uma estrela-do-mar são articuladas é consideravelmente mais complexa do que a de uma ameba; e conforme vamos subindo na linha evolutiva digamos, até o chimpanzé, a complexidade aumenta. Assim também acontece na esfera cultural humana: a noção rudimentar de que energia e força podem ser representadas ou transmitidas abandonando e quebrando estruturas é refutada por tudo o que sabemos sobre a evolução e a história da vida.

Ora, os padrões estruturantes da conduta animal fazem parte do sistema nervoso herdado da espécie; e os assim chamados mecanismos de liberação, por meio dos quais estes são determinados, são, em sua maior parte, estereotipados. De animal para animal, as respostas são consistentes dentro de uma mesma espécie. Mais do que isso, a complexidade de alguns dos padrões fixos de execução é surpreendente: a habilidade de alguns pássaros em construir um ninho – o papa-figos, por exemplo, ao modelar seu delicado ninho suspenso; ou entre insetos e aracnídeos, o milagre da teia de aranha. Se não estivéssemos tão acostumados com tais coisas, seríamos dominados pela incredulidade e admiração à vista da regularidade e do equilíbrio matemáticos de uma teia cintilante, perfeitamente suspensa entre galhos selecionados à margem de alguma trilha na floresta, concebida e realizada (como diríamos acerca de qualquer trabalho humano comparável) com um senso infalível sobre a resistência dos materiais, tensões, equilíbrios e assim por diante. Todas as pequenas maravilhas arquitetônicas como essas – colmeias, formigueiros, conchas de náutilos e coisas do gênero – são produzidas conforme habilidades herdadas, arraigadas nas células e no sistema nervoso das espécies.

A espécie humana, por outro lado, se distingue pelo fato de que os mecanismos liberadores de ação de seu sistema nervoso central não são, em sua maioria, "estereotipados", mas "abertos". São suscetíveis, consequentemente, à influência de *imprints*, ou "carimbos" da sociedade na qual o indivíduo cresce. Pois a criança humana nasce – do ponto de vista biológico – uns dez ou doze anos antes do tempo. Ela adquire seu caráter humano, estatura ereta, habilidade de falar e o vocabulário de seu pensamento sob a influência de uma cultura específica, cujas características são gravadas, por assim dizer, em seus nervos; de modo que as padronizações constitutivas que no mundo animal são herdadas biologicamente, na espécie humana coincidem em larga medida com formas socialmente transmitidas, impressas, durante aqueles que há muito são conhecidos como "anos influenciáveis", e em todo lugar os rituais têm sido os meios reconhecidos para tal impressão. Mitos são o suporte mental dos ritos, e ritos são a encenação física dos mitos. Ao absorver os mitos de seu grupo social e participar de seus ritos, o jovem é estruturado de modo a se harmonizar com seu ambiente social e natural, e se transforma, de um produto amorfo da natureza, nascido prematuramente, em um membro definido e competente de uma ordem social específica, que funciona de maneira eficiente.

Esta prematuridade inteiramente extraordinária do nascimento da criança humana, de tal modo que ao longo de todo o período de sua infância depende de seus pais, levou biólogos e psicólogos a comparar nossa situação com a dos marsupiais: o canguru, por exemplo, que dá à luz seus filhotes apenas três semanas após a concepção. As minúsculas criaturas despreparadas movem-se instintivamente por cima da barriga da mãe até sua bolsa, onde, sem prévia instrução, se fixam nos mamilos e permanecem até estarem prontos para a vida, nutridos e protegidos em, por assim dizer, um segundo útero. Nos mamíferos, a evolução além desse estágio envolveu a inovação biológica da placenta, que torna possível que os pequenos permaneçam dentro da mãe até estarem quase prontos para a independência; por conseguinte, em geral os mamíferos conseguem tomar conta de si mesmos quase imediatamente após o nascimento, ou pelo menos dentro de alguns dias ou semanas. Em contrapartida, na espécie humana, com seu grande cérebro precisando de muitos anos para amadurecer, os bebês nascem cedo demais e, em vez da bolsa temos o lar, que é mais uma vez um tipo de segundo útero externo.

É durante esta fase da vida no lar que todos os processos sociais formativos básicos são estabelecidos. Ali, entretanto, eles estão associados com uma atitude de dependência que tem de ser superada antes que a maturidade psicológica seja alcançada. O jovem ser humano responde aos desafios de seu meio ambiente voltando-se para os pais, pedindo conselhos, apoio e proteção e, antes que seja digno de confiança como um adulto, esse padrão deve ser alterado.

III – A importância dos ritos

Consequentemente, uma das primeiras funções dos ritos da puberdade nas sociedades primitivas e, na verdade, da educação em toda parte, tem sido sempre a de mudar os sistemas de resposta dos adolescentes da dependência para a responsabilidade – uma transformação nada fácil de alcançar. E com a extensão do período de dependência em nossa própria civilização até meados ou mesmo até o fim dos vinte anos, o desafio hoje é mais ameaçador do que nunca, e nossas falhas estão cada vez mais patentes.

Uma pessoa neurótica pode ser definida, sob esta ótica, como alguém que não conseguiu atravessar inteiramente o patamar crítico de seu "segundo nascimento" na condição de adulto. Estímulos que deveriam despertar nele pensamentos e atos de responsabilidade, despertam, ao invés disso, sentimentos de fuga para um lugar de proteção, medo de punição, necessidade de aconselhamento e assim por diante. Esse indivíduo tem de corrigir continuamente a espontaneidade de seus padrões de resposta e, como uma criança, tenderá a atribuir suas falhas e problemas ou a seus pais ou àquele conveniente substituto parental: o Estado e a ordem social, pelos quais é protegido e sustentado. Se a primeira exigência de um adulto é a de que ele deveria tomar para si a responsabilidade por seus fracassos, por sua vida e pelo que faz, no contexto das condições atuais do mundo no qual ele vive, então é simplesmente um fato psicológico elementar que ninguém jamais se desenvolverá até esse estado caso esteja continuamente pensando no quanto seria extraordinário se as condições de sua vida tivessem sido diferentes: se seus pais tivessem sido menos indiferentes às suas necessidades, se a sociedade tivesse sido menos opressora ou se o universo fosse organizado de outra maneira. A primeira exigência de qualquer sociedade é que seus membros adultos compreendam e assumam o fato de que são eles que constituem a vida e o ser dessa sociedade. E a primeira função dos ritos da puberdade, por conseguinte, deve ser a de estabelecer no indivíduo um sistema de sentimentos que serão apropriados à sociedade na qual ele deve viver, e do qual aquela mesma sociedade depende para sua existência.

Além disso, no mundo ocidental moderno há uma complicação adicional; pois pedimos ao adulto algo mais do que a simples aceitação sem crítica ou julgamento pessoal dos hábitos e costumes herdados de seu grupo social local. Pedimos e esperamos que ele desenvolva o que Sigmund Freud chamou de sua "função de realidade": aquela faculdade do indivíduo independentemente atento, de pensamento livre, que consegue avaliar sem preconceitos as possibilidades de seu ambiente e de si mesmo dentro dele, criticando e criando; não apenas reproduzindo padrões de pensamento e de ação herdados, mas tornando-se, ele mesmo, um centro inovador, um centro ativo e criativo do processo da vida.

Nosso ideal para a sociedade, em outras palavras, não é que ela seja uma organização perfeitamente estática, fundada na era dos ancestrais, e que permaneça inalterada por todos os tempos. Em vez disso, é o de um processo que se move em direção a uma realização de possibilidades por ora não manifestas; e nesse processo vivo cada um tem de ser um centro iniciador, e ainda cooperador. Temos, portanto, o problema comparativamente complexo de, ao educar nossos jovens, treiná-los não apenas para assumir de maneira acrítica os padrões do passado, mas para reconhecer e cultivar suas próprias possibilidades criativas; não para permanecer em algum nível comprovado de uma biologia e sociologia mais antigas, mas para representar o avanço do movimento da espécie. E isto, eu diria, é a incumbência especial de todos que vivem hoje como ocidentais modernos; pois é esta civilização ocidental moderna que, desde meados do século XIII, tem sido – de modo bem literal – a única civilização inovadora do mundo.

Todavia, não podemos deixar de notar que, desde cerca de 1914, nosso mundo progressista mostra uma falta de consideração e mesmo um desdém por aquelas formas rituais que outrora trouxeram à tona, e até agora têm sustentado, esta civilização infinitamente rica e desenvolvida de modo frutífero. Há um ridículo sentimentalismo com relação à natureza que, com força cada vez maior, está assumindo o controle. Seus primórdios datam do século XVIII de Jean-Jacques Rousseau, com seus movimentos artificiais de retorno à natureza e concepções do Bom Selvagem. Norte-americanos radicados fora do país, do período de Mark Twain em diante, são exemplos notórios desse ideal, representando da forma mais evidente possível a crença inocente de que os europeus e os asiáticos, vivendo em ambientes mais antigos, mais sufocantes, deveriam ser revigorados e despertados para sua própria inocência natural pela inalterada rudeza de um produto do País de Deus, nosso doce solo americano, e nossa Carta de Direitos. Na Alemanha, entre guerras, os *Wandervogel*[9], com suas mochilas e violões, e aquela que mais tarde veio a ser a juventude hitlerista, eram representantes dessa tendência reacionária da vida moderna. E agora, bem aqui no próprio País de Deus, cenas idílicas de "índios" descalços brancos e negros acampando em nossas calçadas, com seus tambores, sacos de dormir e porta-bebês prometem transformar áreas inteiras de nossas cidades em campos para pesquisa antropológica. Pois, como em todas as sociedades, entre eles há vestes diferentes, ritos de iniciação, crenças requeridas e todo o resto. Entretanto, aqui eles são explicitamente reacionários e reducionistas, como se, na linha da evolução biológica, fosse preciso que a pessoa regredisse do estado de chimpanzé para o de estrela-do-mar ou mesmo o de uma ameba. A complexidade da padronização social é rejeitada e reduzida e, com isso, a força e a liberdade da vida não ganharam intensidade, mas a perderam.

No campo das artes o efeito de encolhimento da vida, da perda de todo senso de forma, é hoje mais inquietante; pois é em suas artes que as energias criativas de um

Fig. 3.2. – Noite estrelada

povo se manifestam em sua excelência e podem ser mais bem mensuradas. Não podemos evitar comparar o caso de hoje com o das artes na antiga, envelhecida Roma. Por que as obras romanas de arquitetura e escultura, com todo seu poder e simplicidade, são menos impressionantes, menos comoventes, menos formalmente significativas do que as gregas? Muitos refletiram sobre esse problema, e uma noite dessas veio a mim em sonho uma resposta que eu gostaria de oferecer aqui

---

9. *Wandervogel:* Membros de uma organização de jovens fundada no fim do século XIX para a promoção de atividades ao ar livre e da cultura tradicional alemã. [N.Ts.]

para maior compreensão. É esta: que em uma comunidade pequena como Atenas, a relação do artista criativo com os líderes sociais locais seria franca e direta, eles se conheceriam desde a meninice; ao passo que em uma comunidade tal como, digamos, nossas modernas Nova York, Londres ou Paris, o artista que tem a intenção de ser conhecido precisa ir a coquetéis para conseguir encomendas, e portanto, os que as conseguem são os que não estão em seus estúdios, mas sim em festas, conhecendo as pessoas certas e aparecendo nos lugares certos. Não estiveram engajados o suficiente na agonia do trabalho criativo solitário a ponto de ir além de suas primeiras aquisições de estilos e técnicas vendáveis. E a consequência é a "arte instantânea", onde alguns indivíduos espertos, com um mínimo de agonia formal possível, simplesmente produzem algo inesperado – algo que é, então, criticado e anunciado ou excluído por pessoas do meio jornalístico amigáveis ou hostis, que também tiveram que socializar muito e, sem tempo suficiente para estudo ou experiência extracurricular, se encontram perplexos diante de algo realmente complexo ou significantemente novo.

Lembro com profundo desgosto os comentários que apareceram sobre *Finnegans Wake*, em 1939. Não bastou que aquela obra verdadeiramente memorável fosse descartada como ininteligível, mas foi também repudiada com pretensioso desdém, como uma absoluta fraude e um desperdício do tempo de todo mundo. Em contrapartida, dois anos depois, *The Skin of Our Teeth*, de Thornton Wilder, que é inteiramente baseado, do começo ao fim, na inspiração, nos temas, personagens, pontos do enredo, e mesmo em detalhes acidentais retirados de forma direta, óbvia e descarada de *Finnegans Wake*, foi agraciado com o prêmio jornalístico Pulitzer como a maior peça teatral norte-americana daquela louvável temporada[10]. Praticamente sem exceção, a obra moderna significativa tem, em primeiro lugar, uma grande dificuldade em chegar ao conhecimento do público e, em segundo

---

10. Depois da estreia em Nova York de *The Skin of Our Teeth*, Campbell e Henry Morton Robinson escreveram um artigo em duas partes intitulado *The Skin of Whose Teeth?* (A pele dos dentes de *quem*?). Este artigo e uma discussão da controvérsia que se seguiu estão incluídos em *Mythic Worlds, Modern Words: Joseph Campbell on the Art of James Joyce*, de Joseph Campbell, editado por Edmund Epstein (Novato, California: New World Library, 2004). [N.E. do original].

III – A importância dos ritos

lugar, se chegar a aparecer, os tais críticos certamente irão derrubá-la. Não é interessante, por exemplo (retornando à história de James Joyce), que ao longo de toda a carreira esse gênio literário de nosso século nunca tenha recebido um Prêmio Nobel? Ou ainda, não nos surpreende que no presente momento não tenhamos nenhum trabalho criativo conhecido que corresponda às necessidades e possibilidades deste nosso fabuloso período – pós Segunda Guerra Mundial –, talvez o de maior metamorfose espiritual na história da raça humana? O fracasso é mais calamitoso ainda, uma vez que é apenas a partir das percepções de seus próprios visionários e artistas que qualquer povo cria seus mitos e ritos apropriados, que fazem amadurecer e sustentam a vida.

Permitam-me relembrar neste ponto as afirmações de Nietzsche em relação à arte clássica e romântica. Ele identificou dois tipos ou modalidades para cada uma. Há o romantismo do poder verdadeiro, que destrói formas contemporâneas para ir além, em direção a novas formas; e há, por outro lado, o romantismo que é incapaz de atingir forma alguma e, portanto, as esmaga e desdenha por ressentimento. Do mesmo modo, a respeito do classicismo, existe o classicismo que encontra facilidade em se manifestar por meio das formas reconhecidas e consegue lidar com elas como quiser, expressando através das mesmas seus próprios objetivos criativos de maneira rica e vital; e existe o classicismo que, por fraqueza, se agarra desesperadamente à forma seca e dura, autoritária e fria. O que eu gostaria de salientar – acredito que também seja o que Nietzsche diria – é que a forma é o meio, o veículo através do qual a vida se torna manifesta em sua feição imponente, articulada e grandiosa, e que a mera destruição da forma é, para a vida humana assim como para a vida animal, um desastre, uma vez que o ritual e o decoro são as formas estruturantes de toda civilização.

Em minha própria experiência, passei a apreciar, da maneira mais vívida possível, o serviço de amplificação da vida oferecido pelo ritual quando, há alguns anos, no Japão, fui convidado para uma cerimônia do chá cujo anfitrião era um mestre muito distinto. Ora, se existe alguma coisa neste mundo que exija mais precisão formal do que os procedimentos de uma cerimônia do chá japonesa, eu gostaria de saber o que é e onde acontece. Existem no Japão, me disseram, pessoas que estudaram e praticaram o Chá a vida inteira sem alcançar a perfeição, tão requintadas são suas regras. E é desnecessário dizer que, na minúscula casa de chá, eu mesmo era o touro na loja de porcelana de que fala o provérbio. De fato, a experiência marcante que geralmente um estrangeiro tem no Japão é que ele nunca estará certo o suficiente. As formas não impregnaram em seus ossos; mesmo seu corpo tem contornos errados.

E a cerimônia do chá, que é o destilado quintessencial de toda a maravilha formal daquela civilização extraordinariamente formal, atinge sua própria culminância formal depois de várias preliminares ritualizadas, no altamente estilizado ato do mestre de chá mexendo e servindo o chá a um número muito pequeno de convidados. Não entrarei em detalhes, porque, na verdade, nem teria como fazê-lo se quisesse. Basta dizer que cada gesto e mesmo a inclinação da cabeça são controlados; e ainda assim, quando depois conversei com os outros convidados, eles elogiaram a *espontaneidade* desse mestre. O único termo de comparação no qual eu pude pensar à época foi a arte poética do soneto, pois ali também há uma forma bem exigente; porém, o poeta adquire dentro dela uma força e uma variação de expressão que nunca poderia ter obtido sem ela e, assim, uma nova ordem de liberdade. Tive o privilégio de observar no Japão os estilos de vários mestres do chá, e aprendi a ver como cada um era, de fato, relaxado e livre em sua performance. O ritual da civilização se tornara orgânico em cada um dos mestres, que conseguiam se mover espontaneamente com requintes expressivos. O efeito, à sua própria maneira, era como o de um belo jardim japonês, onde a natureza e a arte se unem em uma afirmação comum, harmonizando e sendo a epítome de ambos.

Hoje temos algo assim em nossa civilização norte-americana?

Fig. 3.3 – Cerimônia do chá

III – A importância dos ritos

Uma noite dessas liguei meu aparelho de televisão e encontrei, por acaso, um belo evento de atletismo que estava acontecendo em Los Angeles. Era o primeiro evento desse tipo que eu assistia desde que eu mesmo competia, em meados dos anos 20 – houve um lapso de cerca de 40 anos, um período ao longo do qual eu não prestara atenção alguma ao esporte, principalmente porque ele despertava em mim mais emoção do que eu gostaria de ter de controlar. O que eu encontrei por acaso era uma corrida de milha entre seis gloriosos corredores, uma coisa realmente bela. Mas, quando terminou, o comentarista a definiu como decepcionante. Fiquei pasmo. A corrida foi disputada em quatro minutos e seis segundos, com dois corredores a apenas dois segundos do vencedor; ao passo que, na minha época, a milha mais rápida já percorrida aconteceu em pouco menos de quatro minutos e quinze segundos – e me lembro da empolgação daquela conquista. O recorde está agora abaixo de quatro minutos. Refletindo, pensei: Bem! Onde o jogo é jogado verdadeiramente a sério, e não envolve coquetéis e coisas do gênero, mas confronta diretamente o desafio honesto do campo, ainda temos forma, e a temos em grande estilo! Oswald Spengler, em *A Decadência do Ocidente*, define "cultura" como a condição de uma sociedade "em forma" – no mesmo sentido em que um atleta está "em forma". A posição dos braços, o ângulo em que o corpo se inclina: cada detalhe da forma atlética funciona como um agente propulsor para o florescimento de um momento de vida em sua plenitude. E assim também ocorre no estilo altamente afinado de uma sociedade "em forma": um mestre de chá japonês "em forma," o decoro social de um povo civilizado se reunindo "em forma". A destruição da forma não produz vencedores, seja no campo de uma corrida de milha ou de uma competição cultural; e sendo este, afinal, um mundo sério, a vida civilizada sobreviverá apenas onde a melhor forma for mantida. E quando uma corrida foi disputada, ela não pode ser disputada outra vez.

E permitam-me citar agora, para ilustrar a suprema serventia do ritual para uma sociedade, a ocasião de estado muito solene que se seguiu, em Washington, D.C., ao assassinato do presidente Kennedy. Aquela foi uma ocasião ritualizada da maior necessidade social. A nação, enquanto unidade, sofrera uma perda chocante, uma perda que fora chocante por sua profundidade – em um sentido unânime.

Não importando quais fossem as opiniões e os sentimentos políticos das pessoas, aquele magnífico jovem representando toda a nossa sociedade, o organismo social vivo do qual nós mesmos éramos os membros, levado no auge de sua carreira, em um momento de vida exuberante – a morte repentina, e daí a apavorante desordem que se seguiu –, tudo isso exigia um rito compensatório para restabelecer o senso de solidariedade da nação. Não apenas como uma ocasião para nós, aqui, dentro da nação, mas também como uma afirmação para o mundo de nossa majestade e dignidade como um estado moderno civilizado. Coloco o esplêndido desempenho das companhias de rádio e televisão naquele momento crítico como uma parte integral do ritual de que estou falando: foi um dos aspectos espontâneos, *vivos*, da ocasião. Pois ali estava uma enorme nação; contudo, durante aqueles quatro dias, tornou-se uma comunidade consoante, todos nós participando da mesma maneira, simultaneamente, em um único evento simbólico. Que eu saiba, esta foi a primeira e única coisa desse tipo em tempos de paz que me trouxe a sensação de ser um membro dessa comunidade nacional como um todo, envolvido como uma unidade na observância de um rito profundamente significativo. Pois não era moda, nos últimos vinte ou trinta anos, erguer a bandeira americana. Isso poderia colocá-lo perigosamente do mesmo lado que John Birch. Mas aqui, enfim, era uma ocasião em que – penso eu – teria sido difícil para qualquer um não ter sentido sua própria vida e caráter ampliados por meio da participação na vida e no destino da nação. O sistema de sentimentos essenciais para a nossa sobrevivência como uma unidade orgânica foi efetivamente reativado e evocado, emocional e significativamente representado por e para nós, durante aquele fim de semana de unânime meditação.

Fig. 3.4 – Corcel sem cavaleiro

III – A importância dos ritos

    Contudo, também passou pela minha mente, enquanto observava o desenrolar dos ritos fúnebres, certos pensamentos extras de referência um pouco mais ampla, particularmente em relação ao simbolismo da carruagem carregando o caixão enrolado na bandeira, puxada por sete corcéis cinza ruidosos com seus cascos enegrecidos, tendo outro cavalo empinando ao lado deles e portando uma sela vazia com estribos invertidos, também com cascos enegrecidos e conduzido por um cavalariço militar. Me pareciam os sete corcéis fantasmagóricos do cinzento Senhor da Morte, vindos para conduzir o heroico jovem caído em sua última jornada celestial, ascendendo simbolicamente através das sete esferas celestiais em direção à morada eterna, de onde certa vez descera. A mitologia das sete esferas e da jornada da alma descendo de seu lar celeste para sua vida na Terra e, quando vida acaba, ascendendo de volta pelas sete esferas, é tão antiga neste mundo quanto nossa própria civilização. O corcel com a sela vazia e estribos invertidos, empinando ao lado do jovem guerreiro morto, seria na antiguidade sacrificado, cremado junto ao corpo de seu senhor em uma imensa pira, simbolizando a ardente e dourada porta solar através da qual a alma do herói falecido passaria em direção ao seu assento no perpétuo salão dos guerreiros mortos.

    Simbolicamente, tal corcel representa o corpo e sua vida; o cavaleiro retrata a consciência que o guia: eles são um só, assim como o corpo e a mente. Naquela ocasião, observando aquele nobre animal do cortejo, sem cavaleiro, com seus cascos enegrecidos, pensei na lenda do nobre corcel Kantaka, do jovem príncipe ariano Gautama Sakyamuni. Quando seu mestre, tendo renunciado ao mundo, adentrou a floresta para ali se tornar o Buda, o cavalo retornou ao palácio sem cavaleiro e a tristeza o consumiu.

    Esses temas e lendas antigos certamente eram desconhecidos para muitos dos milhões de indivíduos modernos que, na ocasião do enterro de seu jovem herói morto, assistiram e ouviram os barulhentos cascos dos sete corcéis cinzas na cidade silenciosa e viram a nobre montaria sem cavaleiro passando com os estribos invertidos. Ainda assim, aqueles temas e lendas não foram apenas um pano de fundo; estavam presentes naqueles ritos militares, e a presença deles funcionou. Essa é a minha tese. Além disso, eles trouxeram ecos de outro momento em nossa própria história americana: as carruagens de armas da Guerra

Civil e o funeral de Lincoln, que também havia sido assassinado e fora carregado exatamente dessa maneira para a eternidade. A força do rito contemporâneo foi enormemente aumentada por essas conotações simbólicas – talvez inaudíveis para ouvidos externos, porém reconhecidas internamente por todos – na lenta e solene batida dos tambores militares e nos barulhentos cascos daqueles cavalos do Rei da Morte pela cidade absolutamente silenciosa.

    Vieram-me à mente também, ao assistir àqueles ritos ressoando temas ao mesmo tempo antigos e contemporâneos, considerações sobre a natureza aberta da mente humana, que consegue encontrar modelos para sua consolação em tais jogos de mistério, como o de imitar a passagem da alma, da Terra, pelas estâncias das sete esferas. Havia muitos anos que eu encontrara nas obras do grande historiador cultural Leo Frobenius um relato e uma discussão sobre o que ele chamou de *paideuma,* ou ferramentas pedagógicas, por meio das quais o homem – o animal informe, incerto, em cujo sistema nervoso os mecanismos de liberação não são estereotipados, mas sim abertos às impressões – tem sido governado e inspirado ao moldar suas culturas ao longo da história. Nos períodos mais antigos, assim como entre os primitivos hoje em dia, os mestres do homem foram os animais e as plantas. Mais tarde, foram as sete esferas celestes. Pois é uma característica curiosa de nossa espécie informe viver e modelar a vida por meio de atos de faz de conta. Um jovem que se identifica com um mustangue[11] desce a rua galopando com nova vitalidade e personalidade. Uma filha imita sua mãe; um filho, seu pai.

    Nos milênios há muito esquecidos da Grande Caçada paleolítica, quando os vizinhos mais próximos e onipresentes do homem eram as feras de várias espécies, aqueles animais eram seus mestres, ilustrando em seus modos de vida os poderes e padronizações da natureza. Os homens tribais assumiam os nomes de feras e usavam em seus ritos máscaras animalescas. Por outro lado, entre aqueles que habitavam os ambientes de selva tropical, onde o espetáculo da natureza era predominantemente de plantas, o jogo humano era mais de imitação do mundo vegetal e, como vimos, o mito básico era o de um deus que havia entregado seu corpo para ser abatido, esquartejado e enterrado, de onde

---

11. Espécie de cavalo trazida para as Américas pelos colonizadores espanhóis. [N.Ts.]

III – A importância dos ritos

as plantas comestíveis cresceram para o sustento do povo. Nos ritos de sacrifício humano comuns a todas as culturas de plantio, esta cena mitológica primitiva é imitada literalmente – *ad nauseam*. Assim como no mundo vegetal a vida é vista brotando da morte e rebentos verdes frescos surgem da decadência, assim também acontece no ser humano. Os mortos são enterrados para nascer de novo, e os ciclos do mundo vegetal se tornam modelos para os mitos e rituais da espécie humana.

No período grandioso e crítico da ascensão, na Mesopotâmia, por volta de 3500 a.C., da primeira civilização de cidades-estado, o centro de fascinação e modelo para a sociedade mudou da Terra, dos reinos animal e vegetal, para os céus, quando os sacerdotes observadores dos céus descobriram que os sete poderes celestiais – o Sol, a Lua e os cinco planetas visíveis – se movem a proporções matemáticas determináveis através de constelações fixas. Uma nova compreensão da maravilha deste universo foi então epitomizada, no conceito de uma ordem cósmica, a qual imediatamente se tornou o modelo celestial para a boa sociedade na Terra: o rei entronizado, coroado como a Lua ou o Sol, a rainha como a deusa-planeta Vênus, e os altos dignitários da corte nos papéis das várias luzes celestiais.

Na fabulosa corte cristã de Bizâncio, no período entre os séculos V e XIII, o trono imperial era cercado por todo tipo de

Fig. 3.5 – Constantino

visões paradisíacas e incríveis, como leões de ouro que abanavam a cauda e rugiam; e pássaros de pedras e metais preciosos que gorjeavam em árvores feitas de joias. E quando o embaixador de alguma tribo bárbara que acabara de passar por corredores de mármore deslumbrantes – com longas filas de guardas palacianos, generais e bispos adornados – chegava diante da figura imponente, imóvel e silenciosa do monarca, coroado com o Sol em seu trono radiante, ele se lançava, em genuína reverência, prostrado diante da Presença! E enquanto permanecia ali, com a cabeça baixa, uma máquina erguia o trono inteiro mais alto, de modo que, eis!, quando o atônito visitante se levantava, encontrava seu monarca com vestes e paramentos totalmente modificados, olhando-o de cima, como Deus de um céu estrelado. São Cirilo de Alexandria, em todas as suas cartas ao imperador, dirigia-se a ele como a Imagem de Deus na Terra. Era, talvez, tudo um pouco exagerado, todavia não muito diferente da pantomima de uma corte imperial de hoje, ou de uma missa papal.

Traquinagens desse tipo ainda fazem efeito. Elas representam a projeção num mundo diurno – em formas de corpos humanos, vestes cerimoniais e pedras arquitetônicas – de imagens míticas oníricas derivadas não de alguma experiência real da vida diurna, mas das profundezas daquilo que agora chamamos de o inconsciente. E, como tal, elas despertam e inspiram nos espectadores respostas oníricas, irracionais. Via de regra, o efeito característico de temas e motivos míticos traduzidos em rituais é que eles ligam os propósitos e forças individuais aos transindividuais. Já na biosfera, estudiosos do comportamento animal observam que, onde preocupações com a espécie se tornam dominantes – como em situações de cortejo nupcial ou de combate durante o cortejo nupcial –, padrões de comportamento estereotipados e ritualizados movem as criaturas de acordo com ordens de ação programadas e comuns à espécie. Do mesmo modo, em todas as áreas da interação social humana, procedimentos ritualizados despersonalizam os protagonistas, fazem com que eles se fechem em si mesmos ou se ergam para além de si mesmos, de modo que sua conduta agora não é sua, mas sim da espécie, da sociedade, da casta ou da profissão. Daí, por exemplo, os rituais de posse de juízes ou de oficiais de Estado: aqueles assim nomeados hão de servir em suas funções não como cidadãos individualizados, mas sim como agentes de princípios e leis coletivos. Mesmo em negociações privadas, os padrões de ações, contratos, barganhas e ameaças de recurso à lei formam as regras rituais de um jogo reconhecido, evitando o confronto – em certa medida, pelo menos – causado por uma característica pessoal. Sem tais regras do jogo a sociedade não existiria; nem indivíduo algum teria a menor ideia de como agir. E será apenas em virtude das regras do

III – A importância dos ritos

jogo de seu grupo social local que a humanidade de qualquer pessoa desabrochará do vazio de potenciais indefinidos para sua primeira e única (temporal, espacial e temperamentalmente delimitada) realização enquanto vida.

E agora vem a pergunta: qual poderá ser a fonte adequada de reverência para a espécie humana hoje? Como aponta Frobenius, primeiro foi o mundo animal, em suas várias espécies, que impressionou a espécie humana como um mistério, e este, em seu caráter de vizinho imediato admirado, evocou o impulso da identificação imitativa. Em seguida, foi o mundo vegetal e o milagre do solo fecundo, em que a morte se transforma em vida. Finalmente, com a ascensão, no Antigo Oriente Próximo, das primeiras altas civilizações, o foco de atenção mudou para a matemática das sete luzes cósmicas moventes, e foram estas que nos deram aqueles sete corcéis cinza da cavalgada do Rei da Morte e da ressurreição. Entretanto, como esse historiador também observou, nosso vizinho misterioso mais imediato hoje não é o animal ou a planta; nem é a abóbada celeste com suas luzes maravilhosamente móveis. Frobenius assinala que desmitoligamos essas luzes devido às nossas ciências, e que o centro do mistério agora é o próprio homem: o homem como um Tu, como um vizinho; não como "Eu" gostaria que ele fosse ou como imagino que conheço e com quem me identifico, mas em si mesmo, como um ser de mistério e maravilhamento.

É nas tragédias gregas que encontramos o primeiro reconhecimento e celebração desse centro de admiração novo e imediatamente humano. Os ritos de todos os outros povos de seu tempo eram direcionados às ordens animal, vegetal, cósmica e sobrenatural; mas na Grécia, já no período de Homero, o mundo se tornara o mundo do homem, e nas tragédias dos grandes poetas do século V as implicações espirituais irrevogáveis dessa mudança do foco de interesse foram para sempre anunciadas e reveladas. James Joyce, em *Retrato do Artista Quando Jovem*, definiu sucintamente as qualidades essenciais da tragédia grega, através das quais caminhos são abertos para uma dimensão essencialmente mística de espiritualidade humanista. Citando a *Poética*, de Aristóteles, ele nos lembra das duas "emoções trágicas" classicamente reconhecidas: pena e terror. Ele nota também que Aristóteles não as havia definido. "Aristóteles não definiu compaixão e terror; eu o fiz", declara seu herói, Stephen Dedalus.

E prossegue: "Compaixão é o sentimento que detém a mente na presença de tudo o que é grave e constante no sofrimento humano e a une com o sofredor humano. Terror é o sentimento que prende a mente em tudo o que é grave e constante no sofrimento humano e a une com a causa secreta". Evidentemente, a causa secreta de todo sofrimento é a própria mortalidade, que é a condição prévia primordial da vida e, desse modo, é "grave e constante". A vida deve ser afirmada – isso não pode ser negado. Porém, junto com a afirmação dessa condição prévia, existe a pena pelo ser humano sofredor – que é, neste contexto, uma contrapartida de si mesmo.

Naqueles ritos funerários comentados acima, foi a clássica ênfase ocidental no objeto humano o que mais conferiu distinção à ocasião; e isto não seria experimentado em qualquer evento oriental tradicional de magnitude equivalente. A referência ali teria sido *através* do ser humano rumo a uma suposta circunstância cosmológica. Qualquer pessoa que já tenha tido a experiência de presenciar um rito oriental certamente terá notado que o sofredor humano, enquanto indivíduo, foi efetivamente eliminado das cerimônias, ao passo que, neste exemplo, tudo foi feito de modo a destacar o valor da pessoa. Os odres velhos carregavam um vinho novo, o vinho da personalidade individual, e especificamente, é claro, o daquele jovem muito especial e do que ele representava – não nas voltas atemporais dos ciclos eonianos recorrentes, mas no momento histórico atual. No entanto, o simbolismo daquela antiga ordem ainda estava presente nos sete cavalos barulhentos da carruagem de armas e no corcel sem cavaleiro ao seu lado. As velhas imagens agora carregavam uma nova canção – a do sofredor humano único, sem precedentes e inimitável. Mas havia igualmente um sentido "grave e constante" em nosso sofrimento humano, bem como uma sagrada insinuação da intraduzível "causa secreta", sem a qual teria faltado ao rito sua dimensão de profundidade e sua força de cura.

E assim, agora em conclusão, permitam-me conjurar em um foco final a perspectiva de maravilha insondável à qual todos os mitos e ritos – à maneira da poesia e da arte grandiosas – nos apresentam e nos unem, citando as linhas eloquentes de um breve poema que me inspirou profundamente quando o li pela primeira vez, cerca de quarenta anos atrás, e que tem se mantido em meu pensamento desde então.

III – A importância dos ritos

É do poeta californiano Robinson Jeffers, enviado para nós de sua torre de observação na costa do Pacífico, de onde ele avistou por anos os sublimes voos dos pelicanos sobre o mar, ouviu o amigável ruído das focas e, atrás de si, o ronco de motores cada vez mais numerosos. O nome de seu poema é

Fig. 3.6 – Música natural

MÚSICA NATURAL

A antiga voz do oceano, o chilrear de pequenos rios,
(O inverno lhes deu ouro no lugar da prata
para manchar suas águas e o verde da grama se tornou marrom para circundar suas margens).
Diferentes gargantas entoam uma só linguagem.
Assim acredito que se fôssemos fortes o bastante para ouvir sem divisões de desejo e terror
À tormenta de nações doentias, à ira de cidades assoladas pela carestia,

Tais vozes também seriam consideradas
Claras como a de uma criança; ou como o respirar de uma menina a dançar sozinha
À margem do oceano, sonhando com namorados.[12]

---

12. Robinson Jeffers, *Roan Stallion, Tamar and Other Poems* (New York: Horace Liveright, 1925), p. 232.

IV – A separação entre Oriente e Ocidente

Fig. 4.1 – Kali sobre Shiva
[1961][13]

Não é fácil para os ocidentais compreenderem que as ideias desenvolvidas recentemente no Ocidente sobre o indivíduo, seu eu, seus direitos e sua liberdade, não têm significado algum no Oriente. Elas não tinham significado algum para o homem primitivo. Assim, não significariam nada para os povos das antigas civilizações mesopotâmicas, egípcias, chinesas ou indianas. Elas são, de fato, repugnantes aos ideais, objetivos e ordens de vida da maioria dos povos desta Terra. Ainda assim – e eis aqui meu segundo argumento – são a "novidade" verdadeiramente grandiosa que nós de fato representamos para o

---

13. Extraído de palestras (L43 & L44) intituladas "Oriental Concepts of the Individual" e "Symbolism and the Individual".

mundo, e constituem nossa revelação ocidental de um ideal espiritual propriamente humano, fiel à mais alta potencialidade de nossa espécie.

Traço a linha principal que divide o Oriente do Ocidente em sentido vertical passando através do Irã, acompanhando uma longitude de cerca de 60 graus a leste de Greenwich. Isto pode ser considerado um divisor de águas cultural. A leste dessa linha, existem duas matrizes criativas de alta cultura: a Índia e o Extremo Oriente (China e Japão); a oeste, igualmente, existem duas: o Levante ou Oriente Próximo e a Europa. Em suas mitologias, religiões, filosofias e ideais, não menos do que em seus estilos de vida, vestuário e artes, estes quatro domínios permaneceram distintos ao longo da história. Contudo, se agrupam significativamente em duas ordens duais: Índia e Extremo Oriente de um lado; Levante e Europa, de outro.

Já os centros orientais, separados do Ocidente e entre si por grandes desertos montanhosos, estiveram, por milênios, muito isolados e, por causa disso, são profundamente conservadores. O Levante e a Europa, em contraste, têm estado desde sempre em frutífero conflito e comércio um com o outro, amplamente abertos não apenas a grandes invasões como também a trocas de bens duráveis e de ideias. Entre as causas das extraordinárias revoltas, tanto espirituais quanto físicas, dessa fase turbulenta, há o fato de que as muralhas isoladoras da Índia e do Extremo Oriente não foram meramente abaladas, mas dissolvidas; e o mundo ficou diante dos problemas mitologicamente representados na lenda bíblica dos construtores da Torre de Babel, quando o Senhor confundiu de tal modo as línguas dos homens que estes tiveram que abandonar a construção de sua cidade secular e se dispersar, conforme conta o livro, "amplamente, por toda a face da Terra". Só que não há lugar, hoje, aonde possamos nos espalhar para longe uns dos outros; é exatamente aí que residem o atrito e o problema de nossa era.

Nesse contexto, a figura mítica de Babel é duplamente apropriada, uma vez que foi nas primeiras cidades-estado da Mesopotâmia, por volta de 3500 a.C., que foram lançados os alicerces originais de todas as altas civilizações (isto é, letradas e monumentais. Por isso foi de fato no Levante, e até especificamente naquelas primeiras cidades--templo dos altos zigurates, que brotaram todos os ramos da grande e única árvore dos quatro domínios da civilização. Além disso, foi ali

IV – A separação entre Oriente e Ocidente

que vieram a existir as formas míticas de organização social, pelas quais os indivíduos no Oriente até hoje são limitados e impedidos de levar uma vida pessoal verdadeiramente individual. Nas sociedades mais antigas e primitivas, de coletores de alimento, que eram caçadores, forrageadores e pescadores, as precariamente nutridas unidades sociais nômades não eram nem muito grandes nem complexas. As únicas divisões de trabalho se estabeleciam em termos de idade e sexo, sendo que todo homem, mulher e jovem estava praticamente no controle da herança cultural. Dessa forma, todo adulto poderia – pelo menos em termos do modelo cultural local – se tornar um ser humano total. Em mais ou menos 7500 a.C., a ascensão e o desenvolvimento no antigo Oriente Próximo com comunidades estabelecidas e comparativamente prósperas, sustentadas pela agricultura de grãos e criação de gado, tornaram a vida muito mais complexa; e com a evolução gradual de tais comunidades, tanto em número quanto em tamanho, áreas de conhecimento e habilidades profissionais altamente especializadas cresceram em importância. Em 4500 a.C. havia uma constelação florescente de vilarejos autossustentáveis por todo o Oriente Próximo, e em 3500 a.C. aqueles no vale dos rios Tigre e Eufrates estavam se tornando cidades – as primeiras cidades na história do mundo. Nestas havia castas de governantes e servos claramente distintas, artesãos especialistas incrivelmente habilidosos, ordens sacerdotais, comerciantes e por aí em diante; de modo que ninguém agora poderia sequer ter esperança de se tornar um ser humano total. Cada um não era mais que parte de um homem. Por conseguinte, apareceram abruptamente nas artes decorativas desse período sinais inconfundíveis de uma tentativa de simbolizar a ideia de unificação de partes desiguais em relação ao todo.

Já nesta época, nos estilos de cerâmica da metade do quinto milênio a.C., por exemplo, organizações geométricas equilibradas de um campo circular fazem sua aparição, com uma figura unificadora no centro simbolizando o princípio integrador: uma roseta, uma cruz ou uma suástica. Em composições simbólicas tardias, essa posição central era ocupada pela figura de um deus; nas cidades-estado mais antigas, a mesma divindade era encarnada no rei; no Egito, no faraó. Além disso, não apenas o rei, mas todos os membros de sua corte desempenhavam em suas vidas papéis simbólicos, determinados não por seus desejos pessoais, mas pelas regras do jogo de uma pantomima ritual de identificação com corpos celestes – muito semelhante à maneira em que os mais antigos e primitivos estágios da mutação cultural humana imitavam as espécies animais ou os ciclos de vida e morte das plantas.

Como já destacado no capítulo anterior, foi nos primeiros complexos dos templos das antigas cidades-estado sumérias, por volta de 3500 a.C., que os sacerdotes observadores dos céus em busca de presságios perceberam pela primeira vez que a Lua, o Sol e os cinco planetas visíveis se moviam em ritmos matematicamente determináveis através das constelações. E então foi concebida a ideia grandiosa de uma ordem cósmica celeste, a qual deveria ser refletida na ordem social. Usando coroas simbólicas e trajes solenes, o rei, a rainha e suas cortes duplicavam em mímica terrena o espetáculo das luzes celestiais, e o esforço de dedicação a seus papéis dificilmente teria crédito hoje, não fosse pelas espantosas descobertas das "tumbas reais" de Ur, a cidade sagrada do antigo deus da Lua, trazidas à tona pelo falecido arqueólogo Sir Leonard Woolley.

Sir Leonard, como ele conta, estava escavando no antigo cemitério do templo da velha cidade da qual supõe-se que o Pai Abraão tenha partido, quando as pás de seus homens invadiram uma espantosa série de múltiplos túmulos, alguns contendo até sessenta e cinco indivíduos que jaziam em nobres vestimentas. Um dos que estavam mais preservados era o de uma mulher chamada Shub-ad, enterrada com sua corte de aproximadamente 25 criados, diretamente acima do túmulo de um personagem masculino chamado A-bar-gi, com quem mais ou menos 65 haviam sido sepultados. A ricamente vestida Shub-ad fora trazida para sua tumba em um trenó puxado por jumentos. A-bar-gi, possivelmente seu marido, em uma carroça puxada por bois. Tanto os animais quanto os seres humanos haviam sido enterrados vivos no monstruoso túmulo: as senhoras da corte repousando tranquilamente em filas, em vestes reais, usando fitas de prata e ouro nos cabelos, capas vermelhas com punhos bordados com contas, grandes brincos lunares e múltiplos colares de lápis-lazúli e ouro. As mãos do esqueleto da jovem harpista ainda repousavam sobre as cordas da harpa – ou onde as cordas da harpa outrora estavam. E os próprios instrumentos sugeriam, em sua forma, o corpo de um touro, com sua bela cabeça dourada portando uma rica barba de lápis-lazúli.

IV – A separação entre Oriente e Ocidente

Pois este era um touro mitológico: o divino touro lunar, cuja canção do destino convocara essas duas companhias voluntárias – primeiro a do rei enterrado e depois a de sua senhora – a renascer através da morte. E conhecemos o nome do deus de quem este touro era o veículo animal. Era o grande e lendário deus-rei do Oriente Próximo e salvador universal Tammuz (sumério Dumuzi), cujas datas anuais do festival de morte e ressurreição são agora agraciadas em nosso próprio calendário mítico e ritual – pela sinagoga para a Páscoa judaica e pela igreja para a Sexta-Feira Santa e Páscoa.

Não sabemos qual pode ter sido a ocasião exata para o sepultamento destas duas cortes. Sepultamentos similares foram registrados, entretanto, em cada uma das civilizações arcaicas. No Egito e na China foram

Fig. 4.2 – Matador de monstros

descobertas tumbas contendo até 800 ou mais sepultados e, de fato, os faraós das três primeiras dinastias chegavam a ter duas propriedades póstumas, uma em Abidos, no Alto Egito; e uma em Mênfis, no Baixo Egito: um palácio rural e um na cidade, por assim dizer, com esqueletos de até 400 servos ou mais em cada um.

E onde exatamente fica o indivíduo em tal contexto? Não existe, naquele mundo, algo como uma vida individual, mas apenas uma grande lei cósmica segundo a qual todas as coisas são governadas. Em egípcio, esta lei era conhecida como *maat*, em sumério, como *me*; em chinês, como *tao*; em sânscrito, *dharma*. Não deve haver nenhuma escolha, vontade ou até mesmo pensamento individual; nem ocasião para parar e se perguntar: "O que é que eu mais gostaria de fazer agora? O que é que eu gostaria de ser?". O nascimento da pessoa determina o que ela será, bem como o que deve pensar e fazer. E a grande questão que quero destacar é que este conceito do início da Idade do Bronze de uma ordem cósmica socialmente manifesta, à qual todo indivíduo deve acriticamente submeter-se para chegar a ser alguma coisa, é fundamental no Oriente – de uma maneira ou de outra – até hoje.

O particípio presente feminino do verbo ser em sânscrito é *sati*, pronunciado "sutee", e se refere ao caráter da esposa hindu virtuosa imolando a si mesma na pira funerária de seu marido morto. Neste ato altruísta, irrefletido, obediente, realizando seu dever social, ela se torna algo eterno, de validade e vida eterna, indestrutível: ou seja, uma esposa. Qualquer esposa indiana que se recuse a cumprir seu papel até o fim seria *a-sati*, um "não ser," um mero nada; pois a sua vida, seu significado e todo o sentido de sua existência nesta Terra estão contidos na encenação e experiência de seu papel social. Somente aquela que seja absolutamente impecável nesse cumprimento pode ser considerada verdadeiramente "sendo". E quando agora olhamos para trás, para aquela dupla sepultura múltipla no antigo cemitério real de Ur, constatamos que ali, de fato, já havia uma esposa assim.

Mas o próprio A-bar-gi, ao que parece, também foi morto ritualmente. Evidências indubitáveis de um remoto costume de rituais regicidas foram encontradas em uma grande parte do globo. Olhemos, por exemplo, qualquer página de *Golden Bough* [*O ramo de ouro*], de Sir James G. Frazer. Os mais antigos deuses-reis eram mortos em rituais a cada seis, oito ou doze anos, de acordo com as várias ordens locais. Com eles, iam os dignitários de suas cortes, todos abandonando seus corpos para nascerem de novo. É um ideal fantástico, nobre e estranhamente admirável este do indivíduo que não é absolutamente ninguém se não a encarnação da única, eterna e absolutamente impessoal lei cósmica, mesmo que lhe custar a morte.

E é em comparação com isso que o ideal do indivíduo ocidental, mais particularmente do europeu moderno, deve ser medido.

Permitam-me agora voltar à questão do indivíduo europeu e, para começar, cito as observações do psicólogo suíço Carl G. Jung, em cujas obras o termo "individuação" é utilizado para designar o processo psicológico de alcançar a totalidade individual. Jung afirma que a sociedade exige de cada um de nós o desempenho de algum papel social específico. Para funcionar no mundo, estamos continuamente interpretando papéis sociais, que Jung chama de *personae*, do latim *persona*, que significa "máscara, rosto falso": a máscara usada por um ator

IV – A separação entre Oriente e Ocidente

no palco romano, através da qual ele "soava" (*per-sonare*, "soar através de"). A pessoa tem que aparecer usando uma ou outra máscara para que possa funcionar socialmente; e mesmo aqueles que optam por rejeitar tais máscaras podem colocar outras, que representam rejeição: "De jeito nenhum!" ou algo do tipo. Muitas das máscaras são brincalhonas, oportunistas, superficiais; outras, entretanto, vão fundo, muito fundo, muito mais fundo do que sabemos. Assim como todo corpo consiste de uma cabeça, dois braços, um tronco, duas pernas etc., assim também toda pessoa consiste, dentre outros aspectos, de uma personalidade, uma persona profundamente marcada,

Fig. 4.3 – Máscaras de Deus

através da qual ela se torna conhecida tanto para si mesma quanto para os outros, e sem a qual ela não existiria. Portanto, é tolice dizer, por exemplo: "Vamos tirar nossas máscaras e ser naturais!". Ainda assim, existem máscaras e máscaras. Existem as máscaras da juventude, as máscaras da idade, as máscaras dos vários papéis sociais e também as máscaras que projetamos nos outros espontaneamente, que os obscurecem, e às quais nós então reagimos.

Por exemplo, suponhamos que você esteja conversando confortavelmente com o cavalheiro desconhecido sentado ao seu lado em um avião. Uma aeromoça se aproxima e se dirige a ele respeitosamente como "Senador". Quando ela vai embora, você percebe que está falando com essa pessoa mas tem sentimentos diferentes daqueles que tinha antes, e não está mais tão à vontade. Ele se tornou, para você, o que Jung chamou de uma "*mana*-personalidade", carregada com a mágica de uma máscara social imponente, e você está falando agora não apenas com uma pessoa, mas com uma personagem, uma presença. E, além disso, você mesmo se tornou uma personagem ou presença subordinada: um cidadão americano respeitoso conversando com um senador.

As personas da pequena cena terão mudado – pelo menos do seu lado do diálogo. Entretanto, no que diz respeito ao senador, ele ainda será o homem que era antes. E se não estava sendo esnobe antes, não será agora.

Para se tornar – nos termos de Jung – individuado, viver como um indivíduo liberto, é preciso saber quando e como colocar e retirar as máscaras dos vários papéis da vida. "Quando em Roma, faça como os romanos" e quando estiver em casa, não fique com a máscara do papel que você desempenha no Senado. Mas isso, enfim, não é fácil, uma vez que algumas das máscaras entranham fundo. Elas incluem julgamento e valores morais. Incluem seu orgulho, ambição e conquistas do indivíduo. Incluem seu os afetos. É comum ficar excessivamente impressionado e apegado às máscaras, sejam elas máscaras pessoais ou as *mana*-máscaras dos outros. O trabalho de individuação, no entanto, exige que a pessoa não seja compulsivamente afetada desta maneira. O objetivo da individuação requer que a pessoa se encontre e aprenda a viver a partir de seu próprio centro, no controle de sua posição, seja ela a favor ou contra. E isto não pode ser obtido encenando ou reagindo a qualquer farsa com normas fixas. Pois, como Jung afirmou: "Em última análise, cada vida é a realização de um todo, ou seja, de um eu, razão pela qual essa realização pode ser chamada de 'individuação'". Toda vida está ligada a portadores individuais que a concretizam, e ela é simplesmente inconcebível sem eles. Mas cada portador recebe a incumbência de uma sina e um destino, e apenas a compreensão disso dá sentido à vida.[14]

Isso é exatamente o contrário do ideal imposto a todos – mesmo os maiores santos e sábios – no grande Oriente, onde o único pensamento é o de que a pessoa deve se identificar plenamente com a máscara ou papel atribuído ao seu lugar social, e então, quando todas as tarefas atribuídas tiverem sido muito bem realizadas, ela deve se apagar completamente, deslizando como uma gota de orvalho para o mar. Pois ali – em contraste com a ideia tipicamente europeia ocidental de um caráter e um destino em potencial de cada um de nós, a ser realizado durante essa única vida como seu "sentido" e "cumprimento" – o foco

---

14. C. G. Jung, *Psychology and Alchemy, Collected Works*, Vol. 12 (Princeton: Princeton University Press, 2nd ed, 1968), p. 222.

IV – A separação entre Oriente e Ocidente

da preocupação não é a pessoa, mas (como nos estados comunistas ditatoriais da modernidade) sim a ordem social estabelecida: não o indivíduo único, criativo – que é visto ali como uma ameaça – mas sim sua subjugação por meio da identificação com algum arquétipo social local, e a supressão interna, de cada impulso em direção à vida individual. Educação é doutrinação ou, como se diz hoje: lavagem cerebral. O brâmane há de ser um brâmane; o sapateiro, um sapateiro; o guerreiro, um guerreiro; a esposa, uma esposa: nada além, nada menos e nada mais do que isso.

Sob tal sistema, o indivíduo nunca chega ao conhecimento de si mesmo como alguma coisa a não ser o ator mais ou menos competente de um papel perfeitamente padronizado. Uma personalidade com sinais promissores na infância sofrerá mudanças; em poucos anos os sinais terão desaparecido, para serem substituídos pelos traços de um arquétipo social, uma máscara geral padronizada, uma personalidade-miragem ou – como penso que deveríamos chamar alguém assim hoje – uma pessoa superficial e vazia. O estudante ideal em uma sociedade dessas é aquele que aceita instrução sem questionamentos e, abençoado com a virtude de uma perfeita fé em seu instrutor autorizado, está ávido para assimilar não apenas sua informação codificada, mas também seus maneirismos, critérios de julgamento e imagem geral da persona que o estudante deve vir a ser – e quando digo "vir a ser" é isto que quero dizer, pois não deve restar nada mais, absolutamente nenhum ego em nosso sentido ocidental, com opiniões pessoais, gostos, desgostos e pensamentos ou objetivos sem precedentes.

Fig. 4.4 – Beatriz mostra o Paraíso a Dante

É interessante observar que, ao longo da grande *A Divina Comédia* de Dante, o visionário viajante através do Inferno, Purgatório e Paraíso podia reconhecer seus amigos falecidos e conversar com eles sobre suas vidas. Do mesmo modo, nos mundos póstumos clássicos da *Odisseia* e da *Eneida*, Odisseu e Eneias prontamente reconhecem e conseguem conversar com as sombras daqueles falecidos recentemente. No Oriente, por outro lado, nos infernos e céus dos hindus, budistas e jainistas, não seria encontrada nenhuma continuidade de traços pessoais reconhecíveis; pois na morte a máscara do papel terreno é abandonada e a de uma vida após a morte é assumida. Os seres que habitam nos infernos tomam formas demoníacas; aqueles nos céus, divinas. E quando a nulidade reencarnada retorna a esta Terra, assume mais outra máscara, sem nenhuma lembrança consciente de qualquer passado. Ao passo que na esfera europeia – seja nos épicos e tragédias clássicas, em *A Divina Comédia* de Dante, ou na psicologia moderna da "individuação" de Jung – o foco da preocupação é o indivíduo, que nasce apenas uma vez, vive apenas uma vez e é distinto de todos os outros em sua vontade, seu pensamento e suas ações. Já em todo o grande Oriente: Índia, Tibete, China, Coreia e Japão, entende-se a entidade vivente como um transmigrante imaterial que veste e despe os corpos. Você não é o seu corpo. Você não é o seu ego. Você deve pensar nestes como algo ilusório. E essa distinção fundamental – entre os conceitos orientais e os conceitos europeus individuais – interfere, por suas implicações, em cada aspecto do pensamento social e moral, bem como no psicológico, cosmológico e metafísico.

"Este universo objetivo", li em um texto sânscrito, "é absolutamente irreal. Assim também é o ego, cujo tempo de vida, conforme visto, não passa de um piscar de olhos [...] Portanto, pare de identificar-se com este pedaço de carne, o corpo grosseiro, e com o ego, o corpo sutil, que são ambos imaginados pela mente [...] Destruindo esse egoísmo, seu inimigo, com a poderosa espada da Compreensão, desfrute livre e diretamente a alegria de seu próprio império verdadeiro, o qual é a majestade do Eu que é o Tudo em todos".[15]

Fig. 4.5 – O júbilo de seu próprio e verdadeiro império

---

15. Śaṅkarācārya, Vivekacūḍāmaṇi, 293, 296, 307.

IV – A separação entre Oriente e Ocidente

O universo no qual devemos procurar arduamente a libertação há de ser conhecido como uma ilusão onírica sempre-aparecendo-e-desaparecendo, ascendendo e decaindo em ciclos recorrentes. Quando ele é assim compreendido e quando o indivíduo aprendeu a desempenhar nele seu papel sem qualquer senso de ego, desejos, esperanças e medos, a libertação dos eternos ciclos de reencarnações sem sentido terá sido alcançada. Assim como o Sol se põe e nasce quando e como deveria, a Lua cresce e míngua, e os animais agem à maneira de sua espécie, assim também você e eu devemos nos comportar de modo apropriado ao nosso nascimento. Supõe-se que, em consequência do nosso comportamento em vidas passadas, nascemos exatamente no lugar em que devemos e em nenhum outro. Não é preciso que nenhuma divindade julgadora atribua alguém a este ou àquele lugar. Tudo é determinado automaticamente pelo peso espiritual (por assim dizer) da mônada reencarnada. Isto, e apenas isto, é o que determina o nível da posição social do indivíduo, as regras de vida que estarão à sua espera e tudo o que há de sofrer e desfrutar.

Os antigos livros da lei sânscrita – *As Leis de Manu, Os Institutos de Vishnu* etc. – fornecem descrições detalhadas dos tipos de estudo próprios a cada casta, o tipo de comida a ser ingerida, o tipo de pessoa com quem se casar, quando rezar, banhar-se, para qual direção voltar-se ao espirrar ou ao bocejar, como lavar a boca após as refeições e assim por diante, *ad infinitum*. As punições atribuídas são apavorantes. E no Extremo Oriente também, onde o resultado é praticamente o mesmo no que diz respeito ao governo da vida pessoal – embora o Caminho e a Ordem da Natureza sejam descritos em termos diferentes do que na Índia. Pois ali também existe uma ordem cósmica que rege e orienta a ordem social, à qual é um dever se conformar. E ali também as chamadas leis suntuárias ditarão em detalhes exatos como cada um deve viver: qual o tamanho do cômodo onde se deve dormir (de acordo com o status social da pessoa) e de que material deve ser feito o colchão, qual deve ser o comprimento das mangas e o material dos sapatos da pessoa, quantas xícaras de chá deve-se beber pela manhã e assim por diante. Cada detalhe da vida é prescrito nos mínimos detalhes, e há tanta coisa que a pessoa *deve* fazer que não há a menor chance de parar e perguntar: "O que eu *gostaria* de fazer?".

Ou seja, nessas sociedades, os princípios do ego, do livre pensar, livre arbítrio e ação autorresponsável são abominados e rejeitados como contrários a tudo o que é natural, bom e verdadeiro, de modo que o ideal da individuação – na visão de Jung, o ideal da saúde psicológica e de uma vida adulta realizada – é simplesmente desconhecido no Oriente. Um exemplo é este trecho das *Leis de Manu* indianas, sobre as regras para toda a trajetória de vida de uma esposa hindu ortodoxa:

> Nada deve ser feito independentemente, mesmo em sua própria casa, por uma menina, uma jovem ou mesmo uma mulher de idade. Na infância, a mulher deve estar sujeita ao seu pai; na juventude, ao seu marido; e quando seu senhor estiver morto, a seus filhos. Uma mulher não deve ser independente jamais. Ela não deve tentar se libertar de seu pai, marido ou filhos. Ao deixá-los, ela tornaria tanto a sua quanto a família de seu marido desprezíveis. Ela deve estar sempre alegre, ser inteligente na administração dos assuntos de sua casa, cuidadosa na limpeza de seus utensílios e econômica nos gastos. Ela deve obedecer, enquanto ele viver, àquele a quem seu pai (ou, com a permissão de seu pai, seu irmão) a entregou; e quando ele estiver morto, ela não deve jamais desonrar sua memória [...] Mesmo um marido sem virtude alguma, sem nenhuma boa qualidade e que busque seus prazeres em outro lugar deve ser cultuado incansavelmente como um deus [...] Em recompensa por tal conduta, a mulher que controla seus pensamentos, fala e ações ganha nesta vida o mais alto reconhecimento e, na próxima, um lugar ao lado de seu marido.[16]

As filosofias da Índia foram classificadas pelos professores nativos em quatro categorias, de acordo com as finalidades de vida às quais elas servem, isto é, os quatro objetivos pelos quais os homens se esforçam neste mundo. A primeira é *dharma*, "dever, virtude", de que acabei de falar, e que, conforme vimos, é definido para cada um segundo seu lugar na ordem social. A segunda e a terceira são da natureza e são os objetivos para os quais todas as coisas vivas são naturalmente impelidas: sucesso ou conquistas, autoelogio, que é chamado em sânscrito de *artha*; e o deleite sensual ou prazer, conhecido como *kama*.

---

16. Mānava-Dharmaśāstra 5.147-151, 154 e 166.

IV – A separação entre Oriente e Ocidente

Os dois últimos correspondem aos objetivos daquilo que Freud chamou de id. Eles são expressões dos motivos biológicos primários da psique, o simples "Eu quero" da natureza animal das pessoas; ao passo que o princípio do *dharma*, impresso em cada um por sua sociedade, corresponde ao que Freud chamou de superego, o "Deveis!" cultural. Na sociedade indiana os prazeres e sucessos devem ser almejados e alcançados sob o teto (por assim dizer) do *dharma*: o "Deveis!" supervisionando o "Eu quero!" E quando a meia-idade tiver sido alcançada e todos os deveres da vida cumpridos, a pessoa vai embora (se for homem) para a floresta ou para algum eremitério a fim de aniquilar até o último vestígio, através do yoga, o "Eu quero!" e também cada eco do "Deveis!". Portanto, a quarta meta, a quarta e última finalidade da vida, terá sido alcançada. Esta é conhecida como *moksha*, a absoluta "libertação" ou "liberdade": não a "liberdade" como a entendemos no Ocidente, de ser o que quiser ser ou fazer o que quiser fazer. Pelo contrário, "liberdade" no sentido de *moksha* significa liberdade em relação a cada impulso de existir.

"Deveis!" contra "Eu quero!" e então, "Extinção!". Em nossa moderna visão ocidental, a situação representada pelos dois primeiros em tensão seria entendida como mais adequada à infância do que à idade adulta, ao passo que no Oriente essa é a situação imposta mesmo durante a idade adulta. Lá não existe qualquer tipo de preparação ou tolerância para o que, no Ocidente, seria compreendido como o amadurecimento do ego. Como resultado – colocando de forma clara e simples –, o Oriente nunca distinguiu ego de id.

A palavra "Eu" (em sânscrito, *aham*) sugere ao filósofo oriental apenas ansiar, querer, desejar, temer e possuir, isto é, os impulsos daquilo que Freud definiu como o id operando sob a pressão do princípio do prazer. O ego, por outro lado (como Freud novamente o define), é aquela faculdade psicológica que nos relaciona *objetivamente* com a "realidade" externa, empírica: ou seja, o mundo-dos-fatos, o aqui e agora e suas possibilidades presentes, objetivamente observado, reconhecido, julgado e avaliado; e com nós mesmos, igualmente conhecidos e julgados. Um ato realizado por um ego bem-educado e responsável é bem diferente da ação de um id avarento e indomado; e diferente, também, das performances governadas pela obediência incondicional a um código há muito herdado – o qual só pode ser inadequado à vida contemporânea ou mesmo a qualquer contingência social ou pessoal imprevista.

Assim, a virtude do oriental pode ser comparada àquela do bom soldado: ele é obediente às ordens e pessoalmente responsável – mas não pelos seus atos mas apenas pela execução deles. E uma vez que todas as leis que segue foram herdadas de um passado infinito, não haverá ninguém, em lugar algum, pessoalmente responsável pelas coisas que ele está fazendo. Nem, de fato, houve alguém pessoalmente responsável em algum momento, uma vez que as leis derivaram – ou no mínimo supõe-se que tenham derivado – da ordem do próprio universo. E já que na origem dessa ordem universal não existe nenhum deus pessoal ou ser volitivo, mas apenas uma força ou vazio absolutamente impessoal, além do pensamento, além do ser, anterior a categorias, finalmente nunca houve alguém em qualquer lugar responsável por qualquer coisa – sendo os próprios deuses meros funcionários de um caleidoscópio eternamente giratório de aparições e desaparecimentos ilusórios.

Eu me pergunto quando e como ocorreu a virada histórica do que acabei de descrever como perspectiva oriental para o que todos nós conhecemos como a visão ocidental da relação do indivíduo com o seu universo. Os sinais mais antigos dessa reviravolta aparecem em textos mesopotâmicos de cerca de 2000 a.C., quando começa a ser feita uma distinção entre o rei – como um singelo ser humano – e o deus a quem ele agora há de servir. Ele não é mais um deus-rei como o faraó do Egito. Ele é o "arrendatário" do deus. A cidade de seu reino é a propriedade terrena do deus, e ele próprio o mero mordomo-chefe ou homem no comando. Além disso, foi naquele tempo que começaram a aparecer os mitos mesopotâmicos de homens criados por deuses para serem seus escravos. Os homens

Fig. 4.6 – O Pensador

IV – A separação entre Oriente e Ocidente

haviam se tornado simples servos; os deuses, mestres absolutos. O homem não era mais uma encarnação da vida divina, mas vinha inteiramente de uma natureza terrena e mortal. E a própria terra era agora argila. Matéria e espírito haviam começado a se separar, condição que chamo de "dissociação mítica" – e essa é uma característica das últimas religiões do Levante, das quais as mais importantes hoje são o judaísmo, o cristianismo e o islamismo.

Como uma ilustração do efeito dessa desencantadora virada mental na mitologia, gostaria de tomar o exemplo do Dilúvio. De acordo com muitas das mitologias que ainda florescem no Oriente, um dilúvio mundial ocorre inevitavelmente ao término de cada aeon. Na Índia, o número de anos de um aeon, conhecido como um Dia de Brahma, é contado como 4.320.000.000; depois do qual se segue uma Noite de Brahma, quando todas as mentiras se dissolvem no mar cósmico por outros 4.320.000.000 anos, de modo que a soma total de anos de uma volta cósmica inteira é 8.640.000.000. Nas Eddas islandesas, conta-se que em Valhalla[17] existem 540 portas, e que por cada uma delas passarão, no fim do mundo, 800 guerreiros prontos para travar a batalha com os antideuses.[18] Mas 800 vezes 540 é 432.000. Assim, parece que há um tema de fundo mitológico comum, partilhado pela Europa pagã com o antigo Oriente. De fato, percebo, com uma olhada no meu relógio – que cada hora tem 60 minutos e cada minuto com 60 segundos –, que em nosso dia atual de 24 horas há 86.400 segundos, e que no curso deste dia a noite virá automaticamente depois da luz e, na manhã seguinte, o amanhecer se seguirá à escuridão. Não há qualquer questão insinuada de punição ou culpa em uma mitologia de dias e noites cósmicos deste tipo. Tudo é completamente automático e parte da doce natureza das coisas.

Mas agora, para dar mais alguns passos adiante: de acordo com Berossos, um sábio sacerdote caldeu que produziu, no início do terceiro século a.C., um relato da mitologia babilônica, passaram-se 432.000 anos entre a coroação do primeiro rei sumério e a invenção do Dilúvio, e durante esse período reinaram dez reis de vida muito longa. Na Bíblia conta-se que, entre a criação de Adão e a vinda do Dilúvio de Noé

---
17. Na mitologia nórdica, salão de um palácio onde o deus Odin recebe os guerreiros mortos em combate. [N.Ts.]
18. Grimnismol 23.

passaram-se 1656 anos, durante os quais viveram dez patriarcas de vida muito longa. E, se posso confiar no achado de Julius Oppert, um distinto assiriologista judeu do século passado (1835-1906), o número de semanas de sete dias em 1656 anos é 86.400.[19]

Assim, o modelo mesopotâmico inicial de ciclos recorrentes de manifestação e desaparição mundial matematicamente ordenados, com cada ciclo finalizado por um dilúvio, pode ser reconhecido até na Bíblia. Entretanto, como todos nós sabemos, a explicação mais popular e evidente do Dilúvio de Noé dada nesse texto é que ele foi enviado por Jeová como uma punição pelos pecados dos homens – o que é um conceito totalmente diferente, enfatizando mais o livre arbítrio do que a mais antiga, agora escondida, ideia de um ciclo inteiramente impessoal, tão inocente de culpa quanto os ciclos de dia e noite ou do ano.

Os exemplos existentes mais antigos desta segunda maneira de ler a lenda do Dilúvio aparecem em dois textos sumérios cuneiformes, de cerca de 2000 a 1750 a.C. Neles, o nome do deus enraivecido é Enlil, e o homem que constrói a arca é o décimo rei da antiga cidade-zigurate suméria de Kish. O período das tábuas é o mesmo, já mencionado, da designação dos antigos reis mesopotâmicos como os "arrendatários" de suas divindades, e as implicações da mudança de visão são enormes. Em primeiro lugar, uma dimensão de espanto foi perdida em relação ao universo. Ele não é mais divino em si mesmo, um mistério além do pensamento, do qual todos os deuses e demônios viventes, não menos que as plantas, animais e cidades da espécie humana, são partes funcionais. A divindade foi removida da Terra para uma esfera sobrenatural, a partir da qual os deuses, os únicos que são radiantes, controlam os eventos terrestres.

Por outro lado, junto com e como consequência dessa perda de identidade essencial com o ser divino orgânico do universo vivente, o homem recebeu – ou melhor, conquistou para si mesmo – a libertação para uma existência própria, dotada de uma certa liberdade de desejos. E assim foi colocado junto a uma divindade que também desfruta de livre arbítrio. Como agentes do ciclo, os deuses do grande Oriente são pouco mais que supervisores, personificando e administrando os

---

19. Julius Oppert, "Die Daten der Genesis", *Königliche Gesellschaft der Wissenschaften zu Göttingen*, Nachrichten, No. 10 (May 1877), p. 201-223.

IV – A separação entre Oriente e Ocidente

processos de um ciclo que eles não puseram em movimento e nem controlam. Mas quando, como agora, temos uma divindade que pode decidir sozinha desencadear um dilúvio porque o povo que ela criou se tornou perverso – ela mesma promulgando leis, julgando e administrando punições – estamos em uma situação totalmente nova. Uma radical mudança de consciência banhou o universo e tudo nele em uma luz nova, mais brilhante – como a luz de um Sol ofuscando a Lua, os planetas e as outras luzes das estrelas. E nos séculos seguintes esta nova luz penetrou e transformou o mundo inteiro a oeste do Irã.

Os deuses e os homens não mais haveriam de ser conhecidos como meros aspectos de um único e impessoal Ser dos seres, além de todos os nomes e formas. Eles se tornaram, em natureza, distintos uns dos outros, até mesmo opostos uns aos outros e, junto com a espécie humana, subordinados. Além disso, um deus pessoal senta-se agora por trás das leis do universo, não à frente delas. Ao passo que na visão mais antiga o deus é simplesmente uma espécie de burocrata cósmico e as grandes leis naturais do universo governam tudo o que ele é, faz e deve fazer, temos agora um deus que determina, ele mesmo, quais leis devem entrar em vigor; e que diz: "Faça-se isto e aquilo!" e assim acontece. Por conseguinte, existe aqui uma ênfase maior na personalidade e no capricho do que na lei irrefutável. O deus pode mudar de ideia, como frequentemente o faz; e isto tende a aproximar bastante, em termos de abordagem, o espírito levantino [do Oriente Médio] do individualismo nativo da Europa. Entretanto, mesmo aqui há uma distinção a ser feita.

Pois no Levante o destaque está na obediência, a obediência do homem à vontade de Deus, por mais caprichosa que ela possa ser – sendo que a ideia principal é que o deus ofereceu uma revelação, que está registrada em um livro que os homens devem ler e reverenciar, nunca tomar a liberdade de criticar, mas aceitar e obedecer. Aqueles que não conhecem ou que rejeitam este livro sagrado são exilados de seu criador. Desse modo, muitas nações grandes e pequenas, até mesmo continentes, estão sem deus. De fato, a ideia dominante em todas as grandes religiões que brotaram nesta região – zoroastrismo, judaísmo, cristianismo e islamismo – é a de que existe apenas um povo na Terra que recebeu a Palavra, um único povo de uma tradição, e que seus membros são os membros de um corpo histórico – não um corpo natural, cósmico como aquele das mitologias mais antigas (e, agora, orientais), mas um corpo social sobrenaturalmente santificado, inteiramente excepcional, com suas próprias leis, não raro severamente antinaturais. No Levante, portanto, o herói essencial não é o indivíduo, mas sim o Povo ou a Igreja escolhidos, favorecidos por deus, dos quais o indivíduo não é mais que um membro participante. O cristão, por exemplo, é abençoado por ser um membro batizado da Igreja. O judeu deve se lembrar sempre que tem uma aliança com Jeová, em virtude do mistério de seu nascimento de uma mãe judia. E no fim do mundo, apenas aqueles fiéis à Aliança – ou, na versão cristã, aqueles devidamente batizados que morreram em "estado de graça" – serão ressuscitados na presença de Deus, a fim de participar para sempre (como afirma uma vertente feliz da história) do banquete paradisíaco eterno das carnes do Leviatã, de Behemoth e do pássaro Ziz.

Um sinal notável da profunda dificuldade experimentada na Europa para assimilar esta ideia comunitária levantina ao sentimento nativo grego, romano e germânico do valor do indivíduo pode ser visto na doutrina católica romana dos dois julgamentos que a alma tem de suportar no outro mundo: o primeiro, o "julgamento particular", imediatamente após a morte, quando cada um será direcionado separadamente à sua recompensa ou punição eternas; e o segundo, no fim dos tempos, o prodigioso "juízo final", quando todos os que tiverem vivido e morrido na Terra serão reunidos e julgados em público, de modo que seja demonstrado a todos os homens que a Providência de Deus (que pode, em vida, ter permitido que os bons sofressem e os maus parecessem prosperar) foi eternamente justa.

Permitam-me agora, ao concluir, recontar três versões de um único mito antigo, preservado separadamente na Índia, no Oriente Próximo e na Grécia, para ilustrar de maneira inesquecível o contraste do oriental, em geral, e as duas visões ocidentais divergentes do caráter e da mais alta virtude do indivíduo. Primeiro o mito indiano, como foi preservado em uma obra religiosa, a *Brhadaranyaka Upanishad*, por volta do século VIII a.C. Ela fala de um período antes do começo do tempo, quando este universo não era nada além do "Ser" na forma de um homem. E esse Ser, como lemos, "olhou ao seu redor e viu que não existia nada além de si mesmo, ao que seu primeiro grito foi: Sou eu!, de onde surgiu o conceito de Eu". E quando este Eu, deste modo, tomou consciência de si mesmo como um "Eu", um ego, ficou com medo. Mas raciocinou, pensando: "Uma vez que não há ninguém aqui além de mim, o que há a temer?". Por isso o medo foi embora. Entretanto, àquele Eu, conforme nos contam em seguida, "ainda faltava o prazer, e desejava que existisse um outro". Ele se dilatou e, partindo-se em dois, tornou-se homem e mulher. O homem abraçou a mulher e disto surgiu a raça humana. Mas ela pensou: "Como pode ele unir-se a mim, que sou de sua própria substância? Vou me esconder!". Ela se tornou uma vaca, ele um touro, e uniu-se a ela, e disto surgiu o gado; ela, uma égua, ele um garanhão... e assim por diante, até as formigas. Daí ele compreendeu: "Eu, na verdade, sou a Criação; pois eu trouxe à vida tudo isto". Donde surgiu o conceito "criação" (em sânscrito, *srishtih*, "o que é emanado"). "Qualquer pessoa que entenda isto se torna, verdadeiramente, ele próprio um criador nesta criação."

Fig. 4.7 – A criação de Eva

Assim é a versão sânscrita de nossa lenda. A seguinte é a levantina, mais ou menos da mesma época, conforme foi preservada no segundo capítulo do Gênesis: aquele conto melancólico, isto é, de nosso simples ancestral Adão, que fora criado a partir do pó por seu criador para cultivar e guardar um jardim. Mas o homem estava solitário e seu criador, na esperança de agradá-lo, criou cada fera do campo e cada pássaro dos ares, e trouxe-os ao homem para ver como este os chamaria. Nenhum deles o encantou. "Então o Senhor", conforme lemos, "fez com que o homem caísse em um sono profundo, e enquanto dormia tomou uma de suas costelas [...]". E o homem, quando contemplou a mulher, disse: "Esta sim é osso dos meus ossos e carne da minha carne". Todos nós sabemos o que aconteceu em seguida – e aqui estamos todos nós, neste vale de lágrimas.

Mas agora, por favor, reparem! Nesta segunda versão da lenda compartilhada, não foi o deus que se dividiu em dois, mas sim seu servo criado. O deus não se tornou homem e mulher e depois se derramou para se tornar tudo isto. Ele se manteve à parte, feito de uma substância diferente. Temos, assim, um único conto em duas versões totalmente diferentes. E suas implicações relevantes aos ideais e disciplinas da vida religiosa são, consequentemente, também diferentes. No Oriente, ensina-se que cada um deve compreender que ele mesmo e todos os outros são feitos da única substância daquele Ser dos seres universal que é, na verdade, o mesmo Eu em todos. Por isso, o objetivo típico de uma religião oriental é que a pessoa experimente e alcance em vida sua *identidade* com esse Ser. Já no Ocidente, seguindo a nossa Bíblia, o ideal é, antes, envolver-se em uma *relacionamento* com aquela Pessoa absolutamente outra que é seu Criador, separado e "fora", que não é de maneira alguma o mais profundo Eu do indivíduo.

Vamos agora passar à versão grega da lenda, que há de ser mais outro ensinamento. Ela aparece – você há de lembrar – no diálogo de Platão *O Banquete,* onde é atribuída a Aristófanes; e, condizente com o humor alegre dos grandes espíritos dos companheiros de Platão, foi ali oferecida mais como uma metáfora do mistério do amor do que como um relato sério sobre a real origem da espécie humana.

A fantasia começa com a já existente raça humana, ou melhor, com três raças humanas distintas: uma inteiramente masculina, cuja residência era o Sol; uma feminina, aqui na Terra; e uma terceira, de homens e mulheres unidos, cuja morada, é claro, era a Lua. E todos eles eram do tamanho de dois seres humanos de hoje. Cada um tinha quatro mãos e quatro pernas, lados e costas formando um círculo, uma cabeça com duas faces e todo o resto equivalente. E uma vez que os deuses temiam a força deles, Zeus e Apolo os cortaram em dois, "como maçãs cortadas ao meio para conserva, ou da maneira como se corta um ovo com um fio de cabelo". Mas essas partes divididas, cada uma desejando a outra, se juntaram e se abraçaram – e teriam morrido de fome se os deuses não as tivessem separado, sendo que a lição a ser aprendida aqui é que "a natureza humana era originalmente

IV – A separação entre Oriente e Ocidente

uma só e nós éramos um todo, e o desejo e a busca do todo é chamada de amor [de acordo com seus três tipos]... E se nós formos amigos de Deus e vivermos em harmonia com Ele, encontraremos nossos amores verdadeiros, o que raramente acontece neste mundo"; enquanto que, "se não somos obedientes aos deuses, há o risco de sermos separados novamente e andarmos por aí como um *baixo-relevo*".

Assim como na versão bíblica, aqui o ser dividido em dois não é a divindade última. Estamos de novo no Ocidente, onde Deus e o homem estão separados e o problema, novamente, é de relacionamento. Contudo, os deuses gregos não eram, como Jeová, os *criadores* da raça humana. Eles mesmos tinham vindo a existir, como homens, no seio da deusa Terra, e eram mais os irmãos mais velhos e mais fortes do homem do que seus criadores. Além disso, de acordo com essa versão tipicamente grega, poeticamente divertida dos contos arcaicos, os deuses, antes de separá-los, tinham temido os primeiros homens, tão terrível fora seu poder e tão grandiosos os pensamentos de seus corações. Eles tinham até mesmo, em uma ocasião, ousado atacar os deuses escalando os céus, e o Panteão ficara em desordem por um tempo; pois, se com seus raios os deuses tivessem aniquilado o homem, teria sido o fim dos sacrifícios, e eles mesmos teriam sido extintos por falta de culto. Por isso, decidiram pela ideia da separação, e poderiam ainda levá-la ainda mais longe.

Ou seja, os gregos estão do lado do homem, tanto na simpatia quanto na lealdade; os hebreus, pelo contrário, estão do lado de Deus. Nunca teríamos ouvido de um grego tais palavras como aquelas do severamente golpeado "justo e sem culpa" Jó, dirigidas ao deus que "o destruíra sem motivo" e que então veio até ele no furacão, gabando-se de seu poder.

"Vede", implorou Jó, "eu não sou nada [...] sei que vós podeis fazer todas as coisas [...] desprezo a mim mesmo e arrependo-me em pó e cinzas".

Arrepender-se! Arrepender-se de quê?

Em contraste, o grande dramaturgo grego Ésquilo, do século V a.C., mesmo período que o autor anônimo do *Livro de Jó*, coloca na boca de Prometeu – que também estava sendo atormentado por um deus que podia "pescar o Leviatã com um anzol, brincar com ele como se fosse um pássaro e encher sua pele de arpões" –

as seguintes assombrosas palavras: "Ele é um monstro [...] minha estima por Zeus é menos que nada. Que ele faça o que quiser".

E assim falamos hoje todos nós em nossos corações, embora nossas línguas possam ter sido ensinadas a balbuciar como Jó.

V – O confronto entre Oriente e Ocidente na religião

Fig. 5.1 – Kandi, 1956
[1970][20]

Ninguém jamais teria imaginado, quando eu era um estudante nos anos 20, que nos anos 70 ainda haveria pessoas inteligentes desejando ouvir e pensar sobre religião. Naqueles dias, todos nós estávamos certos de que o mundo já dera por encerrado o assunto da religião. A ciência e a razão estavam no comando. A Guerra Mundial tinha sido vencida (a Primeira) e a Terra tinha se tornado segura para o reino nacional da democracia. Aldous Huxley em sua primeira fase, de *Contraponto*, era nosso herói literário; além de Bernard Shaw, H. G. Wells e outros autores racionais desse tipo. Mas daí, no meio de todo aquele otimismo em torno da razão, democracia, socialismo e afins,

---

20. Extraído de uma palestra (L321) de mesmo título.

apareceu uma obra perturbadora: *A Decadência do Ocidente*, de Oswald Spengler. Outros escritos de importância incerta também estavam surgindo naqueles felizes anos, vindos de lugares inesperados: *A Montanha Mágica*, de Thomas Mann; *Ulisses*, de James Joyce; *Em Busca do Tempo Perdido*, de Marcel Proust; e *A Terra Devastada*, de T. S. Eliot. Em um sentido literário, foram anos muito bons de fato. Mas o que alguns de seus autores pareciam estar nos dizendo era que, com todos os nossos triunfos racionais e conquistas políticas progressistas iluminando os cantos escuros da Terra e assim por diante, havia, entretanto, algo começando a se desintegrar no coração de nossa civilização ocidental. E de todos esses avisos e pronunciamentos, o de Spengler foi o mais inquietante. Pois era baseado no conceito de um padrão orgânico no curso da vida de uma civilização, uma morfologia histórica: a ideia de que toda cultura tem seu período juvenil e de culminância, depois seus anos de tropeços com a idade e o consecutivo esforço para se manter coesa por meio de planejamento racional, projetos e organização, apenas para finalmente terminar em decrepitude e petrificação, o que Spengler chamou de "fellaheenism", e o fim da vida. Além disso, nesta visão de Spengler, nós estávamos agora na passagem do período da Cultura para o da Civilização, o que quer dizer: de nossos períodos de criatividade magnífica, espontânea e juvenil para os de incerteza e ansiedade, programas artificiais e o começo do fim. Quando buscou analogias no mundo clássico, descobriu que nosso momento atual correspondia ao fim do século II a.C., o tempo das Guerras Púnicas, do declínio do mundo cultural da Grécia para o helenismo, e da ascensão do estado militar de Roma, do cesarismo, e do que ele chamou de Segunda Religiosidade, a política baseada no fornecimento de pão e circo às massas da megalópole, e uma tendência geral à violência e brutalidade nas artes e nos passatempos do povo.

Bem, posso lhes dizer que tem sido para mim algo como uma experiência de vida observar, neste mundo, a realização não tão gradual de cada coisa que Spengler prometeu. Lembro de como costumávamos nos sentar e discutir esta perspectiva iminente, tentando imaginar como ela poderia ser derrotada, e adivinhar quais seriam os aspectos positivos desse período de crise e transição. Spengler declarara que, em períodos como o nosso, de passagem da Cultura para a Civilização, há um abandono e uma diminuição das formas culturais. E de

V – O confronto entre Oriente e Ocidente na religião

fato, em minha própria atividade docente, encontro hoje cada vez mais alunos que afirmam achar toda a história de nossa cultura ocidental "irrelevante". Esse é o termo desdenhoso que eles usam. Parece faltar aos "garotos" (como gostam de chamar a si mesmos) a energia para abranger tudo isso e seguir em frente. Percebe-se, às vezes, uma espécie de insuficiência cardíaca, uma perda de coragem. Mas é possível considerar a situação deles a partir de um outro ponto de vista, levando em conta a conciliação de novos problemas a serem enfrentados; novos fatos e influências a serem absorvidos. Pode-se concluir que suas energias talvez estejam sendo direcionadas a um presente que se alarga e a um futuro problemático e, alinhados ao conceito de Spengler, podemos reconhecer que o homem ocidental não está apenas abandonando as formas de cultura do passado neste período, mas também moldando as formas de civilização que hão de construir e sustentar um futuro multicultural poderoso.

Isto me faz lembrar daquela obra profética muito estranha do grande poeta irlandês William Butler Yeats, *Uma Visão*, que produziu durante o período de 1917 a 1936, e onde ele reconheceu certas afinidades de suas próprias intuições com as da visão morfológica de Spengler. Ali, Yeats retrata nosso momento presente como a última fase de um grande ciclo cristão ou "ciclo" de dois mil anos: "E noto", ele escreve, "que quando se chega perto do limite ou quando este é ultrapassado, quando o momento da rendição é alcançado, quando a nova volta começa a ganhar impulso, me encho de entusiasmo".[21] Sobre o tema, Yeats escreveu e publicou, já em 1921, um poema impressionante, inspirado no destino:

A SEGUNDA VINDA
Virando e virando em um giro cada vez maior
O falcão não consegue ouvir o falcoeiro;
As coisas desmoronam; o centro não resiste;
A mera anarquia está à solta no mundo;
A maré turvada pelo sangue sobe, e em toda parte
A cerimônia da inocência é afogada;

---
21. W. B. Yeats, *A Vision* (New York: The Macmillan Company; First Collier Books Edition, 1966), p. 300.

Aos melhores falta toda convicção, enquanto os piores
Estão cheios de intensidade ardente;
Alguma revelação está próxima, certamente;
A Segunda Vinda está próxima, certamente.
A Segunda Vinda! Mal saíram essas palavras
E uma vasta imagem vinda do *Spiritus Mundi*
Perturba minha vista: em algum lugar nas areias do deserto
Uma forma com corpo de leão e cabeça de homem,
Com olhar inexpressivo e impiedoso qual o Sol,
Move suas morosas coxas, enquanto ao seu redor
Titubeiam sombras dos indignados pássaros do deserto.
A escuridão cai novamente; mas agora eu sei
Que vinte séculos de empedernido sono
Ficaram irritados e tiveram pesadelos por causa de um berço balançando
Que fera rude, chegada sua hora afinal,
Arrasta-se rumo a Belém para nascer?[22]

Havia também outro historiador cultural alemão escrevendo naqueles dias, Leo Frobenius, que, assim como Spengler e Yeats, concebia cultura e civilização em termos morfológicos como uma espécie de processo orgânico de desenvolvimento, irreversível e inevitável. Ele era, entretanto, um africanista e antropólogo e, como tal, incluía em seu âmbito não apenas as altas civilizações, mas também as primitivas, sendo que seu conceito principal era o de três grandes etapas distintas no desenvolvimento *total* da história da cultura da humanidade. A primeira etapa era a dos caçadores e coletores de alimento, aldeões agricultores, majoritariamente analfabetos, no período que se estende desde o primeiro surgimento da nossa espécie na Terra até (em alguns locais) o presente. A segunda etapa, começando por volta de 3500 a.C., era a das "culturas monumentais", que possuíam complexos sistemas de escrita – primeiros as da Mesopotâmia e do Egito, depois as da Grécia e Roma, Índia, China e Japão, América Central e do Sul, o Levante Mago-Árabe, e da Europa gótica à moderna. E agora, finalmente, vem a terceira etapa, dessa era global nascente altamente

---

22. *The Collected Poems of W. B.* Yeats (New York: The Macmillan Company, 1956), p. 184-185.

V – O confronto entre Oriente e Ocidente na religião

promissora, que Frobenius considerou como provavelmente a fase final da história da cultura total da humanidade, mas que viria a durar, talvez, por muitas dezenas de milhares de anos. Ou seja, o que tanto Spengler quanto Yeats estavam interpretando como fim do ciclo da cultura ocidental, Frobenius viu em uma perspectiva muito maior, como abertura a uma nova era de horizontes ilimitados. E, de fato, essa presente época, de reunião de todos os mundos culturais anteriormente separados, pode muito bem marcar não apenas o fim da hegemonia do Ocidente, mas também o início de uma era da espécie humana, unida e sustentada pelas grandes dádivas ocidentais da ciência e da máquina – sem as quais uma era como a nossa jamais existiria.

Contudo, a visão mais sombria de Spengler prevê apenas desolação. Pois a ciência e a máquina são, na visão dele, expressões da mentalidade do homem ocidental, que estão sendo assumidas por povos não ocidentais apenas como um meio para desfazer e destruir o Ocidente. E quando acabar essa matança da galinha dos ovos de ouro, não haverá nenhum desenvolvimento a mais, seja da ciência ou da indústria. Acontecerá, sim, uma perda de competência e de interesse em ambas, com o resultante declínio da tecnologia e o retorno dos vários povos aos seus estilos locais. Assim, a presente e grande era da Europa e sua promessa para o mundo não passarão de um sonho débil. Em contraste, Frobenius – como Nietzsche antes dele – via o presente como uma época de avanço irreversível no único curso da vida de toda a raça humana, passando de seus estágios de crescimentos culturais juvenis, localmente limitados, para um futuro novo e geral: um futuro de entendimentos e realizações criativas até então imprevistos. Mas devo confessar que, enquanto em meu próprio pensamento me inclino a esta última visão,

Fig. 5.2 – Leo Frobenius

não consigo fazer com que a outra, a de Spengler, saia de minha mente por inteiro...

Em todo caso, o que todos nós certamente reconhecemos hoje é que estamos entrando – de uma forma ou de outra – em uma nova era, que requer uma nova sabedoria: sabedoria esta que pertence mais à velhice experiente do que à juventude poeticamente fantasiosa, e que cada um de nós, seja novo ou velho, tem que assimilar agora, de alguma forma. Ademais, quando voltamos nossos pensamentos para a religião, o primeiro e mais óbvio fato é que cada uma das grandes tradições está atualmente em profunda desordem. O que foi ensinado como verdade básica parece não mais se sustentar.

Ainda assim, há um grande fervor e agitação religiosos evidentes não apenas entre os jovens, mas também entre os mais velhos e os de meia-idade. O fervor, no entanto, está em uma direção mística, e os mestres que parecem estar dizendo mais para muitos são aqueles que chegaram de um mundo oposto ao grande avanço da civilização moderna, representando maneiras de pensar arcaicas e obsoletas. Temos gurus em abundância vindos da Índia, roshis do Japão, lamas do Tibete. Livros de oráculo chineses estão ultrapassando as vendas de nossos próprios filósofos.

Eles não estão, no entanto, superando nossos melhores psicólogos. E isso não é surpreendente, pois o segredo final do apelo do Oriente é que suas disciplinas são voltadas para dentro, são místicas e psicológicas.

Encontro uma analogia esclarecedora para nossa atual situação religiosa nas tribos indígenas norte-americanas quando, no final do século XIX, nas décadas de 1870 e 1880, os búfalos estavam desaparecendo. Aquela foi a época, há não mais que um século, em que as linhas ferroviárias foram instaladas ao longo das planícies, e os rastreadores de búfalos abatiam os rebanhos e abriam caminho para o novo mundo do Cavalo de Ferro, enquanto uma população de pioneiros agricultores de trigo se deslocava para o oeste, saindo do Mississippi. Um segundo objetivo da matança dos búfalos era privar os índios que os caçavam de seu suprimento alimentar, de modo que eles teriam que se submeter à vida nas reservas. E foi para esse desenvolvimento (para eles, devastador) que posteriormente uma nova religião de experiências visionárias interiores se tornou subitamente a moda em todo o oeste indígena.

V – O confronto entre Oriente e Ocidente na religião

Pois, assim como acontece com todos os povos caçadores primitivos, também aconteceu com essas tribos das planícies. A relação da comunidade humana com a comunidade animal que fornecia sua comida fora a preocupação central e primordial da ordem social mantida religiosamente. Mas sem os búfalos, o elo de ligação se perdeu. No espaço de uma década a religião se tornara arcaica; e foi então que o culto ao peiote, o culto ao mescal, surgiu vindo do México, derramando-se sobre as planícies como um resgate psicológico. Muitos relatos foram publicados sobre as experiências dos participantes: como se reuniam em lugares especiais para rezar, cantar e comer botões de peiote; cada um experimentando visões, encontrando dentro de si mesmo o que havia sido perdido em sua sociedade, isto é, uma imagem de santidade, que dava profundidade, segurança psicológica e um aparente significado às suas vidas.

Ora, o primeiro e mais importante efeito de um símbolo mitológico vivo é despertar e dar direção às energias da vida. É um sinal que libera e direciona energia, que não apenas "deixa você ligado", como dizem hoje, mas o deixa ligado em uma certa direção, fazendo com que você funcione de uma certa maneira – que será propícia para a sua participação na vida e nos propósitos de um grupo social operante. Entretanto, quando os símbolos fornecidos pelo grupo social não funcionam mais e os símbolos que funcionam não são mais do grupo, o indivíduo sofre uma ruptura, torna-se dissociado e desorientado, e somos confrontados com o que só pode ser chamado de patologia do símbolo.

Um distinto professor de psiquiatria da Universidade da Califórnia, Dr. John W. Perry, caracterizou o símbolo mitológico vivo como uma "imagem de efeito". É uma imagem que atinge a pessoa onde importa. Não é primeiramente direcionada ao cérebro, a fim de ser interpretada e apreciada. Pelo contrário, se ali é onde tem que ser lida, o símbolo já está morto. Uma "imagem de efeito" fala diretamente ao sistema de sentimentos e já extrai uma resposta, após a qual o cérebro pode seguir com seus comentários interessantes. Há um certo tipo de pulsação de ressonância do lado de dentro, respondendo à imagem mostrada do lado de fora, como a resposta de uma corda musical a outra igualmente afinada. E assim acontece quando os símbolos vitais de qualquer grupo social evocam, em todos os seus membros, respostas dessa natureza: um tipo de acordo mágico os une como um organismo espiritual, funcionando através de membros que, embora separados no espaço, ainda são um só em ser e crença.

Agora nos perguntemos: e quanto ao simbolismo da Bíblia? Baseado nas antigas observações astronômicas sumérias, de cinco ou seis mil anos atrás, e em uma antropologia que não é mais verossímil, ele dificilmente tem condições, hoje, de deixar alguém ligado. Na verdade, o famoso conflito entre ciência e religião não tem de fato nada a ver com religião, mas é simplesmente entre duas ciências: a de 4000 a.C. e a de 2000. E não é irônico que nossa grande civilização ocidental – aberta às maravilhas infinitas de um universo de incontáveis bilhões de galáxias e incontáveis bilhões de anos – tenha sido selada em sua infância com uma religião espremida na mais apertada imagenzinha cosmológica conhecida de qualquer povo na Terra? O antigo calendário maia, com seus ciclos recorrentes de 64.000.000 anos, teria sido muito mais facilmente justificado; ou o hinduísta com seus *kalpas* de 4.320.000.000 de anos. Além disso, nesses sistemas muito mais grandiosos, o poder divino não é masculino nem feminino, mas transcendente de todas as categorias; não um personagem masculino "colocado ali", mas um poder inerente em todas as coisas: ou seja, não é tão estranho às imagens da ciência moderna a ponto de estas não poderem ter sido utilizadas em conexão com ele.

A imagem bíblica do universo simplesmente não serve mais; tampouco a noção bíblica de uma raça divina, à qual todas as outras devem servir;[23] nem, do mesmo modo, a ideia de um código de regras recebido do alto e que deve ser válido por todos os tempos. Os problemas sociais do mundo de hoje não são os de um canto do antigo Levante, no século VI a.C. As sociedades não são estáticas; nem podem as leis de uma servir à outra. Os problemas de nosso mundo não são sequer tocados por aqueles Dez Mandamentos gravados na rocha que carregamos por aí como bagagem e os quais, de fato, foram desconsiderados no próprio texto sagrado, um capítulo depois de terem sido anunciados.[24] O conceito ocidental moderno de um código legal não é o de uma lista de éditos divinos indiscutíveis, mas sim de uma compilação de estatutos

---

23. Isaías 49:22-23; 61:5-6; etc. Citações da Bíblia *Revised Standard Version* (RSV).
24. Êxodo 21:12-17; 20:13.

V – O confronto entre Oriente e Ocidente na religião

em evolução, planejados racionalmente, moldados por seres humanos falíveis em um conselho, a fim de realizar objetivos sociais (e, portanto, temporais) racionalmente reconhecidos. Entendemos que nossas leis não são ordenadas divinamente; nós também sabemos que lei alguma de povo algum na Terra jamais o foi. Assim, sabemos – quer ousemos dizer isto ou não – que nossos cleros não têm mais direito de reivindicar autoridade indiscutível para sua lei moral do que para sua ciência. E até mesmo em seu papel intrínseco de dar conselhos espirituais, o clero agora foi ultrapassado pelos psiquiatras científicos – e a tal ponto, que muitos clérigos estão buscando os psicólogos para aprenderem como cumprir melhor sua função pastoral. A magia de seus próprios símbolos tradicionais não funciona mais para curar, mas apenas para confundir.

Resumindo: assim como os búfalos desapareceram de repente das planícies da América do Norte, privando os índios não apenas de um símbolo mítico central, mas também do próprio modo de vida ao qual aquele símbolo outrora servira, do mesmo modo, em nosso belo mundo, não apenas nossos símbolos religiosos públicos perderam o direito à autoridade e sucumbiram, mas os modos de vida, que eles outrora sustentaram, também desapareceram; e assim como os índios voltaram-se, então, para dentro, o mesmo fazem muitos em nosso mundo perplexo – frequentemente, com orientação oriental, não ocidental, nesta aventura interior potencialmente muito perigosa, geralmente imprudente, saindo em uma busca interior pelas imagens de afeto que nossa ordem social secularizada, com suas instituições religiosas contratoriamente arcaicas, não consegue mais produzir.

Fig. 5.3 – Martin Buber

Permitam-me recontar três episódios pessoais para iluminar o pano de fundo e sugerir alguns dos problemas desse confronto entre o Oriente e o Ocidente na religião.

Primeiro: em meados dos anos 1950, quando o Dr. Martin Buber esteve em Nova York dando palestras, tive o privilégio de estar entre alguns dos que foram convidados para ouvi-lo em uma série de conferências que ocorreram em uma pequena sala muito especial em Columbia. E ali, aquele homenzinho eloquente – pois ele era, de fato, notavelmente pequeno, entretanto dotado de uma poderosa presença social, agraciado com aquela misteriosa força conhecida hoje em dia como "carisma" – falou por umas cinco ou seis sessões semanais com extraordinária retórica. Levando em conta que o inglês não era seu primeiro, mas sim o seu segundo idioma, a sua fluência e sua eloquência eram espantosas. Mas conforme as palestras seguiam em frente, percebi gradualmente, por volta da metade da palestra número três, que havia uma palavra que ele usava e que eu não conseguia entender. Suas palestras eram sobre a história do povo santo do Antigo Testamento, com referências também a tempos mais recentes; e a palavra que eu não estava conseguindo entender era "Deus". Às vezes parecia se referir a um criador pessoal, imaginado, desse universo magnífico que as ciências nos revelaram. Às vezes era claramente uma simples referência ao Jeová do Antigo Testamento, em um outro estágio de sua evolução. Novamente, parecia ser alguém com quem o próprio Dr. Buber estivera em frequente conversação. No meio de uma palestra, por exemplo, ele se calou de repente e, ficando confuso por um momento, sacudiu a cabeça e nos disse calmamente: "Me dói falar de Deus na terceira pessoa". Quando relatei isto ao Dr. Gershom Scholem (agora também vivendo em Tel Aviv), ele riu e respondeu curiosamente: "Às vezes ele *vai* longe demais mesmo!".

Então, por causa dessa palavra mercurial escorregando para um lado e para o outro, eu cautelosamente ergui minha mão. O palestrante pausou e perguntou de maneira atenciosa: "Pois não?".

"Dr. Buber", disse eu, "há uma palavra sendo usada aqui esta noite que eu não entendo".

"Que palavra é essa?"

"Deus", respondi.

Seus olhos se arregalaram e o rosto barbado veio um pouco para frente. "Você não sabe o que quer dizer a palavra 'Deus'!"

"Não sei o que *você* quer dizer com a palavra 'Deus'", disse eu. "Você vem nos dizendo essa noite que hoje Deus escondeu sua face e não se mostra mais para o homem. Contudo, acabei de retornar da

V – O confronto entre Oriente e Ocidente na religião

Índia [e eu de fato estivera lá, no ano anterior],[25] onde encontrei as pessoas vivenciando Deus o tempo inteiro."

Ele subitamente recuou, erguendo ambas as mãos, com as palmas viradas para cima. "Você pretende", disse ele, *"comparar...?"*.

Mas o M.C., Dr. Jacob Taubes, interveio rapidamente: *"Não,* doutor!" (todos nós sabíamos o que quase fora dito, e eu estava só esperando para ouvir o que viria em seguida). "O Sr. Campbell", disse o Dr. Taubes, "apenas perguntou para saber o que *você* quer dizer com 'Deus'".

O mestre rapidamente reorganizou seus pensamentos, então me disse à maneira de alguém que dispensa uma irrelevância: "Todos devem sair de seu Exílio à sua própria maneira".

Talvez fosse uma resposta boa o suficiente do ponto de vista do Dr. Buber, mas, a partir de outro ponto de vista, era inteiramente inapropriada, uma vez que o povo do Oriente não está exilado de seu deus. O mistério divino definitivo ali é encontrado imanente dentro de cada um. Não está em algum lugar "por aí". Está dentro de você. E ninguém jamais foi excluído. A única dificuldade é, entretanto, que algumas pessoas simplesmente não sabem como olhar para dentro. A culpa não é de ninguém, senão de si mesmo. Nem é um problema relacionado a uma Queda original do "primeiro homem", muitos milhares de anos atrás, e de exílio e expiação. O problema é psicológico. E este *pode* ser resolvido.

Esse, então, é o primeiro dos meus episódios pessoais.

O segundo é de um evento que ocorreu uns três anos depois do primeiro, quando um jovem cavalheiro hindu veio me ver, e provou ser um jovem muito piedoso: um devoto de Vishnu, empregado como escrevente ou secretário de um dos delegados indianos na ONU. Ele estivera lendo as obras de Heinrich Zimmer sobre arte, filosofia e religião indianas, obras que eu editara anos antes, e sobre as quais ele queria discutir. Mas havia um outro assunto que ele desejava abordar também.

"Sabe", disse ele, depois que tínhamos começado a nos sentir à vontade um com o outro, "quando visito um país estrangeiro, gosto de me familiarizar com sua religião; então comprei uma Bíblia e já faz alguns meses que a venho lendo desde o começo; mas, sabe...", e aqui

---

25. Para mais informações sobre a viagem transformativa à Índia e à Ásia Oriental, cf. Joseph Campbell, *Baksheesh & Brahman: Asian Journals – India* e *Sake & Satori: Asian Journals – Japan* (New World Library, 2002). [N.E. do original].

ele fez uma pausa, fitando-me de modo incerto, e então prosseguiu: "não consigo encontrar religião alguma nela!".

Uma contrapartida adequada essa – não é? – à palavra não dita do Dr. Buber? Aquilo que para um desses cavalheiros era religião, para o outro não era religião alguma.

Eu tinha, é claro, crescido com a Bíblia e havia estudado hinduísmo também; de modo que pensei em oferecer alguma ajuda. "Bem", disse eu, "entendo o porquê, já que você não foi informado que uma leitura da história imaginada do povo judaico é vista aqui como um exercício religioso. Posso ver que há muito pouco de religião para você na maior parte da Bíblia".

Mais tarde, achei que talvez devesse tê-lo direcionado para os Salmos; mas então, quando me voltei para uma nova leitura destes, tendo o hinduísmo em mente, fiquei feliz por não ter feito isso, pois o principal tema é, invariavelmente, ou a virtude do cantor, protegido por seu Deus, que irá "atingir seus inimigos no rosto" e "quebrar os dentes dos perversos", ou a reclamação por que esse Deus ainda não deu o auxílio devido ao seu servo justo. Todos os temas são diametralmente opostos ao que um hindu instruído teria sido ensinado a considerar um sentimento religioso.

No Oriente, o mistério divino definitivo é procurado além de todas as categorias de pensamento e sentimento humanos, além de nomes e formas, e absolutamente além de quaisquer conceitos, tais como o de uma personalidade misericordiosa ou colérica, que escolhe um povo em detrimento de outro, que é consolador dos que rezam e destruidor dos que não o fazem. Tais atribuições antropomórficas de sentimentos e pensamentos humanos a um mistério além do pensamento é – do ponto de vista do pensamento indiano – um estilo de religião para crianças. Ao passo que o sentido final de todo ensinamento adulto é que o mistério que transcende categorias, nomes e formas, sentimentos e pensamento deve ser compreendido como o fundamento do próprio ser.

Essa é a compreensão formulada naquelas famosas palavras do gentil brâmane Aruni ao seu filho, registradas no *Chandogya Upanishad*, de meados do século VIII a.C.: "Você, meu caro Svetaketu, você é Aquilo" – *tat tvam asi*.[26]

---

26. *Chāndogya Upaniṣad* 6.9-16.

V – O confronto entre Oriente e Ocidente na religião

O "você" ao qual se refere aqui não é o você que pode ser nomeado, que os amigos da pessoa conhecem e com o qual se importam, que nasceu e que um dia morrerá. Esse "você" não é "Isto". *Neti neti*, "isso não, isso não". Apenas quando o "você" tiver apagado tudo o que estima sobre si mesmo e no qual se apega, "você" terá chegado ao limiar de uma experiência de identidade com aquele Ser que ainda não é ser algum e, ainda assim, é o Ser além do não ser de todas as coisas. "Aquilo" também não é qualquer coisa que você nunca tenha conhecido, nomeado, ou sequer pensado a respeito neste mundo: não são os deuses ou qualquer Deus, por exemplo, que foi personificado em um culto. Conforme lemos no grande *Brhadaranyaka Upanishad* (mais ou menos da mesma idade que o *Chandogya*):

> Isso que as pessoas dizem: "Adore este deus! Adore aquele deus!" – um deus após o outro! Tudo isso é criação dele mesmo! E ele mesmo é todos os deuses [...]
> Ele está inserido no universo até a ponta de nossas unhas, como uma lâmina em um estojo de navalha, ou como fogo na lenha. Ele mesmo essas pessoas não enxergam, pois, à medida que é enxergado, é incompleto. Ao respirar, torna-se "respiração" pelo nome; ao falar, "voz"; ao ver, "o olho"; ao ouvir, o "ouvido"; ao pensar, a "mente": esses não são nada além dos nomes de seus atos. Quem quer que cultue um ou outro destes – não o conhece; pois ele está incompleto em um ou outro destes. O indivíduo deveria cultuar com o pensamento de que ele é o próprio ser da pessoa, pois ali todos esses se tornam um. Esse Eu é o rastro daquele Todo, pois por meio dele a pessoa conhece o Todo – assim como, verdadeiramente, ao seguir uma pegada encontra-se o gado que foi perdido [...].[27]

Lembro de uma palestra brilhante do filósofo Zen japonês Dr. Daisetz T. Suzuki, que teve início com uma comparação inesquecível dos entendimentos ocidental e oriental a respeito do mistério Deus-homem-natureza. Comentando primeiro a visão bíblica do estado do homem após a Queda no Éden, o "Homem", observou ele, "é contra Deus, a Natureza é contra Deus, e o Homem e a Natureza estão um

---

27. Bṛhadāraṇyaka Upaniṣad 1.4.6–7.

contra o outro. A própria imagem de Deus (o Homem), a própria criação de Deus (a Natureza) e o próprio Deus – todos três estão em guerra".[28] Daí, explicando a visão oriental, "a Natureza", disse ele, "é o seio de onde viemos e para onde vamos".[29] "A Natureza produz o Homem a partir de si mesma; o Homem não tem como estar fora da Natureza." "Estou na Natureza e a Natureza está em mim."[30] A Divindade como o ser mais supremo deve ser compreendido, continuou ele, como antes da criação, "quando não havia ainda nem o Homem, nem a Natureza". "Tão logo um nome é dado, a Divindade deixa de ser Divindade. O Homem e a Natureza brotam e somos pegos no labirinto de vocabulário conceitual abstrato."[31]

Nós, no Ocidente, nomeamos nosso Deus; ou melhor, tivemos nossa Divindade nomeada para nós em um livro de um tempo e espaço que não são os nossos. E fomos ensinados a ter fé não apenas na existência absoluta dessa ficção metafísica, mas também em sua relevância para a formação de nossas vidas. No grande Oriente, por outro lado, a ênfase está na experiência: na sua própria experiência, não na vivência de outrem. E as várias disciplinas ensinadas falam sobre caminhos para a obtenção de experiências inequívocas – cada vez mais profundas, cada vez maiores – da identidade do próprio indivíduo com o que por ventura ele conheça como "divino": identidade e, para além dela, então, transcendência.

A palavra *buddha* significa simplesmente "desperto, alguém que está desperto, ou Aquele que está Desperto". É da raiz verbal sânscrita *budh*, "sondar uma profundeza, penetrar até o fundo"; além disso, "perceber, conhecer, recuperar a consciência, acordar". O Buda é aquele desperto para a identidade não com o corpo, mas com o conhecedor do corpo, não com o pensamento, mas com o conhecedor dos pensamentos, isto é, com a consciência; ele sabe, além disso, que seu valor deriva de seu poder de irradiar consciência – como o valor de uma lâmpada deriva de seu poder de irradiar luz. O que é importante a respeito de uma lâmpada não é o filamento ou o vidro, mas a luz que ela produzirá;

---

28. Daisetz T. Suzuki, "The Role of Nature in Zen Buddhism", in *Olga Fröbe Kapteyn*, ed., Eranos Jahrbuch 1953 (Zurich: Rhein-Verlag, 1954), p. 294.
29. Ibid., p. 319.
30. Ibid., p. 303.
31. Ibid.

V – O confronto entre Oriente e Ocidente na religião

e o importante em cada um de nós não é o corpo e os seus nervos, mas a consciência que brilha através deles. E quando a pessoa vive para produzir luz, em vez de viver para proteger a lâmpada, ela está no estado de consciência do Buda.

Temos algum ensinamento assim no Ocidente? Não em nossos ensinamentos religiosos mais conhecidos. De acordo com o nosso Bom Livro, Deus fez o mundo, Deus fez o Homem, e Deus e suas criaturas *não* devem ser concebidos como idênticos de maneira alguma. De fato, a pregação de identidade é, em nossa visão mais conhecida, a heresia primordial. Quando Jesus disse "Eu e o Pai somos um", foi crucificado por blasfêmia; e quando o místico islâmico al-Hallaj, nove séculos depois, disse o mesmo, também foi crucificado. No entanto, esse é justamente o ponto fundamental que é ensinado por toda parte no Oriente como religião.

Então, o que nossas religiões de fato ensinam? Não o caminho para uma experiência de *identidade* com a Divindade, uma vez que isso, como dissemos, é a heresia primordial; mas o caminho e os meios para estabelecer e manter uma *relação* com um Deus que tem nome. E como se alcança tal relação? Apenas através da filiação a um certo grupo social favorecido de maneira única, com dons sobrenaturais. O Deus do Antigo Testamento tem uma aliança com um certo povo histórico, a única raça santa – a única coisa santa, na verdade – da Terra, e como se tornar membro? A resposta tradicional foi reafirmada em Israel recentemente (10 de março de 1970) com a definição do primeiro pré-requisito para a cidadania plena naquela nação mitologicamente inspirada: ter nascido de uma mãe judia.[32] E sob a perspectiva cristã, como acontece? Em virtude da encarnação de Cristo Jesus, que é reconhecido como verdadeiro Deus e verdadeiro homem (o que, na visão cristã, é um milagre, ao passo que no Oriente, por outro lado, todos são reconhecidos como verdadeiro Deus e verdadeiro homem, embora poucos podem já ter despertado para a força dessa maravilha em si mesmos). Através de nossa humanidade fazemos parte da família de Cristo; através de sua divindade, ele nos torna parte da família de Deus. E como confirmamos na vida nossa relação com aquele primeiro

---

32. Cf. Israel Ministry of Foreign Affairs, Emenda no. 2 de "Israel's Law of Return", 5 de julho de 1950.

e único Deus-Homem? Através do batismo e, por força deste, somos membros espirituais de sua Igreja: ou seja, novamente através de uma instituição social.

Toda a nossa introdução às imagens, aos arquétipos, aos símbolos universalmente conhecidos, que guiam os mistérios revelados do espírito, têm se dado por meio das afirmações desses dois grupos sociais históricos autossantificados. E as afirmações de ambos foram desqualificadas hoje – historicamente, astronomicamente, biologicamente e de toda outra maneira – *e todo mundo sabe disso*. Não é de se admirar que nossos clérigos pareçam ansiosos e nossas congregações, confusas!

Então, como estão nossas sinagogas e nossas igrejas? Muitas destas últimas, observo, já foram transformadas em teatros; outras são salas de palestra, onde ética, política e sociologia são ensinadas aos domingos em um tom estentóreo com aquele *tremolo*[33] teológico especial que significa a vontade de Deus. Mas elas têm que acabar assim? Não podem mais desempenhar sua própria função?

A resposta óbvia é que podem servir, sim – ou antes, *poderiam*, se seus clérigos soubessem onde que reside a mágica dos símbolos que mantêm em sua custódia. Poderiam simplesmente exibi-los de uma maneira propriamente *afetiva*. Pois é o rito, o ritual e suas imagens que contam na religião e, onde estes estão em falta, as palavras são meros portadores de conceitos que podem ou não fazer sentido contemporaneamente. Um ritual é uma organização de símbolos mitológicos e, ao participar do drama do rito, o indivíduo é colocado em contato direto com eles. Não por meio de relatos verbais de eventos históricos, mas sim como revelações, aqui e agora, daquilo que é sempre e para sempre. As sinagogas e igrejas erram ao dizer o que seus símbolos "significam". O valor de um rito eficaz é que ele deixa todos a sós com seus pensamentos – e os dogmas e definições apenas os confundem. Insistir em dogmas e definições de modo racional faz com que eles se tornem obstáculos à meditação religiosa, uma vez que o sentido da presença de Deus é somente uma função da própria capacidade espiritual da pessoa. De que adianta ter a sua imagem de Deus – o mistério mais íntimo, mais escondido da sua vida – definida em termos

---

33. Ornamento vocal que consiste na repetição de um ou mais sons sem divisão rítmica, que cria um efeito de tremulação. [N.Ts.]

V – O confronto entre Oriente e Ocidente na religião

inventados por algum conselho de bispos lá atrás, digamos no século V ou perto disso? Mas uma contemplação do crucifixo funciona, o odor do incenso funciona, o mesmo acontece com trajes hieráticos, com os tons de cantos gregorianos bem cantados, com *Introitos, Kyries*[34] entoados e murmurados, com consagrações ouvidas e não ouvidas. O que as maravilhas desse tipo têm a ver com as definições de conselhos, ou se entendemos bem o significado de palavras como: *Oramus te, Domine, per merita Sanctorum tuorum*?[35] Se tivermos curiosidade sobre os significados, eles estão ali, traduzidos na outra coluna do devocionário. Mas se a magia do rito for embora...

Permitam-me oferecer algumas sugestões. Permitam-me primeiro apresentar alguns pensamentos da tradição indiana, depois um pensamento da japonesa e, finalmente, uma sugestão de algo que nós, ocidentais, podemos precisar e que o Oriente não tem como oferecer.

O texto fundamental da tradição hindu é, certamente, o *Bhagavad Gita*; e ali são descritos quatro yogas básicos. A própria palavra *yoga*, de uma raiz verbal sânscrita *yuj*, que significa "atrelar, ligar uma coisa à outra", se refere ao ato de ligar a mente à fonte da mente, a consciência à fonte da consciência; definição cuja importância talvez seja mais bem ilustrada pela disciplina conhecida como yoga do conhecimento, o yoga da discriminação entre o conhecedor e o conhecido, entre o sujeito e o objeto em todo ato de conhecer, e da identificação de si mesmo, então, com o sujeito. "Eu conheço meu corpo. Meu corpo é o objeto. Eu sou a testemunha, o conhecedor do objeto. Eu, portanto, não sou meu corpo." Em seguida: "Eu conheço meus pensamentos, eu não sou meus pensamentos". E assim por diante: "Conheço meus sentimentos, eu não sou meus sentimentos". Dessa maneira, você pode se retirar da sala. E o Buda então vem e acrescenta: "Você também não é a testemunha. Não há testemunha alguma". Então onde você está agora? Onde você está entre dois pensamentos? Esse é o caminho conhecido como *jnana yoga*, o caminho do puro conhecimento.

Uma segunda disciplina é aquela conhecida como *raja yoga*, o yoga majestoso, real ou supremo, aquele que geralmente nos vem à mente quando a palavra yoga é mencionada. Podemos descrevê-la como um

---

34. Partes fixas da missa; oração de entrada e ato penitencial, respectivamente. [N.Ts.]
35. "Nós Vos imploramos, Senhor, pelos méritos de todos os Vossos Santos [...]". Da missa latina tradicional.

tipo de ginástica mental de atitudes físicas e mentais rigorosas: sentar-se na "posição de lótus", inspirando profundamente e expirando segundo certas contagens de determinadas maneiras; é preciso inspirar pela narina direita, segurar o ar, expirar pela narina esquerda; inspirar pela narina esquerda, segurar o ar, expirar pela narina direita, e assim por diante. Tudo isso com o acompanhamento de várias meditações. Os resultados são transformações psicológicas reais, culminando em uma experiência arrebatadora de iluminação da consciência, libertada de todas as limitações e efeitos condicionantes.

Um terceiro caminho, conhecido como *bhakti,* yoga devocional, é a disciplina mais próxima daquilo que chamamos de "culto" ou "religião" no Ocidente. Ela consiste em entregar a vida inteiramente em devoção abnegada a algum ser ou coisa amada, que se torna, de fato, um "deus escolhido". Existe uma história encantadora sobre o grande santo indiano do século XIX, Ramakrishna. Uma senhora foi até ele meio aflita porque havia percebido que não amava e não cultuava Deus de verdade. "Não existe, então, nada que você ame?", ele perguntou; e quando ela respondeu que amava seu sobrinho, que era um bebê, ele disse: "Pronto, aí está o seu Krishna, seu Amado. Em seu serviço a ele, você está servindo a Deus". E, de fato, o próprio deus Krishna, conforme algumas de suas lendas, quando era criança, em meio a uma tribo de simples criadores de vacas, ensinava e aconselhava aquele povo a cultuar não um deus abstrato lá em cima, invisível, mas sim suas próprias vacas. "Aí é que está sua devoção e onde reside a benção de Deus para você. Cultue suas vacas." E eles colocaram guirlandas nas vacas e lhes prestaram culto. A lição é clara, e em boa medida semelhante ao ensinamento do teólogo cristão moderno Paul Tillich, cujo cerne poderia ser resumido assim: "Deus é sua preocupação mais importante".

Fig. 5.4 – Krishna e os criadores de vacas

Por fim, o quarto, e principal tipo de yoga explicado no *Bhagavad Gita* é aquele conhecido como yoga da ação, *karma yoga*. Ele já está preparado pela própria ambientação da famosa obra: o campo de batalha na abertura da lendária Grande Guerra dos Filhos da Índia, no fim do período védico-ariano, era cavalheiresca, quando toda a aristocracia feudal do país se autoexterminou em um banho de sangue e massacre mútuo. Na abertura da portentosa cena, o jovem príncipe Arjuna, prestes a se envolver na ação mais grandiosa de sua carreira, ordena a seu cocheiro, o jovem deus Krishna, seu glorioso amigo, que o conduza entre as duas fileiras de batalha reunidas. Ali ele olhou para a esquerda e para a direita e, reconhecendo em ambos os exércitos muitos parentes e amigos, nobres companheiros e heróis virtuosos, baixou seu arco, e sobrecarregado por compaixão e grande mágoa, disse ao deus, seu condutor: "Meus membros falham, minha boca está ressecada, meus cabelos estão em pé. É melhor eu morrer aqui do que iniciar esta batalha. Eu não mataria para governar o universo, quanto menos pelo governo desta terra!". Ao que o jovem deus respondeu com as contundentes palavras: "De onde vem esta covardia ignóbil?". E com isto teve início o grande ensinamento:

> Para o que nasce, a morte é certa; para o que está morto, o nascimento é certo: não fiqueis aflito com o inevitável. Como um nobre cujo dever é proteger a lei, recusando-vos a lutar esta guerra justa, perdereis tanto a virtude quanto a honra. Vossa adequada preocupação é apenas a ação do dever, não os frutos da ação. Lançai fora todo desejo e temor pelos frutos e executai vosso dever.[36]

Após essa conversa severa, o deus iluminou os olhos de Arjuna e o jovem, pasmo, viu seu amigo transfigurado – com o esplendor de mil sóis, muitos olhos e rostos brilhantes, muitos braços empunhando armas, muitas cabeças, muitas bocas com presas cintilantes. E veja! Os dois exércitos de ambos os lados estavam se despejando, voando em direção àquelas bocas flamejantes, chocando-se contra os terríveis dentes, perecendo; e o monstro lambia os lábios. "Meu Deus! Quem é

---

36. *Skanda Purāṇa*, Vol. II, *Viṣṇu Khaṇḍa, Kārttikamāsamāhātmya*, Ch. 17; cf. Heinrich Zimmer, *Mitos e símbolos na arte e civilização da Índia*. São Paulo: Palas Athena Editora, 1989, p. 138 e ss.

você?", gritou Arjuna, agora com cada fio de cabelo em pé. E veio do que tinha sido seu amigo, o Senhor do Mundo, esta resposta: "Eu sou o Negro Tempo, estou aqui para a aniquilação desses exércitos. Mesmo sem você, aqueles que estão prestes a morrer não viverão. Então, agora, entre ali! Finja matar aqueles que eu já matei. Cumpra o seu dever e não fique angustiado por qualquer vestígio de medo".[37]

"Cumpra o seu dever", na Índia, significa: "Cumpra sem questionar o dever atribuído *à sua casta*". Arjuna era um nobre, seu dever era lutar. Entretanto, nós do Ocidente não pensamos mais assim; e é por isso que o conceito oriental do mentor espiritual infalível, o guru, não tem mais nenhuma utilidade aqui. Ele não funciona, e não tem como funcionar. Pois a nossa noção de um indivíduo maduro não é a de uma pessoa que simplesmente aceita sem questionar os ditames e ideais de seu grupo social, como uma criança faria, aceitando as ordens de seus pais. Nosso ideal é, em vez disso, o de alguém que, através de sua própria experiência e de um julgamento ponderado (e com isso quero dizer julgamento *experiente*, não uma repetição de palestras de algum curso de sociologia para calouros do velho professor Fulano de Tal com seu programa para o universo), através de sua própria vida, chegou a algumas atitudes racionais e razoáveis e funcionará agora não como o servo obediente de alguma autoridade indiscutível, mas sim de acordo com suas próprias determinações autorresponsáveis. O dever, aqui, portanto, não significa de modo algum o que significa em todo o Oriente. Não significa aceitar como uma criança o que foi ensinado por uma autoridade. Significa pensar, avaliar e desenvolver um ego: uma faculdade de observação independente e crítica racional, capaz de interpretar seu ambiente e estimar seus próprios poderes em relação à circunstância; e de iniciar cursos de ação que serão relevantes não para ideais do passado, mas para possibilidades do presente. Porém, isto é exatamente o que é proibido no Oriente.

Muitos dos meus amigos professores estão começando a sugerir que os estudantes de hoje não estão procurando por professores, mas sim por gurus. O guru do Oriente aceita a responsabilidade pela vida moral de seu aluno, e o objetivo do aluno, reciprocamente, deve ser

---

37. *Bhagavad Gītā*, Swami Nikhilananda, tradutor (New York: Ramakrishna-Vivekananda Center, 1944, 1986), 11.32.

V – O confronto entre Oriente e Ocidente na religião

identificar-se com o guru e se tornar, se possível, exatamente como ele. Mas até onde posso ver – e isto digo aos meus colegas acadêmicos –, a estes nossos alunos falta a primeira virtude de um estudante assim, ao estilo oriental, que é a fé, *sraddha*, "a fé perfeita", no guru reverenciado de maneira inquestionável. Por outro lado, a crítica e o julgamento autorresponsável são o que nós, tradicionalmente, esperamos desenvolver nos estudantes – e na maioria dos casos temos tido êxito. Com a presente safra, de fato obtivemos tanto êxito que, mal saídos das fraldas, eles já estão prontos para ensinar o professor, o que é um pouco demais. O que eles podem aprender com o Oriente, que tantos procuram imitar, sequer tentarei sugerir, mas apenas observarei que há de ser alguma coisa – o primeiro passo ou pelo menos dois – do caminho místico para dentro de si mesmos. E caso isso seja seguido sem perder o contato com as condições da vida contemporânea, pode muito bem levar a uma nova profundidade e riqueza de pensamento criativo e realização na vida, na literatura e nas artes.

Assim, chego ao meu terceiro episódio pessoal, que novamente há de ser sobre o confronto do Oriente e do Ocidente na religião; mas desta vez com uma sugestão da maneira pela qual o Oriente transforma a magia da religião em arte. Este episódio é

Fig. 5.5 – Joseph Campbell no Japão

de um evento que ocorreu no verão de 1958, quando eu estava no Japão para o Nono Congresso Internacional sobre a História das Religiões. Um de nossos principais filósofos sociais de Nova York, que era um notável participante daquela reunião extraordinariamente colorida – um cavalheiro culto, jovial e charmoso que, entretanto, tivera pouca ou nenhuma experiência prévia, seja do Oriente, seja de religião (de fato, me perguntei por que milagre ele estava ali) – tendo ido conosco em nossas visitas a vários nobres santuários xintoístas e belos templos budistas, finalmente estava pronto para fazer algumas perguntas significativas. Havia muitos membros japoneses no congresso, muitos deles sacerdotes xintoístas, e por ocasião de uma grande festa no gramado da área de um glorioso jardim japonês, nosso amigo abordou um deles. "Sabe", disse ele, "agora eu já fui a várias cerimônias e vi um bom número de santuários, mas não entendo a ideologia; não entendo a sua teologia".

Os japoneses (como talvez saibam) não gostam de decepcionar visitantes, e esse cavalheiro, educado, aparentemente respeitando o questionamento profundo do acadêmico estrangeiro, fez uma pausa como se estivesse refletindo profundamente e então, mordendo os lábios, lentamente sacudiu a cabeça: "Acho que nós não temos ideologia", disse ele. "Não temos teologia. Nós dançamos."

Essa, para mim, foi a lição do congresso. O que me ensinou foi que, no Japão, a religião xintoísta, natural do país, onde os ritos são extremamente majestosos, musicais e imponentes, não fez nenhuma tentativa de reduzir suas "imagens-afeto" a palavras. Deixaram que elas falassem por si mesmas – como ritos, como obras de arte – através dos olhos do coração que ouve. E isso é o que seria melhor que nós, em nossos próprios ritos religiosos, estivéssemos fazendo também. Pergunte a um artista o que sua imagem "significa" e você não fará esta pergunta de novo tão cedo. Imagens significativas geram insights além da fala, além dos tipos de significado que a fala define. E se elas não falam com você, isso é porque você não está pronto para elas, e as palavras servirão apenas para fazer com que você *pense* que entendeu, lhe deixando inteiramente isolado. Você não pergunta o que uma dança significa, você a desfruta. Você não pergunta o que o mundo significa, você o desfruta. Você não pergunta o que *você* significa, você desfruta de si mesmo; ou, no mínimo, assim o faz se estiver bem-disposto.

Mas desfrutar do mundo exige algo mais do que apenas boa saúde e bom ânimo; pois este mundo é horrendo, como todos nós certamente sabemos a essa altura. "Toda vida", disse o Buda, "é cheia de sofrimento"; e de fato é assim. Vida consumindo vida: essa é a essência de seu ser, que é sempre um devir. "O mundo", disse o Buda, "é um fogo perpétuo". E assim o é. E isso é o que a pessoa tem que afirmar, com um sim! Com uma dança! Uma dança sábia, solene, majestosa, de êxtase místico, além da dor que está no coração de todo rito místico.

E assim, para concluir, deixe-me contar agora uma maravilhosa lenda hindu que reforça este ponto, da infinitamente rica mitologia do deus Shiva e sua gloriosa deusa do mundo, Parvati. Na ocasião, chegou diante desta grande divindade um demônio audacioso que tinha

V – O confronto entre Oriente e Ocidente na religião

acabado de derrubar os deuses reinantes do mundo e vinha confrontar o maior de todos com uma exigência não negociável: o deus deveria entregar sua deusa ao demônio. Bem, o que Shiva fez em resposta foi simplesmente abrir aquele terceiro olho místico no meio da sua testa, e paf!, um raio atingiu a Terra e, subitamente, havia ali um segundo demônio, ainda maior que o primeiro. Ele era uma coisa grande e esguia com uma cabeça semelhante à de um leão, com os cabelos ondulando em direção aos cantos do mundo, e sua natureza era a mais completa fome. Trazido à vida para devorar o primeiro, claramente tinha condições de fazê-lo.

Fig. 5.6 – Kirtimukha

O primeiro pensou: "Então o que faço agora?", e numa decisão muito acertada, lançou-se à misericórdia de Shiva.

É uma regra teológica bastante conhecida: quando você se lança à misericórdia de um deus, o deus não pode recusar-se a protegê-lo. Portanto, Shiva agora teria que guardar e proteger o primeiro demônio do segundo. O que deixou o segundo, entretanto, sem carne para saciar sua fome e este, em agonia, perguntou a Shiva: "Quem, então, comerei?", ao que o deus respondeu: "Bem, vejamos, por que não comer a você mesmo?".

E foi tiro e queda, a começar pelos pés, os dentes cortando, aquele sinistro fenômeno foi subindo, passando pela barriga, seguindo em direção ao seu peito e pescoço, até que tudo que sobrou foi um rosto. E o deus, consequentemente, estava fascinado. Pois aqui estava, enfim, uma imagem perfeita dessa coisa monstruosa que é a vida, que se alimenta de si mesma. E Shiva disse àquela máscara semelhante ao Sol, que era agora tudo que sobrara da visão leonina da fome: "Eu lhe chamarei de 'Rosto da Glória', Kirtimukha, e tu brilharás acima de todas as portas de todos os meus templos. Ninguém que se recuse a te honrar e te cultuar chegará a ter conhecimento de mim".[38]

A lição óbvia de tudo isso é que o primeiro passo rumo ao conhecimento do mais alto símbolo divino da maravilha e do mistério da vida está no reconhecimento da natureza monstruosa da vida e de sua glória nessa característica: a compreensão de que essa é simplesmente a maneira como as coisas são e que isto não pode e não irá mudar. Aqueles que pensam – e seu nome é legião – que sabem de que maneira o universo poderia ser melhor do que é, como seria se eles os tivessem criado, sem dor, sem tristeza, sem tempo, sem vida, não são candidatos adequados à iluminação. Ou aqueles que pensam, como muitos o fazem: "Deixe-me primeiro corrigir a sociedade, e então passo a corrigir a mim mesmo", estão excluídos mesmo do portão externo da mansão da paz de Deus. Todas as sociedades são más, tristes, injustas; e assim o serão sempre. Então, se você quer realmente ajudar este mundo, o que você deve ensinar é como viver nele. E ninguém pode fazer isto se não tiver aprendido, ele mesmo, como viver no mundo da tristeza cheia de alegria e da alegria cheia de tristeza, do conhecimento da vida como ela é. Esse é o significado do monstruoso Kirtimukha, "Rosto da Glória", acima das entradas dos santuários do deus do yoga, cuja noiva é a deusa da vida. Ninguém pode conhecer esse deus e essa deusa sem curvar-se àquela máscara em reverência e passar por ali humildemente.

---

38. Śiva Purāṇa 2.4.19.41-48.

VI – A inspiração da arte oriental

Fig. 6.1 – A perfeição da sabedoria
[1968][39]

Em livros didáticos indianos de estética, quatro tipos de assuntos são reconhecidos como apropriados para o tratamento artístico. Eles são, em primeiro lugar, qualidades abstratas, tais como bondade, beleza e coisas do gênero; em seguida, tipos de ação e estados de espírito (a matança de inimigos ou de monstros, a conquista da pessoa amada, humores de melancolia, êxtase e assim por diante); em terceiro lugar, tipos humanos (brâmanes, pedintes, príncipes piedosos ou perversos, mercadores, criados, amantes, exilados, criminosos etc.); e, finalmente, divindades – todos estes, notamos, são abstratos. Pois não há no Oriente interesse algum no indivíduo como tal, ou em fatos ou eventos únicos. Em consequência disso, o que o glorioso espetáculo

---

39. Extraído de uma palestra de título "Arte Oriental" (L234).

da arte oriental oferece são repetições consecutivas de certos temas e motivos tradicionais e confiáveis. E quando estes são comparados com as galáxias da Europa renascentista e pós-Renascença, o que talvez seja mais surpreendente é a ausência, nas tradições orientais, de qualquer coisa semelhante à tradição dos retratos. Considere as obras de Rembrandt ou Tiziano: o foco está na representação do que nós chamamos de caráter, personalidade, singularidade, ao mesmo tempo física e espiritual, de uma presença individual. Tanta preocupação com o que não é perene é totalmente contrária ao espírito que dá forma à arte oriental. Nosso respeito pelo indivíduo como um fenômeno único, que não deve ser suprimido em suas idiossincrasias, mas sim cultivado e levado à realização como um dom para o mundo que nunca foi visto antes na Terra, e que nem aparecerá novamente, é contrário, *toto caelo* [por toda a extensão do céu, totalmente], ao espírito não apenas da arte oriental, mas também da vida oriental. E de acordo com esse pensamento, espera-se que o indivíduo não inove ou invente, mas que aperfeiçoe a si mesmo no conhecimento e na prática das normas.

Nesse contexto, o artista oriental deve não apenas se remeter a temas padrão, como também deve desprezar qualquer coisa que se assemelhe ao que entendemos como autoexpressão. Relatos, como os que proliferam nas biografias dos mestres ocidentais, sobre a agonia solitária de um artista na longa busca por sua própria linguagem para transmitir uma mensagem pessoal, buscaremos por muito tempo e em vão nos anais da arte oriental. Tal pensamento egocêntrico é completamente estranho à vida, ao pensamento, e à religiosidade orientais, que se ocupam, pelo contrário, precisamente com a extinção do ego e de todo interesse nesta coisa evanescente que é meramente o "eu" de um sonho passageiro.

Do lado negativo, esse cultivo do anonimato levou à produção de um panorama *ad infinitum* de estereótipos acadêmicos – os quais não são meu foco neste momento. Eu me debruço sobre aquelas ordens e obras-primas da arte consumada que, de fato, entregam aos olhos mortais o conhecimento de uma presença imortal em todas as coisas. A canção que ouvimos nos ouvidos do pensamento ao ler o *Bhagavad Gita*, daquele espírito imortal que nunca nasceu, nunca morre, mas vive em todas as coisas que nascem para morrer como o ser verdadeiro de seu ser aparente e cujo esplendor lhes dá sua glória, é a canção universal cantada

VI – A inspiração da arte oriental

não apenas na arte indiana, mas também na vida do Extremo Oriente. É com ela que eu gostaria de harmonizar minha presente canção.

Para começar, (iniciando na Índia e seguindo posteriormente ao Extremo Oriente) a arte indiana é um yoga e seu mestre é um tipo de iogue. Tendo executado por anos as tarefas de uma aprendizagem obediente, e tendo obtido, enfim, reconhecimento como um mestre, licenciado para erigir, digamos, um templo, ou para esculpir uma imagem sacra, o artista vai primeiro meditar, para trazer diante de seu olho interior uma visão do prédio simbólico a ser planejado, ou da divindade a ser representada. De fato, existem lendas até de cidades inteiras visualizadas dessa forma: algum monarca santo que teve um sonho no qual viu, como que em uma revelação, a forma inteira do templo ou cidade a ser construída. E me pergunto se esse não pode ser o motivo pelo qual, em certas cidades orientais, podemos sentir, mesmo

Fig. 6.2 – Cidades de sonho

hoje, como se estivéssemos nos movendo em um sonho: a cidade é como um sonho porque, em sua concepção, ela foi de fato sugerida por um sonho – que foi, então, recriado em pedra.

O artista artesão prestes a dedicar-se ao trabalho de moldar a imagem de uma divindade – digamos, de Vishnu – primeiro terá estudado todos os textos relevantes, para fixar em sua mente os sinais, posturas, proporções etc. canônicos, do aspecto do deus a ser representado. Então ele irá se acomodar, pronunciando em seu coração a sílaba-semente do nome da divindade e, se tiver sorte, aparecerá no tempo devido uma visão diante de seu olho interior da própria forma que ele deseja representar, a qual será, então, o modelo para sua obra de arte. Assim, as maiores obras dos períodos grandiosos da Índia eram, na verdade, revelações. E para apreciá-las adequadamente – não como revelações de seres sobrenaturais, mas sim de um poder natural latente em nós mesmos que precisa apenas ser reconhecido para ser realizado em nossas vidas – precisamos somente nos voltar para aquele extraordinário manual psicológico, *Uma Descrição dos Seis Centros Corpóreos do Poder da Serpente Desenrolada* (*Ṣhaṭchakra-nirupanam*), que está disponível desde 1919 na tradução magnífica de Sir John Woodroffe.[40]

A tese básica do assim chamado sistema *kundalini* de yoga elucidada nesse trabalho fundamental é que existem seis mais um – isto é, sete – centros psicológicos distribuídos pelo corpo, da base à coroa da cabeça, os quais podem, através do yoga, ser sucessivamente ativados e, assim, levados a liberar realizações de consciência espiritual e êxtase cada vez mais elevados. Eles são conhecidos como "lótus", *padmas* ou *chakras*, "rodas", e devem ser entendidos como se estivessem verticalmente pendurados. Entretanto, quando tocados e ativados por um poder espiritual ascendente chamado *kundalini*, que pode subir através de um canal místico pelo meio da coluna vertebral, eles despertam para a vida e brilham. O nome deste poder, *kundalini*, "a enrolada", é um pronome feminino sânscrito e se refere à ideia de uma serpente enrolada dormindo no mais baixo dos sete centros corporais. Nas mitologias do Oriente, serpentes geralmente simbolizam o poder vital que livra da morte, assim como as serpentes trocam sua pele para (por assim dizer) renascer. Na Índia, este poder é considerado feminino... o feminino, a força que constrói formas, dá vida e a sustenta, pela qual o universo e todos os seus seres recebem a vida. Dormindo enrolada no mais baixo dos sete centros do corpo, ela deixa os outros seis inativos. O objetivo desse tipo de yoga, portanto, é despertar a serpente, fazer com que ela levante a cabeça, e fazê-la subir pelo canal interior místico da coluna vertebral conhecido como *susumna*, "rico em prazer", perfurando o lótus localizado em cada estágio dessa subida eletrizante. O iogue, sentado ereto com as pernas cruzadas, mantendo na mente certos pensamentos e pronunciando sílabas místicas, se preocupará primeiramente em regular o ritmo de sua respiração, aspirando profundamente, segurando a respiração, e expirando de acordo com contagens fixas: o ar entra pela narina direita, sai pela esquerda etc., permeando o corpo inteiro com *prana*, "*spiritus*", "sopro": o sopro da vida, até que a serpente enrolada se mexa e o processo se inicie.

---

40. Arthur Avalon (Sir John Woodroffe), *The Serpent Power* (Madras: Ganesh and Co, 1913, 1924, 1931, etc.), p. 317-478.

VI – A inspiração da arte oriental

Dizem que quando a serpente enrolada descansa no primeiro centro de lótus, adormecida, a personalidade do indivíduo é caracterizada pelo torpor espiritual. Seu mundo é o mundo da consciência desperta sem alegria; porém, ele se agarra com avidez a esta existência sem inspiração, relutante em abrir mão, apenas ali à espera. Sempre faço essa conexão com o que nos foi dito sobre os hábitos dos dragões: de como acumulam e guardam coisas em suas cavernas. O que eles geralmente acumulam e guardam são belas jovens e tesouros em ouro. Certamente não têm como fazer uso adequado de nenhuma das duas coisas, mas ainda assim as mantêm sempre ali. Na vida, tais pessoas são chamadas de "rastejantes", e Deus sabe que são bem numerosas. O nome desse primeiro lótus é *muladhara*, "a base raiz". Seu elemento é a terra, ele tem quatro pétalas vermelhas e é descrito como situado entre os genitais e o ânus.

O centro número dois está no nível dos genitais e, em razão disso, qualquer pessoa cuja energia tenha chegado a esse estágio é de uma psicologia perfeitamente freudiana. De uma maneira ou de outra tudo para ela é sexo, como de fato acontecia com o próprio Freud, que estava certo de que não se vivia por coisa alguma além disso. E agora temos até uma grande escola de pensadores que chamam a si mesmos de filósofos, interpretando todo o curso da história humana, do pensamento e da arte em termos de sexo – reprimido, frustrado, sublimado ou realizado. O nome dessa estação é *svadhishṭhana*, "seu resort favorito". É um lótus de seis pétalas de cor vermelho-alaranjada, e seu elemento é a água.

O terceiro lótus está ao nível do umbigo. Seu nome, *manipura*, significa "cidade da joia reluzente". É um lótus de dez pétalas da cor de nuvens tempestuosas carregadas; fogo é o seu elemento. E o interesse dominante de qualquer pessoa cujo poder da serpente desenrolada tenha vindo a se estabelecer neste plano reside em consumir, conquistar, tornando todos sua própria substância, ou forçando-os a se conformar à sua maneira de pensar. Sua psicologia, governada por um insaciável desejo de poder, é do tipo adleriano. Dessa forma, pode-se dizer que Freud e Adler e seus seguidores interpretaram a fenomenologia do espírito exclusivamente em termos dos *chakras* dois e três – o que é suficiente para explicar sua inabilidade em fazer qualquer coisa mais interessante, seja com os símbolos mitológicos da humanidade, seja com os objetivos da aspiração humana.

Pois é apenas ao nível do quarto *chakra* que objetivos e motivações especificamente humanos, no sentido de serem distintos dos animalescos sublimados, são imaginados e despertados; e, de acordo com a visão indiana, é a este nível e para além dele que os símbolos religiosos, as imagens da arte e as questões da filosofia devidamente se referem (e não as preocupações dos *chakras* um, dois e três). O lótus deste centro fica ao nível do coração; seu elemento é o ar; ele tem doze pétalas de um matiz carmesim-alaranjado (a cor da flor Bandhuka [*Pentapoetes Phoenicea*]), e tem um nome muito curioso. Chama-se *anahata*, "não atingido", o que significa, quando interpretado com propriedade, "o som que não é produzido por quaisquer duas coisas que se chocam". Todos os sons que ouvimos neste mundo de tempo e espaço são produzidos por duas coisas que se chocam: o som da minha voz, por exemplo, é resultado do ar atingindo minhas cordas vocais. Do mesmo modo, todo outro som ouvido é de coisas, sejam elas visíveis ou não, se chocando umas contra as outras. Assim, qual seria, então, o som não produzido dessa forma?

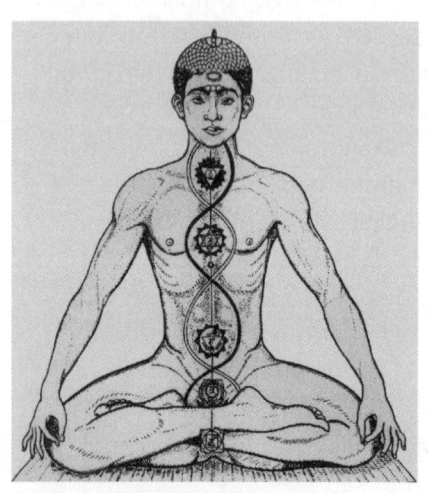

Fig. 6.3 – Chakras

A resposta dada é que o som não produzido pelo choque entre quaisquer duas coisas provém daquela energia primordial da qual o próprio universo é uma manifestação. Ela é, portanto, anterior às coisas. Podemos pensar nela como algo comparável ao grande som sussurrante de uma estação de energia elétrica; ou como o murmúrio normalmente inaudível dos prótons e nêutrons de um átomo: o som interior, isto é, daquela energia primordial, vibrante, da qual nós mesmos e tudo o que conhecemos e enxergamos são manifestações. E quando é ouvida, dizem, o som ao qual ela mais se assemelha é OM.

Consta que esta sílaba sagrada indiana de oração e meditação é composta por quatro elementos simbólicos. Primeiro, uma vez que o O, em sânscrito, é visto como um amálgama dois sons A e U, a sílaba sagrada pode ser escrita e ouvida como AUM e, quando é exibida

VI – A inspiração da arte oriental

dessa forma, tornam-se visíveis três de seus quatro elementos. O quarto, então, é o Silêncio que cerca a sílaba assim vista, da qual ele ascende, e sobre a qual ele recai, e que o sustenta como o solo de sua aparição.

No entanto, quando pronunciado, o A de AUM é ouvido como se viesse do fundo da boca. Vindo para frente junto com o U, a massa sonora de ar preenche toda a cavidade bucal; e com o M é fechada nos lábios. Quando pronunciada dessa maneira, dizem, a sílaba contém os sons de todas as vogais da fala. E uma vez que as consoantes não são nada além de interrupções desses sons, a sílaba sagrada contém em si – quando pronunciada adequadamente – os sons-semente de todas as palavras e, assim, os nomes de todas as coisas e relações.

Há um Upanixade extremamente interessante e importante, o Mandukya, no qual os quatro elementos simbólicos da sílaba – o A, o U, o M e o Silêncio – são interpretados alegoricamente como se referindo aos quatro planos, graus ou modos de consciência. Diz-se que o A, ressoando a partir do fundo da boca, representa a consciência desperta. Aqui o sujeito e os objetos de seu conhecimento são experimentados separados uns dos outros. Corpos são de matéria bruta; não possuem luz própria e mudam suas formas lentamente. Uma lógica aristotélica prevalece: *a não é não a*. A natureza do pensamento neste nível é a da ciência mecanicista, do raciocínio positivista, e as metas de sua vida estão de acordo com aquelas visualizadas nos *chakras* 1, 2 e 3.

Em seguida temos o U, onde a massa sonora, movendo-se para frente, preenche, por assim dizer, a cabeça inteira. A ele o Upanixade associa a consciência do estado de sonho; e aqui o sujeito e o objeto, o sonhador e seu sonho, embora pareçam estar separados, são na verdade um só, pois as imagens provêm da vontade do próprio sonhador. Além disso, elas são feitas de uma substância que emana luz própria e têm uma forma rapidamente mutável. São da natureza das divindades: e de fato todos os deuses e demônios, Céus e Infernos, são as contrapartes cósmicas do sonho. Além disso, já que neste plano sutil o vidente e o que é visto são uma coisa só, todos os deuses e demônios, Céus e Infernos, estão dentro de nós. São nós mesmos. Portanto, volte-se para dentro se você busca um modelo para a imagem de um deus. Assim, são experiências desse plano de consciência que se tornam visíveis nas artes orientais.

Em seguida, temos o M, o terceiro elemento da sílaba, no qual a entonação desse som sagrado termina na frente, nos lábios fechados. O Upanixade o associa com o sono profundo sem sonhos. Não existe aqui nem objeto visto, nem sujeito que o veja, mas sim a inconsciência – ou melhor, a consciência em potencial, latente, indistinta, coberta de escuridão. Mitologicamente, esse estado é identificado com o do universo entre ciclos, quando tudo retornou à noite cósmica, ao ventre da mãe cósmica: "caos", na língua dos gregos ou no Gênesis, o primeiro "abismo sem forma, com a escuridão pairando sobre as águas". Não existe consciência de quaisquer objetos, seja do estado desperto, seja dos sonhos, mas apenas consciência sem inflexão. em seu estado imaculado, independente – perdida, contudo, nas trevas.

O objetivo final do yoga, portanto, é entrar nesta zona acordado: o que significa "unir" ou "atrelar" (da raiz verbal sânscrita *yuj*, de onde vem o substantivo *yoga*) sua consciência desperta à sua fonte de consciência *per se*, que não está focada em qualquer objeto ou encerrada em qualquer questão, seja ela do mundo desperto ou do sono, mas sim absoluta, inespecífica e ilimitada. E, uma vez que todas as palavras se referem a objetos ou a pensamentos ou ideias relacionados a objetos, não temos qualquer palavra ou palavras para a experiência desse quarto estado. Mesmo palavras como "silêncio" ou "vazio" podem ser entendidas apenas quando relacionadas ao som ou a coisas – ou como algo que não tem som ou que não é coisa alguma. Aqui chegamos ao Silêncio primordial anterior ao som, que contém o som em potencial, e ao Vazio anterior às coisas, que contém potencialmente todo o espaço-tempo e suas galáxias. Palavra alguma pode dizer o que o Silêncio diz que está ao nosso redor e dentro de nós, este Silêncio que não é silêncio algum, mas que há de ser ouvido ressoando através de todas as coisas, sejam elas da noite desperta, da noite com ou sem sonhos – como se estivesse circundando, sustentando e inundando a sílaba AUM.

Escute o som da cidade. Escute o som da voz do seu vizinho, ou dos gansos selvagens grasnando para o céu. Escute qualquer som ou silêncio sem interpretá-los, e o *anahata* será ouvido a partir do Vazio que é o terreno do ser, e do mundo que é o corpo do ser, do Silêncio e da Sílaba. Além disso, uma vez que este som tenha sido "ouvido", por assim dizer, como sendo o som de nosso próprio coração e da vida como um todo, estaremos serenos e em paz; não haverá mais

VI – A inspiração da arte oriental

necessidade de buscar, pois está aqui, está ali, está em todo lugar. E a função suprema da arte oriental é fazer com que saibamos que isso é verdade; ou, como nosso poeta ocidental Gerhart Hauptmann definiu como o objetivo de toda poesia verdadeira: "permitir que a Palavra seja ouvida ressoando por trás das palavras". O místico Meister Eckhart expressou o mesmo pensamento em termos teológicos quando disse à sua congregação: "Qualquer pulga, do jeito que ela é em Deus, é mais nobre que o mais sublime dos anjos em si mesmo. As coisas, em Deus, são todas iguais: são o próprio Deus".[41] Essa, em suma, é a

Fig. 6.4 – Sukhavati

experiência do *anahata*, ao nível do quarto *chakra*, onde as coisas não mais escondem sua verdade, mas experimenta-se o assombro que Blake visualizou quando escreveu: "Se as portas da percepção fossem purificadas, cada coisa pareceria ao homem como ela é, infinita".[42]

E quanto ao *chakra* de número cinco?

O *chakra* cinco fica no nível da laringe e se chama *Vishuddha*, "purificação". É um lótus de dezesseis pétalas de um matiz púrpura esfumaçado e seu elemento é o éter, o espaço. Neste centro, o iogue está abandonando a arte, a religião, a filosofia e até mesmo o pensamento; pois, como no Purgatório da fé cristã, a alma é purgada de apegos residuais à Terra em preparação para uma experiência da Visão Beatífica

---

41. *Sermons and Collations*, xcvi; traduzido por C. de B. Evans, de Franz Pfeiffer, Meister Eckhart, Vol. I (London: John M. Watkins, 1924,1947), p. 240.
42. William Blake, *The Marriage of Heaven and Hell*, in Geoffrey Keynes, *Poetry and Prose* of William Blake (New York: Random House, 1927), p. 197. Cf. Joseph Campbell, *The Hero with a Thousand Faces* (Novato, CA: New World Library, 2008), p. 109, 228; e *Myths of Light: Eastern Metaphors of the Eternal* (Novato, California: New World Library, 2003) p. 33-35.

de Deus, assim também nesse lugar de purificação indiano o objetivo é eliminar todas as interposições mundanas entre o indivíduo e a audição imediata do AUM, ou, expressando em termos visuais, entre o indivíduo e a visão de Deus. Os ideais e discípulos deste estágio são mais aqueles da cela e do mosteiro do eremita do que da arte e da vida civilizada. Não estéticos, mas ascéticos. E quando, enfim, o nível do centro seis é alcançado, o olho interior e o ouvido interior do místico se abrem por completo. A pessoa experimenta, então, com força imediata, a visão e o som completos do Senhor cuja forma é a Forma das formas, e cujo esplendor ressoa. O nome deste próximo lótus é *ajna*, que significa "autoridade, comando". Suas pétalas são duas, do mais lindo branco. Seu elemento é a mente e o seu lugar, bem conhecido, é um pouco acima, entre as sobrancelhas. Aqui, a pessoa está no Céu, e a alma contempla seu objetivo perfeito, Deus.

Entretanto, ainda existe uma última barreira. O grande santo e mestre indiano Ramakrishna, do século passado[43], disse uma vez aos seus devotos que, quando o yogi realizado contempla assim a visão de seu Amado, ainda existe, por assim dizer, uma parede de vidro invisível entre ele mesmo e aquele em quem ele conheceria a anulação eterna. Pois sua meta derradeira não é o êxtase deste sexto nível, mas sim o estado absoluto, não dual, além de todas as categorias, visões, impressões, pensamentos e sentimentos, sejam eles quais forem, que pertencem ao sétimo e último lótus, *sahasrara*, "o mil-pétalas", no topo da cabeça.

Retiremos então o vidro. Os dois, a alma e o seu deus, o olho interior e o seu objeto, são extintos, ambos e igualmente. Não existe agora nem objeto, nem sujeito, nem algo a ser conhecido ou nomeado, mas sim apenas o Silêncio, que é o quarto e último elemento que compõe a fundação daquela que foi ouvida, e que já não é mais: a sílaba AUM.

Nesse ponto, é claro, a pessoa está além da arte; além até da arte indiana. A arte indiana se ocupa em sugerir e gerar experiências semelhantes àquelas dos centros dos lótus quatro a seis: no quarto, os objetos e criaturas desse mundo como estão (para usar a frase de Eckhart novamente) "em Deus"; no quinto, os aspectos dos poderes cósmicos em suas facetas aterrorizantes, devastadoras, em seus papéis

---

43. Refere-se ao século XIX. [N.Ts.]

VI – A inspiração da arte oriental

que estilhaçam o ego, personificados como demônios coléricos, odiosos e terríveis; e no sexto, suas formas heroicas prodigiosas, pacíficas, que concedem o êxtase e dissipam o medo. Assim, estamos sempre contemplando nessas obras-primas verdadeiramente sublimes e visionárias criaturas representadas sob o aspecto da eternidade ou personificações míticas dos aspectos da eternidade conhecidos do homem.

Existe, portanto, muito pouco da realidade empírica da luz do dia na arte indiana, do mundo conhecido pelos olhos normais dos homens. De longe, o interesse está em deuses e cenas mitológicas. E quando alguém se aproxima dos templos indianos, sejam eles de qualquer período ou estilo, existe algo notável sobre a maneira como parecem ter saído de dentro da paisagem ou ter caído nela, vindo de cima – algo que contrasta completamente, por exemplo, com os adoráveis templos rodeados de jardins do Extremo Oriente. Ou eles irrompem de baixo da terra como uma erupção na paisagem subterrânea ou descem, apenas para repousar como a carruagem ou o palácio mágico de alguma divindade celestial. Realmente, ao entrar em qualquer um dos maravilhosos templos das cavernas, esculpidos por artesãos magos nas encostas das montanhas, abandonamos o mundo da experiência humana normal para adentrar um mundo de gnomos que habitam a Terra. Também deixamos para trás nosso senso normal de realidade e descobrimos que essas formas são mais verdadeiras, mais reais, mas intimamente nossas, de alguma forma, do que as revelações habituais de nossas vidas no mundo da luz. A arte indiana se preocupa com a transcendência de nossas experiências normais de vida "com os dois olhos", e busca abrir o terceiro olho, no meio da testa, do lótus do comando, para nos revelar, mesmo quando estamos acordados, uma visão onírica do Céu ou do Inferno petrificados.

Tudo isto é muito diferente da ênfase das artes no outro Oriente, na China, Coreia e Japão. O budismo daquelas terras, é claro, teve origem na Índia e veio para a China no primeiro século d.C., e da Coreia para o Japão no século VI. E junto com o budismo foi trazida a maravilhosa arte indiana de representar os poderes de todos os Céus e dos Infernos, acima e abaixo deste plano terreno. A tendência natural da mente do Extremo Oriente é muito mais terrena, entretanto, do que a indiana, mais pragmática e preocupada com os aspectos ópticos, temporais e práticos da existência. Como o eminente filósofo budista japonês

Daisetz T. Suzuki notou em seus muitos escritos sobre a história da doutrina, a exuberância da imaginação indiana, deslumbrante em voo poético, indiferente aos aspectos do tempo, voando alto, à vontade, através de esferas e éons medidos apenas em termos de infinidades, contrasta completamente com a maneira de pensar (particularmente da China), onde o termo usual para a vastidão desse universo é "o mundo de dez mil coisas". Esse é um número suficiente para o olho e para a mente que se preocupa mais com o tempo do que com a eternidade: o tempo em sua passagem prática, e o espaço em medida terrestre, não extrapolados para além da vista. Por isso, mesmo nas artes budistas do Extremo Oriente é geralmente evidente um deslocamento de interesse da perspectiva do sexto chakra para o nível do chakra de número quatro; daquele lótus do Luar de duas pétalas, onde a divindade é contemplada despida das coisas, para o rico jardim deste belo mundo em si, onde as coisas, confortáveis em seus lugares, podem ser reconhecidas, elas mesmas, como divinas exatamente em suas idiossincrasias. Pois "até mesmo em um único fio de cabelo", conforme ouvi, "existem mil leões dourados".

Fig. 6.5 – O caminho da Natureza

Duas categorias distintas de arte podem, portanto, ser prontamente reconhecidas no Extremo Oriente. Uma é a dos ícones budistas, que se estende o mais longe possível no espírito da inspiração hinduísta visionária, reduzida, entretanto, ao nível do chakra de número quatro. A outra é mais notavelmente representada na insuperável tradição da pintura de paisagens chinesa e japonesa. Essas são obras de um espírito completamente diferente, representando uma filosofia nativa do Extremo Oriente, a filosofia do *Tao*, que é uma palavra chinesa geralmente traduzida como "o Caminho, o Caminho da Natureza". E esse Caminho da Natureza é o percurso pelo qual todas as coisas nascem das trevas para a luz, e então passam da luz de volta para as trevas. Os dois princípios – luz e trevas – mantêm-se em interação perpétua e formam combinações diversamente moduladas, constituindo todo esse mundo das "dez mil coisas".

A luz e as trevas desse sistema de pensamento se chamam, respectivamente, *yang* e *yin*, que são palavras que se referem ao lado ensolarado e ao lado que fica à sombra em um riacho. *Yang* faz parte do lado ensolarado; *yin*, do lado sombrio. Do lado ensolarado há luz, há calidez e o calor do sol é seco. Na sombra há a frieza da terra, e a terra é úmida. Escuridão, frio e umidade; luz, calor e secura: Terra e Sol em contraposição. Além disso, eles estão associados com o feminino e o masculino como princípios passivo e ativo. Não há nenhum veredito *moral* pretendido; nenhum dos dois princípios é "melhor" que o outro, nem "mais forte". São dois princípios igualmente potentes, nos quais o mundo todo é acolhido e, em sua interação, eles constituem e decompõem todas as coisas.

Ora, quando nossos olhos percorrem uma cena rural, digamos, de montanhas, cachoeiras e lagos, o que vemos são luz e escuridão: para onde quer que nossos olhos se voltem, veremos as modulações e os vários graus de luz e escuridão. Portanto, um artista com seu pincel poderia colocar preto no branco, escuro no claro para representar tal vista. E justamente esse terá sido o primeiro princípio de todo o seu treinamento: como representar, por meio do uso de luz e sombra, as formas que – em sua essência, bem como em sua aparência – fazem parte do poder da luz e da escuridão, o *yin* e o *yang*. A forma exterior, clara e escura, será concebida como uma manifestação do que está dentro. Assim, o artista, com seu pincel, está manipulando tinturas dos próprios princípios que formam a base de toda a natureza. A obra de arte, desse modo, traz à tona e torna conhecida a essência do mundo em si, sendo que essa essência é uma interação desses dois, o *yang* e o *yin*, através de um sem-número de modulações. E o deleite de contemplar essa interação é o deleite do homem que não deseja romper os muros do espetáculo do mundo, mas sim permanecer dentro dele, interpretando a si mesmo com os potenciais dessa díade universal incessantemente mutável.

Os olhos do artista na China e no Japão estão abertos para o mundo. Ele pretende retratar o bambu? Então ele deve absorver o ritmo do *yang* e do *yin* no bambu, conhecer o bambu, conviver com o bambu, observar, sintir e até comer o bambu. Na China, aprendemos aquilo que se conhece como os seis cânones, os seis princípios, da arte do pintor clássico; e esses também são verdadeiros para o Japão. O primeiro dos seis é o *ritmo*. Quando se observa o bambu, é preciso capturar a sensação do ritmo do bambu; ao observar um pássaro, os ritmos de sua vida de pássaro, seu caminhar, seu porte e seu voo. Para representar qualquer coisa, a primeira necessidade é ter conhecido e ter experimentado seu ritmo. De modo que o ritmo é o primeiro princípio do cânone, o primeiro e indispensável veículo da arte. E o segundo veículo é a *forma orgânica*. Isto quer dizer que a linha deve ser viva, contínua, consistente: ela mesma deve ser orgânica e não a mera imitação de algo vivo. Mas em sua vida ela deve carregar, é claro, o ritmo do objeto representado. O terceiro cânone é a *fidelidade à natureza*. O olho do artista não se desvia; ele se agarra à natureza – o que não quer dizer, entretanto, que o trabalho deva ser fotográfico. É ao ritmo da vida do objeto que o artista deve se manter fiel. Se a imagem é de um pássaro, o pássaro deve ser semelhante a um pássaro; se for de um pássaro empoleirado em um bambu, as duas naturezas, do pássaro e do bambu, estão igualmente ali. O quarto princípio, então, é a cor, que inclui toda a misteriosa tradição da luz e sombra, da luz e da escuridão, gerando as essências de energia e inércia. Já o quinto – e este é um princípio surpreendentemente valorizado hoje em dia na fotografia japonesa – é *o posicionamento do objeto no campo*. No Japão existe, por exemplo, um tipo de pintura conhecido como "pintura de um canto", onde algum elemento relativamente pequeno em um vasto cenário vazio (digamos, um barco de pesca no meio do nevoeiro) é posicionado de uma tal maneira em um canto da obra, de modo que sua influência afetará e trará à vida a cena inteira. E, finalmente, há a questão do estilo, a exigência de que o estilo empregado – que envolve a força, a aspereza e o requinte das pinceladas, por exemplo – deve ser apropriado ao ritmo do tema.

Fig. 6.6 – Yin-yang

VI – A inspiração da arte oriental

Contudo, é claro, para que possa experimentar o que está diante de si, o artista tem principalmente que olhar; e olhar é uma atividade não agressiva. A pessoa não diz para os seus olhos: "Vão e façam algo com aquela coisa ali fora". A pessoa olha, olha por um longo tempo, e o mundo adentra. Existe um termo chinês importante, *wu-wei*, "não fazer", cujo significado não é "fazer nada", mas sim "não forçar". As coisas se abrirão sozinhas, segundo sua natureza. E então, assim como um deus pode se mostrar ao artista indiano que está meditando, o mundo se mostra em sua forma interior ao olho do Extremo Oriente. "O *Tao* está bem perto, e ainda assim as pessoas o procuram longe", é um antigo ditado do filósofo chinês Mêncio. A ideia do universo adquirindo forma com uma espontaneidade própria; com a espontaneidade da natureza do artista; e com a espontaneidade de seu pincel, conforme ele reproduz em preto sobre o branco o *Tao* das coisas, é uma ideia completamente essencial a essa visão taoísta.

Existem duas palavras chinesas contrastantes para "lei", definidas e elucidadas no segundo volume de *Science and Civilization in China*, de Joseph Needham[44]: a palavra *li* e a palavra *tse*. Acredita-se que a palavra *li*, originalmente, referia-se às marcas naturais em um pedaço de jade, os veios do jade e, por extensão, à semente natural da vida; enquanto a segunda palavra, *tse*, parece referir-se às marcas feitas em um caldeirão com um objeto cortante, marcas feitas pelo homem e, consequentemente, refere-se às leis sociais, decretadas e elaboradas contra a lei natural; leis pensadas pela mente, que se opõem àquelas experimentadas como parte do próprio padrão da natureza. Mas a função da arte é conhecer e tornar conhecidas as leis e padrões da natureza e a maneira como a natureza se move. E para conhecê-los, o artista não pode forçar suas próprias intenções sobre a natureza. Portanto, é no trabalho sensível de coordenar sua própria concepção de natureza, seu conceito acerca da tarefa a ser feita e suas próprias disciplinas de ação, com os padrões de fato encontrados na natureza, que é alcançado o equilíbrio entre fazer e não fazer, e que resulta na obra de arte perfeita.

Além disso, esse princípio de fazer sem forçar estimula toda disciplina do Extremo Oriente que tenha a ver com ação efetiva. Na última

---

44. Joseph Needham, et al., *Science and Civilization in China*, 7 vols. Cambridge University Press, 1958-2004.

vez em que estive no Japão, os campeonatos de sumô estavam acontecendo em Tóquio, a luta daqueles sujeitos grandes e gordos – e eles certamente são grandes. Como alguém disse, eles ilustram a lei da sobrevivência do mais gordo. Durante a maior parte de cada luta, os dois permanecem em uma posição agachada, avaliando-se mutuamente. Eles assumem essa posição, mantêm-na durante algum tempo, daí se movem, andam para o lado, pegam um punhado de sal, atiram-no ao chão descuidadamente e assumem suas posições novamente. Eles repetem este ato algumas vezes e a plateia japonesa, enquanto isso, está em êxtase, gritando na expectativa por aquele momento repentino – quando, bang!, eles terão se agarrado e um dos dois já estará caído no tatame. A luta estará terminada. Então o que eles estavam fazendo durante todos aqueles rounds quando simplesmente assumiam uma postura preparatória? Estavam ambos avaliando um ao outro e encontrando o centro naquele ponto de repouso em si mesmos, a partir do qual brota toda ação, cada um em equilíbrio em relação ao outro, em um tipo de correlação *yin-yang*; e o que for pego fora do centro é o que será derrubado.

Me contaram que, antigamente, um jovem que desejasse aprender esgrima no Japão seria deixado pelo seu mestre praticamente sem supervisão por um tempo, fazendo pequenos serviços na escola, lavando louça e assim por diante; e de vez em quando o próprio mestre chegaria de repente e lhe daria uma pancada com um bastão. Após uma temporada desse tipo de coisa, a vítima começava a ficar preparada. Mas isso não lhe era útil, pois uma vez pronto para o baque que lhe era desferido, digamos, lá de cima, o próximo viria, digamos de trás; e, em seguida, de lugar algum. Até que o perplexo jovem chegava à conclusão de que seria melhor não se preparar para nenhuma direção específica, pois se a pessoa presume que sabe onde o perigo pode estar à espreita, estará atento na direção errada. A única proteção, então, é estar em um estado de centralização perpétuo em uma atitude de alerta não direcionada, sempre pronto para um ataque súbito e uma resposta imediata.

Há um episódio divertido sobre um mestre que contou aos jovens de sua escola que se curvaria diante de qualquer pessoa que, de qualquer maneira que fosse, pudesse apanhá-lo de surpresa. Os dias se passaram e o mestre nunca era pego. Ele nunca baixava a guarda. Certo dia,

VI – A inspiração da arte oriental

quando havia retornado de uma tarde no jardim, pediu um pouco de água para lavar os pés e ela lhe foi trazida por uma criança de dez anos. Como a água estava fria, ele pediu ao rapazinho que a amornasse. O pequeno retornou com ela *quente* e o mestre, sem pensar, mergulhou seus pés, recolhendo-os bruscamente, enquanto se curvava em profunda reverência diante do menino mais novo da escola.

O pecado da inadvertência – não estar alerta, não estar totalmente desperto – é o pecado de perder o momento da vida; ao passo que toda a arte da não ação é que a ação (*wu-wei*) é um estado de alerta contínuo. A pessoa está, então, totalmente consciente o tempo inteiro, e uma vez que a vida é uma expressão da consciência, ela é então vivida, por assim dizer, por si mesma. Não há necessidade alguma de instruí-la ou direcioná-la. Ela se move por si mesma. Vive por si mesma. Fala e age por si mesma.

Então é assim que, por toda parte no mundo oriental, na Índia, bem como na China e no Japão, o ideal da arte nunca foi – do modo como tem acontecido conosco em grande medida, nos últimos anos – o de uma atividade separada da vida, confinada aos ateliês de escultura e pintura, aos salões e palcos de dança, música ou teatro. A arte no antigo Oriente era a arte da vida. Nas palavras do falecido Dr. A. K. Coomaraswamy, que durante uns trinta anos foi curador do Boston Museum of Fine Arts, "o artista, no mundo antigo, não era um tipo especial de homem, mas sim todo homem um tipo especial de artista". Em qualquer vivência ou trabalho, como em todos os ofícios, a meta mais importante deve ser a perfeição do trabalho – o que é o exato oposto (não é?) do ideal sindical contemporâneo de "quanto se deve pagar" a alguém e "quão poucas horas deverão ser trabalhadas". "O trabalhador adulto deveria se envergonhar", escreveu o Dr. Coomaraswamy em uma de suas discussões sobre este assunto, "se qualquer coisa que ele faça fique aquém do padrão de obra-prima".[45] E minha própria impressão enquanto estudei durante anos as obras de arte dos antigos – sejam do Egito e da Mesopotâmia, da Grécia ou do grande Oriente – é que os artesãos daquelas produções incríveis devem ter sido elfos ou anjos; certamente, em qualquer caso, não são como

---

45. Ananda K. Coomeraswamy, *Christian and Oriental Philosophy of Art* (North Chelmford, Massachussets: Courier Dover Publications, 1956, 2011), p. 99.

somos hoje. Contudo, também penso que, mesmo que pudéssemos adquirir hoje a perícia de manter a consciência sem nos distrairmos entre as pausas do café, também descobriríamos que possuímos habilidades, talentos e poderes angélicos.

Mas, como já afirmei, enquanto a mente e a arte indianas tendem a se elevar na imaginação para fora deste mundo de dez mil coisas, as artes chinesas e os artistas do *Tao* preferem permanecer com a natureza, em harmonia com o seu assombro. E, como os textos antigos nos contam dos antigos sábios taoístas chineses, eles também eram amantes das montanhas e das cachoeiras. São geralmente descritos como pessoas que abandonaram as cidades para morar sozinhos em áreas selvagens, vivendo em harmonia com a natureza. Entretanto, no Japão isto não pode ser feito. Pois existem tantas pessoas em todo lugar que você simplesmente não consegue estar sozinho com a natureza – pelo menos não por muito tempo. Suba ao topo de um pico inacessível e descobrirá que um alegre grupo já chegou lá em cima para fazer um piquenique antes de você. Não há como escapar da humanidade, da sociedade. Portanto, é por isso que, embora os ideogramas japonês e chinês para o conceito "liberdade" (japonês: *jiyu*; chinês: *tzu-yu*) tenham exatamente a mesma forma, o chinês significa liberação do vínculo humano, mas o japonês significa conformidade com o mesmo através de devoção voluntária a atividades seculares[46]: de um lado, liberdade *fora* da sociedade, sob o grande domo dos céus, no enevoado topo da montanha, colhendo cogumelos ("Ninguém sabe onde eu estou!"); e de outro, liberdade *dentro* dos inegáveis laços do mundo como o conhecemos, dentro da ordem social na qual, e para cujos fins, a pessoa foi criada. Permanecendo dentro daquele campo, a pessoa ainda assim experimenta e alcança a "liberdade" ao trazer para ele o completo consentimento e a força de sua boa vontade, pois, afinal de contas, a vida que encontramos no topo da montanha também vive dentro do coração do homem quando este está na sociedade.

Existe um termo curioso em japonês, extremamente interessante, que se refere a um tipo muito especial de discurso aristocrático e polido, conhecido como "linguagem de brincar": *asobase kotoba*. Por meio

---

46. Hajime Nakamura, "The Vitality of Religion in Asia", in *Cultural Freedom in Asia: Proceedings of a Conference Held at Rangoon, Burma, Feb. 17-20, 1955, Convened by the Congress for Cultural Freedom* (Rutland, Vt.: Charles E. Tuttle, 1956), p. 56.

VI – A inspiração da arte oriental

dessa linguagem, ao invés de dizer a uma pessoa, por exemplo, "Vejo que você veio para Tóquio", tal observação é expressa com a frase: "Vejo que você está brincando de estar em Tóquio". A ideia é que a pessoa a quem nos dirigimos está de tal modo no controle de sua vida que, para ela, tudo é uma brincadeira, um jogo. Ela consegue entrar na vida como se entra em um jogo, livremente e com facilidade. E essa ideia vai tão longe que, ao invés de dizer para alguém: "soube que seu pai morreu", você diria "ouvi dizer que seu pai brincou de morrer".[47] É preciso admitir que essa é uma maneira nobre, verdadeiramente gloriosa, de abordar a vida. O que *tem* de ser feito é realizado com tal vontade e foco que, em sua execução, a pessoa está de fato "brincando". Essa é a atitude designada por Nietzsche como *Amor fati*, o amor de alguém pelo seu destino. Isso é aquilo a que o antigo romano Sêneca se referia em seu ditado frequentemente citado: *Ducunt volentem fata, nolentem trahunt*: "As Parcas[48] conduzem aqueles que querem ser conduzidos; os que não querem, elas arrastam".[49] Você está *à altura* do destino que lhe foi dado? Este é o desafio da pergunta aflita de Hamlet. A natureza definitiva da experiência da vida é que a labuta e o prazer, a tristeza e a alegria, estão inseparavelmente misturadas nela. A própria vontade de viver que trouxe a pessoa à luz era uma vontade de vir, mesmo através da dor, a este mundo; caso contrário, nem teria chegado aqui. E *esta* é a noção subjacente à ideia oriental de reencarnação. Uma vez que você nasceu neste mundo, nesta época, neste lugar e com este destino em particular, era isto de fato o que você queria e precisava para a sua própria iluminação suprema. Isso foi portanto uma coisa grande e maravilhosa que você fez acontecer: não o "você", é claro, que você supõe que seja você agora, mas o "você" que já estava aí antes que você nascesse e que, mesmo agora, mantém seu coração batendo e seus pulmões respirando e que faz por você todas aquelas coisas complicadas aí dentro que são a sua vida. Não é para você perder a coragem agora! Siga em frente e jogue o seu próprio jogo no caminho!

---

47. J. Huizinga, Homo Ludens: *A Study of the Play-Element in Culture* (London: Routledge and Kegan Paul, 1949, 2008), p. 34-35.
48. Três divindades irmãs da mitologia grega, que controlam o destino dos seres humanos e determinam o curso de suas vidas. [N.Ts.]
49. Tradução de Campbell de Sêneca, *Epístola* 107, 11.

E, é claro, como todo mundo que já participou de jogos sabe, os mais divertidos – tanto de perder quanto de ganhar – são os mais difíceis, com as tarefas mais complicadas e até mesmo mais perigosas de executar. E é por isso que os artistas geralmente não estão satisfeitos, seja no Oriente ou no Ocidente, em fazer meramente coisas simples – e muita coisa que para o resto de nós seria difícil, logo se torna simples para um artista. O artista busca o desafio, a coisa que é difícil de fazer; pois esta abordagem básica para a vida não é do trabalho, mas sim da brincadeira.

Tal atitude em relação à arte, como um aspecto do jogo da vida e da própria vida como a arte de um jogo, é uma abordagem maravilhosamente alegre e revigorante de diversificada benção da existência, uma "faca de dois gumes"[50] – em contraste com a de nosso Ocidente cristão, baseada em uma mitologia de culpa universal. Houve aquela Queda, lá atrás, no Jardim, e todos nós somos pecadores congênitos desde então. Todo ato da natureza é um ato de pecado, acompanhado por um conhecimento de sua culpa. Ao passo que, no Oriente, existe a ideia da inocência inerente à natureza, mesmo naquilo que pode parecer, aos nossos olhos e sentimentos humanos, uma crueldade. O mundo, como dizem na Índia, é o "jogo" de Deus. É uma brincadeira maravilhosa, imprudente: uma brincadeira dura, a mais dura de todas, a mais bruta, mais perigosa e mais difícil, sem qualquer proibição de golpes baixos. Frequentemente, parece que são os melhores que perdem e os piores que vencem. Mas afinal, vencer não é o objetivo; pois, como já aprendemos ao passar pelo caminho "rico em prazer" da *kundalini*, ganhar e perder, no sentido usual, são experiências que dizem respeito apenas aos *chakras* mais baixos. O objetivo da serpente ascendente é esclarecer e aumentar a luz da consciência interior, e o primeiro passo para obter essa dádiva – conforme lemos no *Bhagavad Gita*, bem como em muitos outros textos de sabedoria – é abandonar absolutamente todas as preocupações com os frutos da ação, seja neste mundo ou no próximo. Como o Senhor Krishna disse ao príncipe guerreiro Arjuna no campo de batalha: "Você tem direito apenas ao trabalho, jamais aos

---

50. A expressão idiomática utilizada aqui pelo autor (*mixed blessing*), cuja tradução literal seria "benção mista", tem sentido equivalente à expressão "faca de dois gumes" em português. [N.Ts.]

VI – A inspiração da arte oriental

seus frutos [...] aquele que sabe que o caminho da renúncia e o caminho da ação são um só, este sim tem conhecimento de verdade".[51]

A *vida* como arte e a arte como um jogo – uma ação pela ação, sem pensamento de ganho ou perda, elogio ou culpa – são a chave para tornar o próprio ato de viver um yoga, e tornar a arte o meio para alcançar uma vida assim.

Há uma historinha budista que talvez sirva para esclarecer essa mensagem de uma vez por todas com uma imagem divertida. É sobre um jovem acadêmico chinês, Chu, que foi com um amigo dar um passeio nas montanhas. Ali, encontraram por acaso as ruínas de um templo onde, entre as paredes rachadas, um velho monge estabelecera seu eremitério. Vendo os dois chegarem, o velho sujeito, arrumando seu manto, veio titubeando para mostrar-lhes o lugar. Havia algumas estátuas dos imortais bem como – aqui e ali no que restara dos muros – uma quantidade de pinturas realistas de pessoas, animais e cenas floridas. Tanto Chu quanto seu amigo estavam encantados e, em particular, quando no alto de um dos muros notaram a visão de uma bonita cidadezinha com uma jovem adorável de pé em primeiro plano, segurando flores nas mãos. Seus cabelos estavam soltos, o que significava que era solteira e, assim que Chu a viu, perdeu-se de amores por completo. Sua imaginação o prendia ao sorriso encantador nos lábios dela quando, antes que ele se desse conta – pelo poder do astucioso velho monge, que pensou em lhe ensinar uma lição – estava ele mesmo lá naquela rua da cidadezinha, e ali também estava aquela adorável garota.

Ela o cumprimentou alegremente e o conduziu à sua casa. E eles imediatamente se envolveram em um caso de amor passional que seguiu por vários dias. Os amigos dela, descobrindo-os vivendo juntos daquela maneira, riram e provocaram, dizendo: "Oh, oh! E seu cabelo ainda está solto?". Trouxeram grampos de cabelo esmaltados, e quando o cabelo dela tinha sido lindamente preso, o pobre Chu ficou mais apaixonado do que nunca. Entretanto, chegou um dia em que se ouviu na rua um barulho muito assustador de vozes, correntes chacoalhando e pesadas botas marchando, o que os trouxe à janela, e eles viram uma companhia do exército imperial vindo para patrulhar estrangeiros não registrados. Apavorada, a garota disse a Chu que se escondesse, o que

---

51. *Bhagavad Gītā* 2:47, 5:5.

ele fez, indo para debaixo da cama. Mas daí, ao ouvir uma comoção ainda maior lá fora, ele saiu apressadamente do esconderijo e, correndo até a janela para olhar, sentiu suas mangas vibrando subitamente e descobriu que tinha passado para fora da pintura e estava descendo pelo ar até seu amigo e o velho monge lá embaixo. Os dois estavam de pé onde os três haviam estado há apenas alguns breves momentos; e quando Chu, ao descer, juntou-se a eles, tanto ele quanto seu amigo estavam pasmos. Voltaram-se para o monge esperando uma explicação.

"Visões nascem e morrem naqueles que as contemplam", disse ele, com simplicidade. "O que pode dizer um velho monge?" Ele ergueu os olhos para a pintura e os dois ergueram os seus. E sabem o que mais? Os cabelos da moça estavam presos.[52]

---

52. de Liao Chai *Stories of P'u Sung-ling*, traduzido por Rose Quong, in *Chinese Ghost and Love Stories*, (New York: Pantheon Books, 1946), p. 305 e ss.

VII – Zen

Fig. 7.1 – Templo e jardim Nanzenji
[1969][53]

Na Índia duas figuras engraçadas são usadas para caracterizar os dois principais tipos de atitude religiosa. Uma delas é o "caminho do gatinho"; a outra é o "caminho do macaco". Quando um filhote de gato faz "miau", sua mãe, vindo até ele, pega-o pelo pescoço e o carrega até um lugar seguro; mas, como qualquer um que tenha viajado pela Índia terá observado, quando um grupo de macacos desce de uma árvore correndo e atravessa a estrada, filhotes que vão nas costas de suas mães se seguram sozinhos. Portanto, em relação às duas atitudes: a primeira é a da pessoa que reza "Ó Senhor, ó Senhor, venha me salvar!", e a segunda é a daquele que, sem tais orações ou clamores, trata de trabalhar em si mesmo. No Japão, as mesmas duas atitudes são conhecidas

---

53. Extraído de uma palestra de 1969 intitulada *Budismo Zen* (L246).

como *tariki*, "força externa" ou "poder que vem de fora", e *jiriki*, "força interna", "esforço ou poder que vem de dentro". E no budismo desse país essas abordagens radicalmente contrastantes para a obtenção da iluminação são representadas, portanto, em dois tipos aparentemente contrários de vida e pensamento religioso.

O primeiro e mais popular desses dois é o das seitas Jodo e Shinshu, onde um Buda transcendental, completamente mítico, conhecido em sânscrito como Amitabha, "Esplendor Ilimitável" – e também, Amitayus, "Vida Sem Fim" – e, em japonês, como Amida, é invocado para conceder libertação do renascimento – como Cristo é invocado, no culto cristão, para conceder a redenção. Por outro lado, *Jiriki*, o caminho da autoajuda, do fazer-próprio, que nem implora nem espera pela ajuda de qualquer divindade ou do Buda, mas trabalha por conta própria para alcançar o que deve ser alcançado, é representado predominantemente no Japão pelo Zen.

Existe uma fábula na Índia sobre o deus Vishnu, sustentáculo do universo, que um dia convocou Garuda, seu veículo aéreo, o pássaro solar de penas douradas; e quando sua esposa, a deusa Lakshmi, perguntou o porquê, ele respondeu que acabara de notar que um de seus adoradores estava em apuros. No entanto, mal acabou de levantar voo e já estava de volta, descendo do veículo, quando a deusa perguntou novamente qual era o motivo do retorno, e ele respondeu que encontrara seu devoto cuidando de si mesmo.

Mas, o caminho do *jiriki*, como é descrito na seita budista Mahayana, conhecida no Japão como Zen, é uma forma de religião (se é que se pode chamar assim) sem dependência alguma com relação a Deus ou aos deuses. Não há ideia alguma de divindade suprema, nem mesmo de Buda – de fato, nenhuma referência sobrenatural. Ele foi descrito como:

> uma transmissão especial fora das escrituras;
> que não depende de palavras ou letras;
> um apontar diretamente para o coração do homem;
> enxergar dentro da própria natureza; e,
> assim, obter o estado búdico.

VII – Zen

A própria palavra *zen* é uma pronúncia errada japonesa da palavra chinesa *ch'an*, a qual, por sua vez, é uma pronúncia errada chinesa do sânscrito *dhyana*, que significa "contemplação, meditação". Contemplação, entretanto, de quê?

Vamos nos imaginar, por um momento, no salão de conferências onde originalmente apresentei o material para este capítulo. Acima, vemos muitas luzes. Cada lâmpada está separada das outras e podemos pensar nelas, consequentemente, como separadas umas das outras. Visto desse modo, existem muitos fatos empíricos; e o universo inteiro, assim contemplado, é chamado em japonês de *ji hokkai*, "o universo das coisas".

Mas agora vamos pensar mais à frente. Cada uma daquelas lâmpadas separadas é um veículo de luz, e a luz não é múltipla, mas uma só. Essa única luz está sendo exibida através de todas aquelas lâmpadas; e podemos pensar, portanto, ou nas muitas lâmpadas ou na única luz. Além disso, se esta ou aquela lâmpada se apagasse, seria substituída por outra e novamente teríamos a mesma luz. A luz, que é um só aparece assim através de muitas lâmpadas.

De modo análogo, eu estaria olhando daqui do tablado do palestrante, enxergando diante de mim todas as pessoas da plateia e, assim como cada lâmpada vista no alto é um veículo de luz, também cada um de nós aí embaixo é um veículo de consciência. Mas o importante a respeito de uma lâmpada é a qualidade da sua luz. De modo semelhante, o importante a respeito de cada um de nós é a qualidade de sua consciência. E, embora cada um possa tender a identificar-se principalmente com seu corpo separado e suas fragilidades, também é possível que alguém considere seu corpo como um mero veículo de consciência, e que pense na consciência como a única presença aqui, manifestada através de todos nós. Essas são só duas formas de interpretar e experimentar o mesmo conjunto de fatos presentes. Uma forma não é mais verdadeira do que a outra. São apenas duas formas de interpretar e experimentar: a primeira, em termos das várias coisas separadas; a segunda, em termos da única coisa que se torna evidente através destas muitas. E assim como em japonês a primeira forma é conhecida como *ji hokkai*, a segunda forma é conhecida como *ri hokkai*, o universo absoluto.

Contudo, a consciência de *ji hokkai* não tem como evitar ser discriminatória e, experimentando a si mesmo dessa forma, o indivíduo está restrito como a luz de uma lâmpada neste frágil corpo de vidro presente; ao passo que na consciência de *ri hokkai* não existe qualquer limitação desse tipo. Assim, o objetivo principal de todo ensinamento místico oriental pode ser descrito como algo que nos permita mudar nosso foco de autoidentificação: desta lâmpada para a sua luz; desta pessoa mortal para a consciência de que nossos corpos não passam de veículos. Esse, de fato, é o sentido principal do famoso ditado do *Chandogya Upanishad* indiano: *tat tvam asi*, "Tu és Aquilo", "Vocês mesmos são aquele solo universal indiferenciado de todo ser, toda consciência e toda bem-aventurança".

Não se trata, contudo, daquele "você" com o qual a pessoa normalmente se identifica: o "você" que foi nomeado, numerado e computadorizado para o coletor de impostos. Aquele *não* é o "você" que é Aquilo, mas sim a condição que torna você uma lâmpada separada.

Porém, não é fácil para uma pessoa mudar a ênfase do seu senso de existir do corpo para a consciência, e daí, dessa consciência para a consciência como um todo.

Quando eu estava na Índia conheci e conversei brevemente com o virtuoso sábio Shri Atmananda Guru de Trivandrum; e a pergunta que ele me deu para ponderar foi essa: *Onde você está entre dois pensamentos?* No *Kena Upanishad* se diz que: "Ali o olho não vai, a fala não vai, nem a mente [...] Alheio está ao que é conhecido. E, aliás, acima do desconhecido". Pois ao voltar do lugar entre dois pensamentos, a pessoa descobriria que todas as palavras – as quais, é claro, só podem dizer respeito a pensamentos e coisas, nomes e formas – só enganam. Como se declara novamente no Upanishad: "Não sabemos, não entendemos como Isso deveria ser ensinado".

Na verdade, como penso que todos devem certamente ter descoberto em sua vida, é de fato impossível comunicar através da fala qualquer experiência, seja qual for, a menos que dialoguemos com alguém que tenha, ele mesmo, desfrutado de uma experiência própria equivalente. Tente explicar, por exemplo, a experiência de descer a encosta de uma montanha esquiando para uma pessoa que nunca tenha visto neve. Mais do que isso, pensamentos e definições podem anular as experiências próprias de alguém antes mesmo que estas tenham sido assimiladas, como, por exemplo, ao perguntar: "Isto que estou sentindo pode ser amor?" "Isto é permitido?" "Isto é conveniente?". Em última análise, tais questões talvez devam ser feitas, mas persiste o fato – ai de mim! – de que, no momento em que elas surgem, a espontaneidade diminui. A vida definida está atrelada ao passado, não mais se derrama adiante, em direção ao futuro. E, previsivelmente, qualquer um que esteja continuamente tecendo sua vida em contextos de intenção, importância e esclarecimentos de significado, irá, por fim, descobrir que perdeu a sensação de experimentar a vida.

Por conseguinte, o primeiro e principal objetivo do Zen é romper a rede de nossos conceitos – motivo pelo qual foi definido por alguns como uma filosofia de "nenhuma mente". Várias escolas ocidentais de terapia psicológica defendem que o que todos nós mais precisamos e estamos buscando é um sentido para as nossas vidas. Para alguns, isto pode ser uma ajuda; mas tudo isto só ajuda o intelecto, e quando o intelecto se põe a trabalhar na vida com seus nomes e categorias, reconhecimentos de relações e definições de significado, o que é mais íntimo perde-se prontamente. O Zen, por outro lado, defende que a compreensão da vida e o sentido da vida antecedem ao significado. A ideia é deixar a vida vir ao invés de nomeá-la. Ela irá, então, empurrá-lo de volta para onde você habita – onde você é, e não onde você é nomeado.

Existe uma história favorita entre os mestres Zen, sobre a pregação de Buda: ele simplesmente ergueu uma única flor de lótus e aquele singelo gesto foi o seu sermão. Apenas um membro de sua plateia, contudo, captou a mensagem, um monge chamado Mahakasyapa, que é considerado agora o fundador da seita Zen. E o Buda, ao notar isto, virou-se para ele e acenou com a cabeça num gesto de concordância, e daí proferiu um sermão verbal para o resto: um sermão para aqueles que necessitavam de significado, ainda presos na rede de ideias; porém apontando para o além, para escapar da rede em direção ao caminho que alguns deles, um dia ou outro, poderiam encontrar.

O próprio Buda, de acordo com esta lenda, rompera a rede somente depois de anos de busca e austeridade, quando chegou finalmente à Árvore-Bodhi, à chamada árvore da iluminação no meio do universo – aquele centro de seu próprio silêncio mais profundo, o qual T. S. Eliot, em seu poema *Burnt Norton*, chamou de "ponto imóvel do mundo que gira". Nas palavras do poeta:

Posso apenas dizer, ali estivemos: mas não tenho como dizer onde. E não posso dizer por quanto tempo, pois isto significaria situá-lo no tempo.

Ali, naquela árvore, o deus cujo nome é Desejo e Morte, por cujo poder se mantém o mundo girando, aproximou-se do Abençoado para destroná-lo; e presumindo que seu aspecto agradável, belo de se contemplar, fosse o incitador do desejo, exibiu diante do Abençoado suas três filhas extremamente belas, Anseio, Satisfação e Mágoa; de modo que, se aquele que estava sentado ali imóvel tivesse pensado, "Eu", certamente teria também pensado "Elas", e se sentido mexido. Entretanto, uma vez que ele tinha perdido todo o senso do *ji hokkai*, das coisas separadas umas das outras, permaneceu imóvel e a primeira tentação falhou.

Imediatamente, o Senhor do Desejo se transformou no Rei da Morte e atirou no Abençoado toda a força de seu terrível exército. Mas, novamente, não havia nem um "Eu", nem um "Eles", no lugar onde o Abençoado sentava imóvel, e a segunda tentação também falhou.

Finalmente, assumindo a forma do Senhor do Dharma, o Dever, o antagonista desafiou o direito do Abençoado de se sentar imóvel naquele ponto de repouso do mundo giratório, quando os deveres de sua casta exigiam que ele, como um príncipe, governasse os homens desde seu palácio. Ao que o príncipe, em resposta, simplesmente mudou a posição de sua mão direita, deixando que seus dedos repousassem sobre o joelho tocando o solo na assim chamada "postura de tocar a terra"; e em resposta a isso, a própria deusa Terra, que é a Mãe Natureza, anterior à sociedade e cujos direitos também a antecedem, se pronunciou e, com um som de trovão, fez saber que aquele que ali estava sentado dera tanto de si ao mundo, através de inúmeras vidas, que ali não havia ninguém.

Fig. 7.2 – Postura de tocar a terra

VII – Zen

O elefante no qual o Senhor do Desejo, da Morte e do Dever estava montado curvou-se em reverência ao Abençoado, e o exército e o próprio deus desapareceram. Portanto, o que estava embaixo da árvore alcançou naquela noite todo o conhecimento do que estou falando aqui – de si mesmo como não sendo "eu" algum, mas sim idêntico ao *ri hokkai*, transcendente de todos os nomes e formas, onde (como novamente lemos no *Kena Upanishad*) "as palavras não alcançam".

E, quando ele ultrapassou a rede das coisas separadas, dentro da qual o sentimento e o pensamento estão presos, o Buda ficou tão abalado pela alucinante pura luz que permaneceu sete dias sentado exatamente como estava, em uma atenção absoluta; daí levantou-se e, mantendo-se a sete passos do lugar onde estivera sentado, permaneceu olhando fixamente para o lugar da sua iluminação por mais sete dias. Sete dias se passaram de novo e ele caminhou de um lado para o outro entre o lugar onde ficara de pé e onde estivera sentado; depois se sentou por sete dias debaixo de uma segunda árvore, considerando a irrelevância do que acabara de experimentar para a rede mundial à qual estava retornando. Durante mais sete dias debaixo de uma outra árvore, ele meditou sobre a doçura da libertação; daí moveu-se para uma quarta árvore, onde uma tempestade de prodigiosa força se ergueu e passou por cima e ao redor dele, por sete dias. A serpente do mundo, ascendendo de seu posto sob a árvore cósmica, gentilmente se enrolou em volta do Abençoado, abrindo seu grande capuz de serpente acima da cabeça dele, protegendo-o como um escudo. A tempestade arrefeceu; a serpente cósmica se retirou, e, por sete dias, tranquilo sob uma quinta árvore, o Buda, ao refletir, pensou: "Isto não pode ser ensinado".

Pois, realmente, a iluminação não pode ser comunicada.

Ainda assim, tão logo o Buda concebeu esse pensamento, os deuses do mais alto céu – Brahma, Indra e seus anjos – desceram até o Abençoado para lhe implorar, pelo bem da humanidade, dos deuses e de todos os seres, que ensinasse. E ele consentiu. E por quarenta e nove anos dali em diante o Buda ensinou neste mundo. Mas ele não ensinou a iluminação, e nem poderia fazê-lo. O budismo, portanto, é apenas um Caminho. É chamado de veículo (*yāna*) para a margem distante, transportando-nos desta margem do *ji hokkai* (a experiência da separação das coisas, das muitas lâmpadas, das luzes separadas) para aquela, distante, do *ri hokkai*, além dos conceitos e da rede de pensamento, onde o conhecimento de um Silêncio além dos silêncios se torna real na explosão de uma experiência.

Então, como o Buda ensinou?

Ele saiu pelo mundo como se fosse um médico diagnosticando uma doença, prescrevendo para o seu paciente uma cura. Primeiro ele perguntou: "Quais são os sintomas da doença do mundo?". E sua resposta foi: "Sofrimento!". Primeira Nobre Verdade: "Toda vida tem sofrimento".

Nós ouvimos? Nós entendemos? "Toda vida tem sofrimento." A palavra importante aqui é "toda", que não pode ser traduzida como se significasse vida "moderna", ou (como ouvi recentemente) "vida sob o capitalismo", sugerindo que, se a ordem social fosse alterada, as pessoas poderiam ser felizes. A revolução não é o que o Buda ensinou. Sua Primeira Nobre Verdade é que a vida – toda vida – é cheia de sofrimento. E sua cura, portanto, teria que ser capaz de produzir alívio, não importam as circunstâncias sociais, econômicas ou geográficas do doente.

A segunda pergunta do Buda foi: "Uma cura total assim pode ser alcançada?"; e sua resposta: "Sim!". A Segunda Nobre Verdade: "Existe libertação do sofrimento".

Isto não significa libertar-se da vida (renúncia à vida, suicídio ou qualquer coisa do tipo), uma vez que isso dificilmente teria sido um retorno do paciente à saúde. O budismo é ensinado erroneamente quando interpretado como uma libertação da vida. A pergunta do Buda era sobre libertação não da vida, mas do sofrimento.

Então, qual seria a natureza desse estado de saúde que ele não apenas visualizou, mas já tinha, ele mesmo, alcançado? Isso nós aprendemos a partir de sua Terceira Nobre Verdade: "A libertação do sofrimento é o Nirvana".[54]

O significado literal desse substantivo em sânscrito, *nirvāṇa*, é "extinção do sopro"; e sua referência no sentido pretendido pelo Buda é o de uma extinção do egoísmo. Com isso, terá sido extinto também o desejo do ego pelo prazer, seu medo da morte e o senso dos deveres impostos pela sociedade. Para a libertação, a pessoa é movida a partir de dentro, não por uma autoridade externa: e essa motivação a partir

---

54. *Dharmachakra Pravartana Sūtra*, tradicionalmente visto como o primeiro ensinamento do Buda depois de alcançar o nirvana.

de dentro não vem de um senso de dever, mas parte de uma compaixão por todos os seres que sofrem. Sem ter morrido e sem ter desistido do mundo, mas com o conhecimento e a plena experiência do *ri hokkai*, o iluminado se move no *ji hokkai*, onde Gautama, depois de sua iluminação, ensinou até a avançada idade de 82 anos.

E o que foi que ele ensinou? O que ele ensinou foi o *Caminho* para se libertar do sofrimento, o Caminho Óctuplo, como ele definiu sua doutrina da Reta Visão, Reta Aspiração, Reta Palavra, Reta Conduta, Reto Meio de Subsistência, Reto Esforço, Reta Consciência e Reta Concentração.[55]

Mas, se quiséssemos saber o que o Buda queria dizer exatamente com o termo "reto" (em sânscrito, *samyak*, "apropriado, íntegro, completo, correto, adequado, verdadeiro"), descobriríamos, a partir das variadas respostas das autoridades, que as interpretações dos ensinamentos do Buda produzidas pelas várias escolas de seus seguidores nem sempre concordam.

Os primeiros discípulos de Gautama o seguiram literalmente em seu modo de vida, desistindo do mundo secular como monges, entrando na floresta ou ingressando em monastérios para se dedicar a disciplinas ascéticas. Seu caminho era o caminho do *jiriki*, "esforço próprio", abandonando o mundo e, graças a um grande esforço espiritual, aniquilando o desejo pelos seus bens, o medo da morte e da privação, todo senso de obrigação social e, acima de tudo, todo pensamento de "eu" e "meu". O próprio Buda, em sua vida, parecia ter representado esse caminho negativo; e a vida monástica permaneceu até hoje uma força dominante em todo o mundo budista.

Entretanto, cerca de 500 anos depois da vida e morte do Buda (cujas datas agora são dadas geralmente por volta de 563-483 a.C.) – ou seja, bem na época da inauguração da era cristã no Ocidente – apareceu nos centros budistas do Norte da Índia uma nova tendência na interpretação da doutrina. Os protagonistas dessa visão posterior eram seguidores tardios do Mestre que haviam, eles mesmos, alcançado a iluminação e conseguiam apreciar implicações da doutrina que tinham passado despercebidas pelos primeiros discípulos. Eles descobriram que a pessoa não tinha que abandonar o mundo como um monge ou

---

55. *Samyutta-nikāya* 12.65 (Nagara Sutta).

uma monja para ganhar a dádiva da iluminação. Ela podia continuar na vida, na execução altruísta de tarefas seculares e alcançar a meta de maneira não menos segura.

Com essa portentosa percepção, foi introduzido no centro do pensamento e do imaginário budistas um novo ideal e uma nova imagem de realização: não um monge com a cabeça raspada em um retiro a salvo das labutas e do tumulto da sociedade, mas sim uma figura régia, revestida de aparência majestosa, usando uma coroa coberta de joias e portando na mão uma flor de lótus que simboliza o próprio mundo. Dirigindo-se ao mundo de nossa vida comum, essa figura é conhecida como Bodhisattva. Ela é alguém cujo "ser" (*sattva*) é "iluminação" (*bodhi*), pois assim como a palavra *buddha* significa "desperto", então *bodhi* é "despertando, o despertar". E o mais conhecido, mais amplamente celebrado, é o belo santo de muitas lendas maravilhosas, conhecido em sânscrito como Avalokiteshvara. Geralmente entende-se que o nome signifique "O Senhor que observa o mundo com misericórdia". A figura aparece na arte indiana sempre na forma masculina; no Extremo Oriente, entretanto, aparece como a deusa chinesa da misericórdia, Kuan-yin (em japonês: Kwannon); pois tal ser transcende os limites de gênero, e a personalidade feminina certamente é mais eloquente em sua misericórdia do que a masculina.

Fig. 7.3 – Kuan-yin

A lenda desse Bodhisattva conta que, quando ele estava prestes a alcançar a completa libertação do vórtice de renascimentos que é o nosso mundo, ouviu as pedras, as árvores e toda a criação se lamentando; e quando ele perguntou o significado daqueles sons, lhe contaram que sua própria presença aqui dera a todos uma compreensão da imanência do êxtase nirvânico, e que, quando ele deixasse o mundo, seria perdido. Em sua compaixão abnegada, sem limites, ele renunciou à libertação pela qual se esforçara através de inúmeras vidas, de modo que, continuando neste mundo, pudesse servir por todos os tempos como um mestre e auxílio para todos os seres. Ele aparece entre mercadores como um mercador, entre príncipes como um príncipe; mesmo entre insetos aparece como um inseto. E ele está encarnado em todos nós sempre que estamos conversando uns com os outros, instruindo ou misericordiosamente ajudando.

Existe uma encantadora lenda chinesa sobre o infinito poder salvífico deste verdadeiramente maravilhoso Bodhisattva, que fala de um povo muito simples que habitava uma aldeia na remota nascente do Rio Amarelo. Eles nunca tinham ouvido falar de religião e se interessavam apenas por arcos e flechas e cavalos velozes. Certa manhã bem cedo, entretanto, uma jovem surpreendentemente bela apareceu na rua de sua aldeia carregando uma cesta forrada com folhas verdes de salgueiro frescas e cheia de peixes de escamas douradas do córrego. Suas mercadorias, que ela anunciava, foram imediatamente vendidas e, quando tinham acabado, ela desapareceu. Na manhã seguinte a jovem voltou; e assim continuou por alguns dias. Os rapazes da aldeia, é claro, perceberam sua presença, e começando a procurar por ela, detiveram-na uma manhã e imploraram que se casasse.

"Ó honrados cavalheiros", respondeu ela, "certamente desejo me casar. Mas sou apenas uma mulher: não posso me casar com todos vocês. Assim, se qualquer um de vocês puder recitar de memória o Sutra de Kuan Yin, esse é o que escolherei".

Eles nunca tinham ouvido falar de tal coisa, mas naquela noite puseram-se a trabalhar; e na manhã seguinte, quando a jovem apareceu, havia trinta homens apresentando sua reivindicação. "Ó honrados cavalheiros, sou apenas uma mulher", respondeu ela novamente. "Se qualquer um de vocês puder explicar o Sutra, este é aquele a quem desposarei." Na manhã seguinte, havia dez homens. "Se qualquer um de vocês puder em três dias *compreender* o significado do Sutra, esse é aquele com quem me casarei, com certeza", prometeu ela. E quando ela chegou na terceira manhã depois disso, não havia senão um homem de pé ali para cumprimentá-la. O nome dele era Mero. Quando o viu, a bela jovem sorriu.

"Percebo", disse ela, "que você de fato compreendeu o significado do abençoado Sutra da Compassiva Kuan-yin, e alegremente o aceito como meu marido. Minha casa você a encontrará esta noite na curva do rio, e ali estarão meus pais para lhe receber".

Mero procurou conforme fora instruído e, na curva do rio, entre os rochedos na margem, descobriu uma casinha. Um homem e uma mulher idosos estavam acenando no portão e, quando ele se aproximou, anunciando seu nome, o pai disse: "Estivemos esperando por você por um longo tempo", enquanto a mulher o conduziu para dentro, até o quarto de sua filha.

Ela o deixou ali, mas o quarto estava vazio. Da janela aberta ele viu uma faixa de areia que ia até o rio e, na areia, as marcas dos pés de uma mulher, as quais ele seguiu, até encontrar na beira d'água duas sandálias douradas. Ele olhou por ali sob a luz do crepúsculo que se avizinha e não viu agora casa alguma entre os rochedos. Havia apenas um aglomerado de juncos secos junto ao rio, farfalhando na brisa do anoitecer. E então subitamente ele soube: a pescadora era a própria Bodhisattva. E ele compreendeu integralmente quão grande é a benevolência da infinitamente compassiva Kuan-yin.[56]

Esta é uma fábula do caminho da "ajuda exterior", *tariki*, o caminho do filhote de gato – este não é, entretanto, o caminho do Zen.

Já mencionei a lenda do Buda erguendo uma flor de lótus sendo que não mais que um membro de sua plateia compreendeu o significado. Suponhamos agora que eu levantasse uma for de lótus e lhes perguntasse seu significado! Ou suponhamos, em vez disso, não uma flor de lótus – pois, associadas ao lótus estão muitas referências alegóricas bem conhecidas: suponhamos que eu erguesse uma florzinha amarela e perguntasse qual o significado dessa florzinha amarela! Ou um graveto seco, com a pergunta: "Qual o significado de um graveto seco?"; ou ainda: suponhamos que vocês me perguntassem qual o significado do budismo ou do Buda, e eu erguesse um graveto seco!

O Buda é conhecido como o "Assim Chegado", Tathagata. Ele não tem mais "significado" que uma flor, que uma árvore; não mais que o universo; não mais que eu ou você. E sempre que algo seja experimentado

---

56. *The Bride of Mero: A Legend of Kwannon Bosatsu, Cat's Yawn*, volume 2, issue 1 (New York: First Zen Institute of America, 1947), p. 11. Cf. Joseph Campbell, *The Mythic Image* (Princeton, New Jersey: Princenton University Press, 1974), p. 327-328.

dessa maneira, simplesmente e por si mesmo, sem referência a quaisquer conceitos, relevâncias ou relações práticas, tal momento de pura fixação estética atira o espectador de volta por um instante a sua própria existência sem sentido; pois ele também simplesmente é – "assim chegado" – um veículo da consciência, como uma faísca lançada de uma fogueira.

Quando o budismo, no século I d.C., foi levado da Índia para a China, uma recepção imperial foi concedida aos monges, monastérios foram construídos, e teve início o trabalho formidável de traduzir as escrituras sagradas indianas. Não obstante a enorme dificuldade de traduzir do sânscrito para o chinês, o trabalho avançou de maneira notável, e teria continuado por uns bons 500 anos, quando chegou à China, vindo da Índia, por volta do ano 520 d.C., um velho santo e sábio budista conhecido como Bodhidharma, que imediatamente seguiu até o palácio real. De acordo com a lenda dessa visita, o imperador perguntou a esse hóspede um tanto irritante quanto mérito ele obtivera com a construção de monastérios, com o sustento dos monges e monjas, com a contratação de tradutores etc., e Bodhidharma respondeu: "Nenhum!"

Fig. 7.4 – Bodhidharma

"Por quê?", inquiriu o imperador.

"Essas são necessidades inferiores", veio a resposta. "Suas finalidades são meras sombras. O único trabalho de mérito verdadeiro é a Sabedoria, pura, perfeita e misteriosa, a qual não se conquista através de atos materiais."

"Qual é então", perguntou o imperador, "a Nobre Verdade em seu sentido supremo?".

"É vazia", respondeu Bodhidharma. "Não há nada de nobre a respeito dela."

Sua Majestade estava começando a se irritar. "E quem é este monge diante de mim?"

Ao que a resposta do monge foi: "Não sei". E deixou a corte.

Bodhidharma retirou-se para um monastério e ali permaneceu, voltado para uma parede, onde, conforme nos contam, permaneceu em absoluto silêncio durante nove anos – para explicar que o budismo verdadeiro não é uma função de obras piedosas, tradução de textos ou a execução de rituais e coisas do gênero. E ali chegou até ele, enquanto estava sentado, um acadêmico confucionista, de nome Hui K'o, que se dirigiu a ele respeitosamente, chamando-o de "Mestre!" Mas o Mestre, sempre com os olhos fixos na parede, não deu sinal algum de sequer tê-lo ouvido. Hui K'o permaneceu de pé – por dias. A neve caiu e Bodhidharma, em perfeito silêncio, permaneceu exatamente como estava. Então finalmente, para indicar a seriedade de seu propósito, o visitante puxou sua espada e, cortando fora seu próprio braço esquerdo, apresentou-o a seu professor, e o monge se virou.

"Busco instrução", disse Hui K'o, "na doutrina do Buda".

"Isso não pode ser encontrado através de outro", veio a resposta.

"Então lhe imploro que tranquilize minha alma".

"Mostre-a, e eu o farei."

"Eu a tenho buscado por anos", disse Hui K'o, "mas quando a procuro, não consigo encontrá-la."

"Então aí está! Ela está em paz. Deixe-a em paz", disse o monge, voltando-se para a parede. E Hui K'o, assim despertado abruptamente para a sua transcendência de todo o cotidiano e preocupações diurnas, tornou-se o primeiro mestre Ch'an da China.

O próximo professor crucial nesta linhagem chinesa Ch'an de grandes nomes, Hui-neng (638-713), foi um cortador de lenha analfabeto, conforme contam. Sua mãe era viúva, a quem ele sustentou entregando lenha a domicílio. E um dia ele estava de pé à porta de uma residência, esperando um pedido, quando ouviu por acaso alguém lá dentro entoando os versos de uma escritura Mahayana chamada "O Cortador de Diamantes", ou Vajracchedika Prajnaparamita Sutra. "Desperte a mente", foi o que ele ouviu, "sem fixá-la em lugar algum". E, imediatamente iluminado, ele foi transposto.

Desejando aperfeiçoar seu entendimento, Hui-neng encaminhou-se a um mosteiro, o Mosteiro da Ameixa Amarela, onde o velho abade,

VII – Zen

Hung-jen, que era o principal mestre Ch'an da época, avaliou o jovem iletrado e o designou para a cozinha. Oito meses depois, percebendo que chegara a hora de se decidir por um sucessor, Hung-jen anunciou que aquele dentre os seus monges que melhor resumisse em uma única estrofe a essência do ensinamento budista receberia as vestes e a vasilha de esmolas do abade, que simbolizavam o mais alto ofício. Havia uns 500 monges para competir, e entre eles um extremamente talentoso, que todos esperavam que vencesse: seu nome era Shen-hsiu. E, de fato, foram as quatro linhas *dele* que foram selecionadas e formalmente inscritas na parede ao lado da porta do refeitório:

> O corpo é a árvore Bodhi,
> A mente, um brilhante espelho,
> Cuide de deixá-los sempre limpos,
> Para que neles a poeira não pouse.

Sendo que a ideia aqui é de que a essência do caminho budista é a purificação diligente.

O menino analfabeto da cozinha, no entanto, ao ficar sabendo da competição, pediu a um amigo naquela noite que lesse para ele o poema inscrito ali na parede; e, depois de ouvi-lo, implorou que fosse colocado o seguinte conjunto de frases ao lado:

> O corpo não é uma árvore Bodhi,
> A mente não é brilhante espelho,
> Uma vez que nada na raiz existe,
> Sobre o quê qual poeira pousaria?

O abade, na manhã seguinte, ouvindo a conversa entusiasmada dos monges, desceu, demorou-se um pouco diante do poema anônimo, pegou seus chinelos e o apagou com raiva. Mas adivinhara corretamente o autor e, mandando chamar o menino da cozinha naquela noite, entregou-lhe suas vestes e tigela. "Aqui, meu filho", disse ele; "aqui estão as insígnias deste ofício. Agora vá! Fuja! Desapareça!".

A doutrina de Shen-hsiu se tornou o princípio fundador da Escola do Ch'an do Norte da China, baseado na ideia do "ensino gradual" (*chien-chiao*) e o cultivo do aprendizado. Hui-neng, por outro lado, se tornou o fundador de uma Escola do Sul de "ensino inesperado" (*tun-chiao*), baseado na compreensão de que o conhecimento de Buda é alcançado intuitivamente, por meio de um entendimento súbito. Para isso, entretanto, as disciplinas de um monastério são não apenas desnecessárias, mas até possivelmente um obstáculo, e tal doutrina, como reconheceu o abade, desacreditaria, e no final, minaria todo o sistema monástico. Por isso o aviso para desaparecer.

"Olhe para dentro!", conta-se que Hui-neng ensinou. "O segredo está dentro de você."[57]

Mas como, senão através de um estudo da doutrina, pode alguém chegar a qualquer conhecimento desse segredo?

Nos monastérios Zen do Japão o método referido é a meditação, guiada e inspirada por uma curiosa sucessão de tópicos de meditação intencionalmente absurdos, conhecidos como *koan*. Estes são retirados, em sua maioria, dos ditados dos antigos mestres chineses; como, por exemplo: "Mostre-me o rosto que você tinha antes que seu pai e sua mãe nascessem!", ou "Qual o som do aplauso de uma mão?". Não há como raciocinar sobre tais adivinhações. Primeiro eles focam, e depois confundem o pensamento. Nos mosteiros, os candidatos à iluminação recebem ordens de seus mestres para que meditem sobre esses enigmas e retornem com respostas. Eles falham repetidamente e são mandados de volta para meditar mais – até que, em um momento súbito, o intelecto se desvencilha e uma resposta apropriada irrompe espontaneamente. Já foi dito (segundo me contaram) que o *koan* definitivo é o próprio universo, e que, quando este tiver sido respondido, os outros se resolverão sozinhos. "Um *koan*", declarou D. T. Suzuki, "não é uma proposição lógica, mas a expressão de certo estado mental".[58]

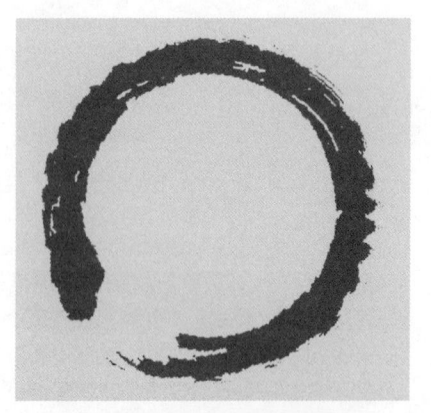

Fig. 7.5 – O círculo aberto

---

57. *Platform Sūtra of the Sixth Patriarch*, Ch. 1. Cf. Philip B. Yampolsky, *The Platform Sutra of the Sixth Patriarch* (New York: Columbia University Press, 1967, 1978), p. 131-136.
58. Daisetz Teitaro Suzuki, *Essays in Zen Buddhism* (Second Series) (London: Rider and Company, 1950), p. 87.

VII – Zen

É esse estado mental de percepção transracional que as sequências aparentemente absurdas, mas na verdade cuidadosamente programadas, de enigmas mentais pretende provocar. E o fato de que elas funcionam e têm funcionado por séculos é a resposta para qualquer questão que um crítico capcioso possa propor no que diz respeito ao seu sentido ou valor.

Assim, permitam-me oferecer agora uma parábola ocidental moderna da "sabedoria da outra margem" budista – aquela margem além da razão, da qual "as palavras retornam sem tê-la alcançado" – que ouvi pela primeira vez uns trinta e poucos anos atrás dos lábios do meu grande e bom amigo Heinrich Zimmer. Como dissemos, o budismo é um veículo ou balsa para a margem distante. Então imaginemo-nos de pé nesta margem; digamos que na Ilha de Manhattan. Estamos cansados dela, enjoados. Estamos olhando na direção oeste, por sobre o rio Hudson, e ali, eis! Vemos Jersey. Ouvimos falar muito de Jersey, o Estado Jardim; que certamente seria diferente das calçadas imundas de Nova York! Ainda não existem pontes. É preciso atravessar por uma balsa. E então começamos a nos sentar nas docas, olhando Jersey ansiosamente, meditando sobre ela; ignorantes de sua natureza verdadeira, porém pensando nela com cada vez mais zelo. E aí um dia notamos um barco zarpando do litoral de Jersey. Ele cruza as águas, na nossa direção, e atraca bem aqui aos nossos pés. Há um barqueiro a bordo, e ele chama: "Alguém indo para Jersey?". "Aqui!", nós gritamos. E o barqueiro estende a mão.

"Vocês têm certeza mesmo?", diz ele, quando descemos até sua embarcação. E avisa: "Não existe passagem de volta para Manhattan. Quando vocês zarparem dessa margem estarão deixando Nova York para sempre: todos os seus amigos, suas carreiras, suas famílias, seus nomes, prestígio, e tudo o mais. Ainda estão bem certos?".

Ficamos, talvez, um pouco intimidados, mas assentimos e declaramos que estamos certos, bastante certos: estamos enfastiados da Cidade da Diversão.

Meus amigos, esse é o caminho para se tornar um monge ou uma monja; o caminho do budismo monástico; o caminho dos primeiros seguidores do Buda e, hoje, dos budistas do Ceilão, de Burma e da Tailândia. Estamos aqui, entrando no que é conhecido como "pequena balsa" ou "veículo inferior", *Hinayana*, assim chamado porque apenas aqueles que estão prontos para renunciar ao mundo como monges ou monjas podem navegar nesta embarcação até a margem distante. Os membros da comunidade leiga, ainda relutantes em dar o passo fatídico, terão de esperar (isto é tudo!) por uma encarnação posterior, quando terão aprendido um pouco mais sobre as vãs presunções de seus luxos. Esta balsa é pequena, seus bancos são duros e o nome inscrito em sua lateral é *Theravada*, "a doutrina dos antigos santos".

Embarcamos, o barqueiro nos entrega um remo e a embarcação se afasta da doca. Navio ao mar! Estamos a caminho, mas em uma viagem bem mais longa do que tínhamos conhecimento. De fato, pode durar várias vidas. Não obstante, já estamos aproveitando e já nos sentimos superiores. Somos os santos, os viajantes, o povo da travessia, nem aqui nem lá. Na verdade, é claro, não sabemos nada a mais sobre o Estado Jardim do que os tolos (como agora os chamamos) que estão lá atrás na costa do labirinto de ratos de Nova York; mas estamos seguindo na direção correta e as regras de nossa vida são inteiramente diferentes daquelas do pessoal que ficou em casa. Nos termos da escada da ascensão *kundalini*, estamos no quinto *chakra*, *Vishuddha*, "purgação", o centro das disciplinas ascéticas. E, de início, achamos tudo muito interessante e atraente. Mas então, gradualmente, de maneira surpreendente, começa a se tornar frustrante – até desanimador. Pois o objetivo de tudo isto é livrar-se por completo da consciência do ego, no entanto, quanto mais nos esforçamos, mais estamos fortalecendo o ego, pensando na verdade em nada mais além de nós mesmos: "Como estou me saindo?". "Eu obtive algum progresso hoje? Nessa hora? Nessa semana? Nesse mês? Nesse ano? Nessa década?" Existem algumas pessoas que se tornam tão apegadas a todo este autoexame que a última coisa que querem de fato alcançar é o desembarque. E ainda assim, em algum momento casual de autoesquecimento, o milagre pode de fato ocorrer e o nosso barco, no espírito dos antigos santos, pode chegar à praia – em Jersey, o Estado Jardim, *nirvaṇa*. E desembarcamos. Deixamos o barco e todas suas regras para trás.

Mas agora vamos compreender onde estamos. Chegamos ao *ri hokkai*, a margem do conhecimento da unidade, da não dualidade, de nenhuma separação; e virando-se para ver qual pode ser a aparência da margem de Manhattan desse ponto de vista perfeito... espanto! *Não há "outra" margem*. Não há nenhum curso d'água que divide, nenhuma balsa, nenhum barqueiro, nenhum budismo, nenhum Buda. A noção anterior, não iluminada, de que, entre a escravidão e a liberdade, entre a vida na tristeza e o êxtase do *nirvaṇa*, existe uma distinção a ser reconhecida e uma viagem a ser empreendida de um ponto ao outro, era ilusória, equivocada. Este mundo que você e eu estamos experimentando aqui em meio à dor, através do tempo, no plano da consciência do *ji hokkai*, é, no plano do *ri hokkai*, felicidade nirvânica; e tudo que se requer é que alteremos o foco de nosso enxergar e nosso experimentar.

Mas não é isso exatamente o que o Buda ensinou e prometeu, uns 25 séculos atrás? Extingua o egoísmo, com seus desejos e medos, e o *nirvaṇa* se torna imediatamente seu! Nós já estamos lá. Se apenas nos déssemos conta disso. Toda a ampla Terra é a balsa, já atracada na doca em um espaço infinito; e todo mundo está nela, do jeitinho que é, já em casa. Esse é o fato que pode subitamente surpreender o indivíduo como uma "iluminação súbita". Daí o nome, *Mahayana* – "grande balsa", "veículo maior" – do budismo desse pensamento não dual, que é o budismo mais conhecido do Tibete, da China medieval, da Coreia e do Japão.

E assim, o que agora descobrimos é que o mundo das muitas coisas separadas, o *ji hokkai*, não é diferente do *ri hokkai*. Não existe entre os dois divisão alguma. O termo japonês *Mahayana* para este estágio de compreensão é *ji-ri-um-ge*, "coisas e unidade: sem divisão". Apesar de nos movermos no mundo do múltiplo, também compreendemos que "Isto é o Um". Estamos experimentando como realidade a unidade de tudo – e não simplesmente de todos nós, seres humanos, mas também as lâmpadas lá no teto e as paredes do grande e antigo salão de palestras, e a cidade lá fora, Manhattan, e, sim! Os jardins de Jersey também. Incluímos igualmente o passado – nossos numerosos passados discrepantes – e o futuro, que já está aqui, como um carvalho está na bolota. Andar por aí com o conhecimento e a experiência de tudo isso é viver em um sonho maravilhoso.

Mas o caminho não acaba aí; pois ainda existe mais um grau possível de compreensão, a saber, aquele que em japonês se chama *ji-ji-mu-ge*: "coisa e coisa: nenhuma divisão": nenhuma separação entre as coisas. A analogia sugerida é a de uma rede de pedras preciosas: o universo como uma grande rede espalhada, com uma pedra preciosa em cada junção, e cada pedra refletindo não apenas todas as outras, mas ela mesma refletida em todas. Uma imagem alternativa é a de uma guirlanda de flores.

Em uma guirlanda, nenhuma flor é a "causa" de qualquer outra, porém, juntas, todas são a guirlanda.[59] Normalmente, pensamos em causas e efeitos. Eu dou um empurrão neste livro e ele se move. Ele se moveu porque eu o empurrei. A causa precedeu o efeito. Qual é a causa, então, do crescimento de uma bolota? O carvalho que está por vir! O que há de acontecer no futuro é, então, a causa do que está ocorrendo agora; e, ao mesmo tempo, o que ocorreu no passado também é a causa do que está acontecendo agora. Além do mais, um grande número de coisas à nossa volta, por todos os lados, está causando o que está acontecendo agora. Tudo, o tempo inteiro, está causando todo o resto.

O ensinamento budista em reconhecimento deste fato é chamado de Doutrina do Originação Interdependente. Ela insinua que ninguém – nenhuma pessoa e nenhuma coisa – é responsável por qualquer coisa que aconteça, porque tudo está surgindo de modo interdependente. Essa é, fundamentalmente, uma razão pela qual, no Japão, mesmo logo depois da Segunda Guerra Mundial, não encontrei entre as pessoas que conheci ressentimento algum. Inimigos surgem mutuamente: eles são duas partes da mesma coisa. Um líder e seus seguidores também são partes da mesma coisa. Você e seus inimigos; você e seus amigos: todos partes da coisa única, uma guirlanda única: "coisa e coisa: nenhuma divisão".

Isto, certamente, é sublime. Isto, ademais, é a ideia inspiradora que habita em boa parte da arte budista do Extremo Oriente. Quando você está olhando, por exemplo, para uma pintura japonesa de uma garça, aquilo não é simplesmente o que você ou eu percebemos como uma garça, mas sim o universo, um reflexo do *ri hokkai*, a única consciência búdica de todas as coisas. Além do mais, qualquer coisa pode ser contemplada e imediatamente experimentada dessa forma.

Um monge chegou ao Ch'an de Yen-kuan. "Quem é o Buda Vairochana?", perguntou ele.

Disse o Mestre: "Você pode, por gentileza, trazer-me aquele jarro?".

O monge trouxe o jarro para o Mestre, que então lhe disse para colocá-lo de volta onde o havia encontrado. O monge fez isso e pediu novamente ao Mestre que lhe contasse sobre Vairochana.

Ch'an respondeu: "Ele há muito se foi".[60]

---

59. Cf. *Avatamsaka Sutra* 1.1.
60. Adaptado de Suzuki, op. cit., p. 72.

VII – Zen

Isto, finalmente, é o que quer dizer o termo budista Mahayana zen < ch'an < dhyana = "contemplação". É uma forma de contemplação que pode ser apreciada da mesma maneira ao caminhar, trabalhar e ao andar por esse mundo, da mesma maneira que estando sentado em uma postura de lótus, olhando fixamente para uma parede ou para coisa alguma, à maneira de um Bodhidharma. É um caminho de contemplação que pode ser igualmente desfrutado enquanto caminhamos, trabalhamos, ou nos movemos neste mundo, da mesma forma que na postura de lótus, olhando para a parede ou para o nada à moda de Boddhidarma. É uma forma de participação, vivendo com prazer neste mundo secular, no mundo e fazendo parte dele, nossa labuta para ganhar a vida ali

Fig. 7.6 – Jardim Zen

sendo a nossa disciplina; a criação de nossa família; nossa relação com conhecidos; nossos sofrimentos e nossas alegrias. T. S. Eliot, em sua peça *O Coquetel*, aplicou a ideia – com várias citações de textos budistas disfarçadas – ao contexto de um círculo social moderno. E no Japão medieval esse era o budismo do samurai. Sua influência pode ser sentida até hoje nas artes de defesa japonesas: luta livre, esgrima, arco e flecha e tudo o mais. Igualmente, nas artes de jardinagem, arranjos florais, culinária, mesmo em embrulhar um pacote e oferecer um presente, este budismo está em operação. Sua via é o "caminho do macaco", *jiriki*, "poder próprio", exercido em relação não apenas ao que pode ser considerado, em nossa parte do mundo como preocupações propriamente religiosas, mas, de forma ainda mais deliberada e diligente, a todos os domínios da vida. É isso que, de fato, explica, em sua maior parte, a beleza quase inacreditável da civilização japonesa. Grande pobreza, sofrimento, crueldade e injustiças, todas essas coisas que acompanham usualmente a existência nesse vale de lágrimas, estão presentes ali em plena medida – assim como em todo lugar, e estarão até o fim dos tempos. Mas também existe fuga do sofrimento.

A fuga do sofrimento é o *nirvaṇa*. E o nirvana é este mundo em si, quando experimentado sem desejo nem medo, exatamente como ele é: *ji-ji-mu-ge*. Está aqui! Está aqui!

Para concluir, então: há uma popular fábula indiana que Ramakrishna gostava de contar, para ilustrar a dificuldade de manter na mente os dois planos conscientes simultaneamente, o múltiplo e o transcendente. É a de um jovem aspirante cujo guru acabara de lhe fazer assimilar a compreensão dele próprio como idêntico, em essência, ao poder que sustenta o universo e que, em pensamento teológico, personificamos como "Deus".

O jovem, profundamente tocado, exaltado com a noção de si mesmo em unidade com o Senhor e Ser do Universo, foi embora em um estado de profunda absorção; e quando passou naquele estado pela aldeia e saiu para a estrada além, avistou, vindo em sua direção, um grande elefante trazendo um *haudah*[61] nas costas e com o *mahout*, o condutor, montado – como de costume – no alto de seu pescoço, acima da cabeça.

E o jovem aspirante em seu êxtase, meditando sobre a proposição "Eu sou Deus; todas as coisas são Deus", ao perceber aquele poderoso elefante vindo em sua direção, adicionou o corolário óbvio: "O elefante também é Deus".

O animal, com seus sinos tilintando ao ritmo majestoso de sua pomposa aproximação, vinha avançando constantemente e o *mahout* acima de sua cabeça começou a gritar: "Saia do caminho! Saia do caminho, seu idiota! Saia do caminho!".

O jovem, em seu enlevo, ainda estava pensando: "Eu sou Deus; aquele elefante é Deus". E, ouvindo os gritos do *mahout*, adicionou: "Deveria Deus ter medo de Deus? Deveria Deus sair do caminho de Deus?".

O fenômeno continuou se aproximando firmemente, com o condutor em sua cabeça ainda gritando, e o jovem, em uma meditação sem distrações, fixou-se tanto em seu lugar na estrada quanto em seu entendimento transcendental, até que o momento da verdade chegou e o elefante, simplesmente enrolando sua grande tromba no lunático, atirou-o de lado, para fora da estrada.

---

61. Termo árabe, espécie de assento posicionado às costas de um elefante. [N.Ts.]

VII – Zen

Fisicamente chocado, espiritualmente aturdido, o jovem caiu todo amontoado, sem muitos machucados, mas inteiramente desfeito; e, ao se levantar, sem nem ajustar suas roupas, retornou, desordenado, para o seu guru, para pedir uma explicação. "Você me disse", falou o rapaz, "você me disse que eu era Deus".

"Sim", disse o guru, "você é Deus".

"Você me disse que todas as coisas são Deus."

"Sim", disse o guru novamente, "todas as coisas são Deus".

"Aquele elefante, então, era Deus?"

"Sim, era. Aquele elefante era Deus. Mas por que você não ouviu a voz de Deus, gritando da cabeça do elefante, para sair do caminho?"[62]

---

62. Adaptado de Romain Roland, *The Life of Ramakrishna* (Calcutta, India: Advaita Ashrama, 1929, 1994), p. 208.

VIII – A mitologia do amor

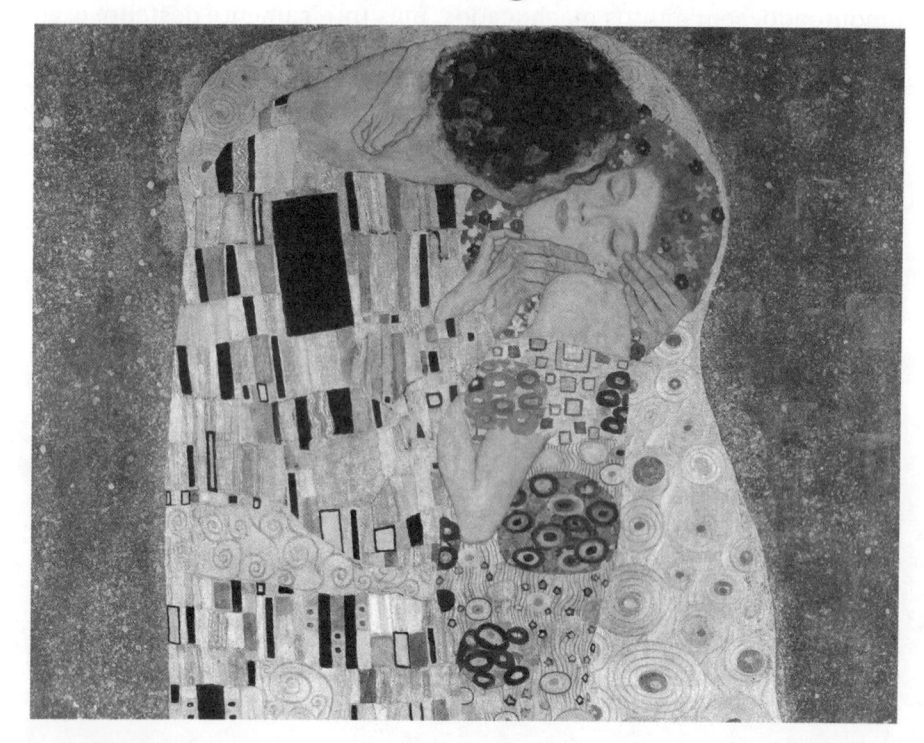

Fig. 8.1 – O beijo
[1967][63]

Que tema maravilhoso! E que mundo mítico encantador surge em celebração desse mistério universal! Os gregos, lembremos, consideravam Eros, o deus do amor, como o mais velho dos deuses; mas também como o mais novo, que nasce revigorado e orvalhado em todo coração que ama. Havia, além disso, duas ordens de amor, de acordo com as formas de manifestação dessa divindade, em seus aspectos terrestre e celestial. E Dante, seguindo a deixa clássica, viu o amor inundando e girando o universo, do mais alto assento da Trindade aos mais baixos fossos do Inferno. Uma das imagens de amor mais incríveis

---

63. Extraído de uma palestra com o mesmo título (L186). Uma fala posterior sobre um tema semelhante (L528) foi relançada como *The Mythology of Love*, pt. 2 de *The Western Quest*, vol. 6 de *The Joseph Campbell Audio Collection*.

que eu conheço é persa – uma representação mítica de Satanás como o amante mais leal de Deus. Vocês ouviram a lenda de como, quando Deus criou os anjos, ordenou-lhes que prestassem culto a ninguém salvo ele mesmo; mas daí, ao criar o homem, ordenou-lhes que se curvassem em reverência a esta mais nobre de suas obras, e Lúcifer se recusou – devido, segundo contam, ao seu orgulho. Entretanto, de acordo com essa leitura muçulmana do caso, era mais porque ele amava e adorava a Deus tão profunda e intensamente que não podia ser levado a curvar-se diante de qualquer outra coisa. E foi por isso que ele foi lançado no Inferno, condenado a existir ali para sempre, separado de seu amor.

Já se disse que, de todas as dores do Inferno, a pior não é nem o fogo nem o mau cheiro, mas a privação, para sempre, da visão beatífica de Deus. Quão infinitamente doloroso deve ter sido para este grande amante, que não conseguiu, mesmo mediante a ordem de Deus, aceitar curvar-se diante de qualquer outro ser!

Os poetas persas perguntaram: "Por meio de qual poder Satanás se sustenta?". E a resposta que encontraram é esta: "Por sua lembrança do som da voz de Deus quando ele disse: 'Retira-te!'". Que imagem da requintada agonia espiritual que é ao mesmo tempo o êxtase e a agonia do amor![64]

Outra lição da Pérsia está na vida e nas palavras do grande místico sufi al-Hallaj, que em 922 foi torturado e crucificado por ter declarado que ele e seu Amado – Deus – eram um só. Ele comparara seu amor por Deus ao de uma mariposa pela chama. A mariposa rodeia a lâmpada acesa até o amanhecer, e retornando para seus amigos com as asas danificadas, conta sobre a coisa linda que encontrou; daí, desejando unir-se a ela inteiramente, voando para dentro da chama na noite seguinte, se torna uma só com ela.

Tais metáforas falam de um êxtase que todos nós, de uma maneira ou de outra, devemos ter experimentado ou pelo menos imaginado vez ou outra, seja intensamente ou não tão intensamente. Mas existe outro aspecto do amor, que alguns podem também ter experimentado, e que é igualmente ilustrado em um texto persa. Esse é de uma antiga

---

64. Cf. Joseph Campbell, *As máscaras de Deus,* vol. 3, *Mitologia Ocidental.* São Paulo: Palas Athena, 2004, p. 366-367.

lenda zoroastriana dos primeiros pais da raça humana, onde eles são retratados como tendo brotado da terra sob a forma de um único junco, unidos tão intimamente que não poderiam ser diferenciados. Entretanto, com o tempo se separaram; e novamente, com o tempo, se uniram, e nasceram para eles dois filhos, a quem amavam tão ternamente e irresistivelmente que os devoraram. A mãe comeu um; o pai comeu o outro; e Deus, para proteger a raça humana, então reduziu a força da capacidade humana para o amor em uns 99%. Aqueles primeiros pais, depois disso, tiveram mais sete pares de filhos, cada um dos quais, no entanto – graças a Deus! –, sobreviveu.

A antiga ideia grega do Amor como o mais velho dos deuses tem um equivalente na Índia naquele antigo mito do *Brhadaranyaka Upanishad* citado acima, do Ser Primordial como um poder sem nome, sem forma que, no princípio, não tinha qualquer conhecimento de si mesmo, mas então pensou: "Eu", *aham*, e imediatamente sentiu medo de que o "eu" que agora tinha em mente pudesse ser morto. Daí, raciocinou: "Uma vez que sou tudo que existe, o que deveria temer? Gostaria que houvesse outro!", e inchando, partiu-se, tornou-se dois, um ser masculino e um feminino. Desse casal original nasceram todas as criaturas desta Terra. E quando tudo tinha sido realizado, o macho olhou em volta, viu o mundo que produzira e, pensou e disse: "Tudo isso sou Eu!".

No significado desta história, aquele Ser Primordial anterior à consciência – que no princípio pensou: "Eu!", e sentiu medo, e depois desejo – é a substância motivadora que ativa cada um de nós em nossas vidas inconscientemente motivadas. E a segunda lição do mito é que, através de nossas próprias experiências de união no amor, participamos da ação criativa daquele solo de todos os seres. Pois, de acordo com a visão indiana, nossa separação uns dos outros no espaço e no tempo aqui na Terra – nossa multitude – não passa de um aspecto secundário, enganador da verdade, segundo a qual, em essência, somos um ser único, um fundamento único; conhecemos e experimentamos essa verdade saindo de nós mesmos, dos limites de nós mesmos, no êxtase do amor.

O grande filósofo alemão Schopenhauer, em um magnífico ensaio sobre "O Fundamento da Moral", trata dessa experiência espiritual transcendental. Como é, pergunta ele, que um indivíduo pode

VIII – A mitologia do amor

esquecer-se de si mesmo e de sua própria segurança de tal modo que coloque a si mesmo e sua vida em risco para salvar o outro da morte ou da dor – como se a vida do outro fosse sua, o perigo daquele outro ser, seu? Tal pessoa está agindo, responde Schopenhauer, a partir de um reconhecimento instintivo da verdade de que ele e aquele outro são, de fato, um só. Ele foi movido não pelo conhecimento menor, secundário, de si mesmo como separado dos outros, mas sim a partir de uma experiência imediata da verdade maior e mais exata de que todos nós somos um só no fundamento de nosso ser. O nome de Schopenhauer para essa motivação é "compaixão", *Mitleid*, e ele a identifica como a primeira e única inspiração da ação inerentemente moral. É fundada, em sua visão, em um entendimento metafisicamente válido. Por um momento a pessoa é altruísta, ilimitada, sem ego.[65] E recentemente tive a oportunidade de pensar frequentemente nestas palavras de Schopenhauer enquanto assistia em noticiários televisivos aqueles heroicos resgates em helicópteros sob o fogo no Vietnã, de jovens feridos em território inimigo: seus companheiros, esquecidos de sua própria segurança, colocando suas jovens vidas em perigo como se as vidas a serem resgatadas fossem suas. Ali, eu diria – se estivermos procurando de verdade um exemplo em nosso tempo – está uma *autêntica* representação da árdua tarefa do Amor.

Na tradição religiosa da Índia existe uma formulação dos cinco graus de amor, através dos quais um adorador cresce no serviço e conhecimento de seu Deus – o que significa dizer, no sentido indiano, na compreensão de sua própria identidade com aquele Ser de todos os seres, que no princípio, disse "eu" e daí compreendeu, "eu sou todo este mundo!". O primeiro grau dessa espécie de amor é o do servo para com o mestre: "Ó Senhor, vós sois o Mestre; eu sou vosso servo. Ordene, e eu obedecerei!". Essa, de acordo com o ensinamento indiano, é a atitude espiritual apropriada para a maioria dos devotos das divindades, não importa sua posição social no mundo. A segunda ordem de amor é a do amigo para com o amigo, o que, na tradição cristã, é tipificado na relação de Jesus com seus apóstolos. Eles eram amigos. Podiam discutir e até argumentar questões. Mas esse tipo de amor implica

---

65. Artur Schopenhauer, *On the Basis of Morality*, E. F. J Payne, tradutor (Indianapolis, Indiana: Hackett Publishing, 1995), p. 143.

uma prontidão de entendimento mais profunda, um desenvolvimento espiritual maior que o primeiro. Nas escrituras sagradas hinduístas, ele é representado na grande conversa do *Bhagavad Gita* entre o príncipe dos Pandavas, Arjuna, e seu divino cocheiro, o Senhor Krishna. O próximo, o terceiro grau de amor, é o do pai pelo filho, representado no mundo cristão pela imagem do Presépio de Natal. Aqui, a pessoa cultiva em seu coração a criança divina interior de sua própria vida espiritual despertada – no sentido das palavras do místico Meister Eckhart quando disse à sua congregação: "Vale mais para Deus ser gerado espiritualmente na alma boa ou virgem do que ter nascido de Maria corporalmente".[66] E novamente: "O propósito definitivo de Deus é nascer. Ele não está satisfeito até que tenha feito com que seu Filho nasça em nós".[67] No hinduísmo, é no culto popular do travesso "ladrãozinho de manteiga", Krishna, o menino entre os vaqueiros que o educaram, que esse tema é ilustrado de maneira mais encantadora.[68] E no período moderno, há o caso da mulher aflita, já mencionado, que chegou até o indiano santo e sábio Ramakrishna, dizendo, "Ó Mestre, acho que não amo a Deus". E ele perguntou: "Não existe nada, então, que você ame?", ao que ela respondeu: "Meu pequeno sobrinho". E ele então disse a ela: "Aí está o seu serviço e amor a Deus, em seu amor e serviço a essa criança".[69]

O quarto grau de amor é o dos cônjuges, um para com o outro. A freira católica usa a aliança de casamento do seu matrimônio espiritual com Cristo. Da mesma forma, todo casamento baseado no amor é espiritual. Nas palavras atribuídas a Jesus: "Os dois serão uma só carne".[70] A "preciosidade" ali não é mais o próprio eu, a vida individual de alguém, mas a díade de cada um como ambos e a vivência da vida, auto transcendida por causa deste conhecimento. Na Índia, a esposa há de cultuar seu marido como seu senhor; seu servir a ele é a medida de sua religião. (Contudo, lá não ouvimos falar de nada parecido sobre os deveres de um marido para com sua esposa).

---

66. Pfeiffer, p. 221-222. Cf. *Campbell, Mitologia Ocidental,* op. cit., p. 412-414.
67. Pfeiffer, op. cit, Volume II, *Sermons,* p. 89.
68. Cf. *Garga Samhita, Canto I,* part 3.
69. Cf. *The Maha-Bodhi, Journal of the Maha-Bodhi Society,* vol. 44, (Calcutta, India: Maha-Bodhi Society of India, 1936), p. 238.
70. Evangelho de São Marcos 10:8.

VIII – A mitologia do amor

E agora, por fim, qual é a quinta, a mais alta ordem do amor, de acordo com essa série indiana? É o amor passional, ilícito. No casamento, dizem eles, a pessoa ainda possui a razão. Ainda desfruta dos bens deste mundo e de seu lugar nele, da riqueza, da posição social, e todo o resto. Além disso, no Oriente o casamento é um arranjo feito pela família, não tendo absolutamente nada a ver com aquilo que, no Ocidente, entendemos hoje como amor. A convulsão do amor passional só pode ser, em tal contexto, ilícita, tomando de assalto a ordem da virtuosa vida obediente do indivíduo, como uma tempestade devastadora. E a meta de tal amor só pode ser a da mariposa na imagem de al-Hallaj: ser aniquilado no fogo do amor. Na lenda do Senhor Krishna temos o modelo do anelo passional do jovem deus encarnado por sua amante mortal casada, Radha, e de seu anseio recíproco por ele. Para citar novamente o místico Ramakrishna que, em sua devoção à deusa Kali foi, ele mesmo, por toda a sua vida, um amante assim: quando alguém amou a Deus dessa forma, sacrificando tudo pela visão de sua face, pode dizer "Oh, meu Senhor", "revelai-vos agora!", e ele *terá* de responder.[71]

Na Índia existe também a figura do Senhor Krishna tocando sua flauta à noite na floresta de Vrindavan, ao som de cujos acordes irresistíveis jovens esposas escapavam da cama de seus maridos e, fugindo para a floresta enluarada, dançavam noite afora com seu belo e jovem deus em um êxtase transcendente.[72]

O pensamento subjacente aqui é o de que, no enlevo do amor, a pessoa é transportada para além das leis e reações temporais, que pertencem somente ao mundo secundário de aparente separação e multiplicidade.

Fig. 8.2 – **Krishna e as jovens esposas**

---

71. Mahendra Nath Gupta, *The Gospel of Sri Ramakrishna*, traduzido por Swami Nikhilananda, (New York: Ramakrishna-Vivekananda Center, 1942, 1985), p. 384. Campbell participou da criação desta tradução.
72. *Bhagavata Purāṇa*, 10.29.

São Bernardo de Claraval, no mesmo espírito, ao proferir um sermão, no século XII, sobre o texto bíblico do *Cântico dos Cânticos*, descreveu o anseio da alma por Deus como estando além da lei e também da razão.[73] Ademais, a separação e o conflito excruciantes das duas ordens do comprometimento moral – a razão de um lado e o amor passional de outro – têm sido uma fonte de ansiedade cristã desde os primórdios. "Os desejos da carne são contra o Espírito", escreveu São Paulo aos Gálatas, "e os desejos do espírito, contra a carne".[74]

O contemporâneo de São Bernardo, Abelardo, viu a exemplificação mais alta do amor de Deus pelo homem na descida do filho de Deus à Terra para se tornar carne, e sua submissão à morte na cruz. Na hermenêutica cristã, a crucificação do Salvador sempre representou um grande problema, pois Jesus, de acordo com a crença cristã, aceitou a morte voluntariamente. Por quê? Na visão de Abelardo, a crucificação não foi, como alguns de sua época propunham, um resgate pago a Satanás para "redimir" a humanidade de seu poder; nem foi, como outros afirmavam, um pagamento ao Pai, em "expiação" pelo pecado de Adão. Ao invés disso, foi um ato de autoimolação voluntária por amor, com a intenção de invocar uma resposta, trazendo o amor humano pelas coisas mundanas para Deus.[75] E o foto de que Cristo pode não ter de fato sofrido naquele ato de amor podemos deduzir a partir de um ditado do místico Meister Eckhart: "Para aquele que sofre, não por amor, sofrer é sofrimento, e difícil de suportar. Mas alguém que sofre por amor não sofre, e seu sofrimento é frutífero aos olhos de Deus".[76]

De fato, a própria ideia de uma descida de Deus até o mundo para clamar, em retribuição, o amor do homem para Deus, me parece insinuar exatamente o contrário da afirmação de São Paulo que acabei de citar. Em vez disso, me parece implícita é a ideia de que, assim como a humanidade anseia pela graça de Deus, do mesmo modo Deus anseia

---

73. Bernardo de Claraval, *Sermones in Canta Canticorum* XX.6. Tradução de Terence L. Connolly, S. J., *Saint Bernard on the Love of God* (New York: Spiritual Book Associates, 1936), p. 113.
74. *Carta aos Gálatas* 5,17.
75. Adolph von Harnack, *History of Dogma*, Vol. VI, Neu Buchanan, tradutor (New York: Dover Publications, 1961), p. 59-67. Cf. Campbell, *Mitologia Criativa,* São Paulo: Palas Athena Editora, 2010, p. 33.
76. Tradução de Campbell para Meister Eckhart (anonimamente), *Theologia germanica*, Cap. 38.

pela veneração da humanidade, os dois desejos sendo recíprocos. E a imagem do crucificado como verdadeiro Deus e verdadeiro homem pareceria, então, pôr em foco os termos equivalentes de um sacrifício *mútuo* – não à maneira de uma reparação no sentido penal de indenização, de compensação, mas de união no sentido marital. E mais: quando estendido para simbolizar não apenas o momento histórico único da crucificação de Cristo no Calvário, mas também o mistério através de todo o tempo e espaço da presença e participação de Deus na agonia de todas as coisas vivas, então o sinal da cruz teria de ser encarado como o sinal de uma afirmação eterna de tudo o que é, foi e há de ser. Isso nos remete às palavras de Cristo relatadas no *Evangelho Gnóstico de Tomé*: "Rache um pedaço de madeira, eu estou lá; levante a pedra, você me encontrará ali".[77] Também as palavras de Platão em *Timeu*, onde ele declara que o tempo é a "imagem movente da Eternidade".[78] Ou, novamente, as de William Blake: "A eternidade é apaixonada pelas produções do tempo".[79] E existe uma passagem memorável nos escritos de Thomas Mann, nos quais ele celebra o homem como "um nobre encontro [*eine hohe Begegnung*] do Espírito com a Natureza no caminho de seus desejos um pelo outro".[80]

Podemos dizer com segurança, portanto, que enquanto alguns moralistas podem achar impossível fazer uma distinção entre as duas esferas e reinos – um da carne e o outro do espírito, um do tempo e o outro da eternidade – onde quer que surja o amor essas definições se desvanecem, e surge um sentido da vida desperta, em que todas as oposições desse tipo entram em acordo.

A personificação oriental mais amplamente reverenciada de tal atitude favorável ao mundo, transcendendo opostos, é aquela figura de compaixão ilimitada, já bastante discutida, o Bodhisattva Avalokiteshvara, conhecido na China e no Japão como Kuan-yin, Kwannon. Pois, ao contrário de Buda que, na conclusão de sua vida de ensinamentos, deixou este mundo para nunca mais voltar, este ser infinitamente compassivo, que renunciou à sua libertação eterna a fim de

---

77. Tomé 77:2-3.
78. Platão, *Timeu*, 37c-38c.
79. William Blake, *Proverbs of Hell, The Marriage of Heaven and Hell*, l. 10.
80. Tradução de Campbell para Thomas Mann, *Goethe und Tolstoy, Gesammelte Werke: Reden und Aufsätze*, volume I (Berlin: S. Fischer, 1960), p. 178.

permanecer para sempre neste vórtice de renascimentos, representa, através de todo o tempo, o mistério de um conhecimento da libertação eterna enquanto ainda em vida. A libertação ensinada dessa forma é, paradoxalmente, não de fuga do vórtex, mas de completa participação voluntaria em suas tristezas – movida pela compaixão; pois, de fato, através da abnegação, a pessoa é libertada de si mesma, e com a libertação de si mesma há a libertação do desejo e do medo. E do mesmo modo como o Bodisatva é assim libertado, nós também o somos, segundo a medida de nossa experiência da perfeição da compaixão.

Diz-se que a ambrosia se derrama das pontas dos dedos do Bodhisattva até mesmo aos mais profundos fossos do Inferno, confortando ali as almas ainda presas nas câmaras de tortura de suas paixões. Contam-nos, além disso, que em todas as nossas transações uns com os outros, nós somos seus agentes, quer saibamos disso ou não. Nem é o objetivo do Bodhisattva mudar – ou, como gostamos de dizer, "melhorar" – este mundo temporal. Conflito, tensão, derrotas e vitórias são inerentes à natureza das coisas, e o que o Bodhisattva está fazendo é participar da natureza das coisas. Ele é benevolência sem propósito. E uma vez que *toda* vida é necessariamente cheia de tristezas, a solução não pode ser voltar-se – ou "progredir" – de uma forma de vida à outra, mas é preciso dissolver o próprio órgão do sofrimento, o qual – conforme vimos – é a ideia de um ego a ser preservado, comprometido com seus próprios arraigados conceitos, do que é o bem e do que é o mal, verdadeiro e falso, certo e errado; dicotomias que – como também já vimos – são dissolvidas no impulso metafísico da compaixão.

Amor como *paixão*; amor como *com*-paixão – esses são os dois polos extremos de nosso tema. Frequentemente, eles têm sido representados como absolutamente opostos – físico e espiritual, respectivamente; porém, em ambos o indivíduo é arrancado para fora de si mesmo e se abre a uma experiência de identidade redescoberta em um formato maior, mais duradouro. E em ambos é o trabalho de Eros, mais velho e mais jovem dos deuses, que devemos reconhecer: o mesmo que, no princípio, conforme conta o remoto mito indiano, derramou-se sobre a criação.

No Ocidente, a representação mais impressionante do amor como paixão se encontrará, sem dúvida, na lenda da poção de amor de Tristão e Isolda, onde o paradoxo do mistério é celebrado: a agonia da alegria do amor e a alegria do amante nessa agonia, que é experimentada pelos corações nobres como a própria ambrosia da vida. "Empreendi uma tarefa", escreveu o maior dentre os maiores poetas que estudaram sobre *Tristão* de Gottfried von Strassburg, de cuja versão da lenda Wagner tirou inspiração para sua ópera: "uma tarefa por amor ao mundo e para confortar os corações nobres: aqueles que estimo, e o mundo, do qual meu coração está muito próximo". Mas daí ele completa: "Não me refiro ao mundo comum, daqueles que (como ouvi falar) não conseguem suportar o pesar e não desejam senão banhar-se em júbilo. (Deus permita, então, que habitem no júbilo!). Ao mundo e ao modo de viver deles meu conto não diz respeito: suas vidas e a minha são apartadas. Outro mundo tenho em mente, aquele que suporta, unidos em um só coração, sua amarga doçura e seu caro pesar, o deleite de seu coração e seu anseio doloroso, acalentada vida e dolorosa morte, acalentada morte e dolorosa vida. Permita-me ter neste mundo o meu mundo, para com ele ser condenado ou salvo".[81]

Não reconhecemos aqui um eco daquele mesmo senso, metafisicamente fundamentado, de uma coincidência e transcendência de opostos que já encontramos simbolizada nas figuras de Satanás no Inferno, de Cristo na cruz e da mariposa consumida na chama?

Entretanto, na experiência e no entendimento do amor da Europa medieval, conforme interpretados não apenas por Gottfried e pelos poetas que escreveram sobre Tristão, mas também pelos trovadores e Minnesingers[82] do século XII e início do século XIII, existe um tom inteiramente diferente de qualquer coisa vinda do Oriente, seja do Extremo, do Médio ou do Oriente Próximo. Em sua essência, a qualidade budista da "compaixão", *karuṇa*, é equivalente à cristã da "caridade", *agape*, cujo epítome é a admoestação de Cristo para amar o próximo como a si mesmo! – e, melhor ainda, além disso, nas palavras que considero as mais supremas, mais nobres e mais ousadas do ensinamento cristão: "Amai vossos inimigos, rezai pelos que vos perseguem. Assim

---
81. Tradução de Campbell para Gottfried von Strassberg, *Tristan und Iseult*, prólogo, ll. 45-67.
82. Nome dado a alguns poetas-músicos da Alemanha dos séculos XII e XIII, cujas cantigas abordavam o amor cortês (*minne*). Gradualmente, o termo passou a denotar também cantigas que tratam de temas políticos, morais e religiosos. [N.Ts.]

sereis filhos de vosso Pai do céu, que faz surgir seu Sol sobre maus e bons, e faz chover sobre justos e injustos".[83]

Em todas as grandes representações do amor como compaixão, caridade ou *agape*, a operação da virtude é descrita como geral e impessoal, transcendendo diferenças e até mesmo lealdades. E contra esta ordem de amor mais alta, espiritual, descreve-se, geralmente em oposição, a ordem mais baixa, da luxúria ou, como tão frequentemente é chamada, da "paixão animal", que é igualmente geral e impessoal, transcendendo diferenças e até mesmo lealdades. De fato, poderíamos descrever esta última com mais precisão simplesmente como o zelo dos órgãos masculino e feminino um pelo outro, e designar os escritos de Sigmund Freud como o texto moderno definitivo sobre esse tipo de amor. Contudo, no século XII e início do século XIII na Europa, primeiro na poesia dos trovadores da Provença, e depois, com um novo sotaque, na dos Minnesingers, foi articulada uma maneira de experimentar o amor que era completamente diferente de ambas, tradicionalmente opostas. E, visto que considero este capítulo típica e exclusivamente europeu de nosso tema como uma das mutações mais importantes, não apenas do sentimento humano, mas também da consciência espiritual de nossa raça humana, vou me demorar um pouco nele antes de proceder às passagens finais deste capítulo.

Para começar, o casamento, na Idade Média, era quase exclusivamente uma preocupação familiar, social – como certamente tem sido desde sempre na Ásia e o é até hoje para muitos no Ocidente. A pessoa se casava de acordo com arranjos familiares. Especialmente em círculos aristocráticos, jovens que não haviam saído da meninice eram dadas em casamento como joguetes políticos. E a Igreja, então, sacramentava tais uniões com sua linguagem inapropriadamente mística sobre dois que agora haviam de ser uma só carne, unidos através do amor e por Deus: que nenhum homem separasse o que Deus unira. Qualquer experiência real de amor só poderia entrar em tal sistema como um prenúncio de desastre. Pois não só a pessoa poderia ser queimada na fogueira como punição por adultério, mas, de acordo com a crença vigente, também queimaria para sempre no Inferno. E mesmo assim

---

83. Evangelho segundo São Mateus 5:43-46. *Bíblia do Peregrino*. Trad. Luís Alonso Schökel. 3. ed. São Paulo: Paulus Editora, 2011.

o amor veio para corações nobres como os que foram celebrados por Gottfried; não apenas veio, mas também foi convidado. E era tarefa dos trovadores celebrar esta paixão, a qual, em seu modo de ver, era de uma graça divina inteiramente maior em dignidade do que os sacramentos da Igreja, mais elevada que o sacramento do matrimônio e, se excluída do Céu, era depois santificada no Inferno. E o fato de a palavra *amor* ser a grafia invertida de *Roma* parecia epitomizar maravilhosamente o sentido da comparação.

Mas onde, então, residia a qualidade especial desta nova ordem de amor, o amor que não era nem *agape*, nem *eros*, mas *amor*?

Debates trovadorescos sobre o assunto eram o tema favorito de seus poemas, e a definição mais adequada que se alcançou foi aquela preservada para nós nas estrofes de um dos mais respeitados dentre eles, Guiraut de Borneilh, que afirma que o *amor* é discriminador – pessoal e específico – nasce dos *olhos* e do *coração*.

> Assim, através dos olhos o amor alcança o coração:
> Pois os olhos são os batedores do coração,
> E os olhos vão reconhecendo o terreno
> Em busca do que agradaria ao coração possuir.
> E quando estão de pleno acordo
> E firmes, os três, em uma só resolução,
> Naquela hora, nasce o perfeito amor
> A partir daquilo que os olhos acolheram para o coração.
> De outra maneira não pode o amor nascer ou ter início.
> Do que por meio deste nascimento e início movidos pela preferência.[84]

Observem bem: tal nobre amor *não* é indiscriminado. Não é um "amai vosso próximo como a ti mesmo não importa quem ele seja"; não é *agape*, caridade ou compaixão. Nem é uma expressão da vontade geral para o sexo, que é igualmente indiscriminada. É da ordem, nem do Céu nem do Inferno, mas da Terra; fundamentado na psique de um indivíduo em particular e, especificamente, na predileção de seus olhos: sua percepção de outro indivíduo específico e a comunicação

---

84. Guiraut de Borneilh *"Tam cum los oills el cor* [...]", extraído de John Rutherford, *The Troubadours: Their Loves and Their Lyrics* (London: Smith and Elder, 1873; General Books, 2010), p. 34-35.

daquela imagem ao seu coração – o qual será (como consta em outros documentos da época) um coração "nobre" ou "gentil", capaz da emoção do amor: *amor* e não simplesmente luxúria.

E qual, então, seria a natureza de um amor nascido assim?

Nos vários contextos do misticismo erótico oriental, seja do Oriente Próximo ou da Índia, a mulher é misticamente interpretada como uma oportunidade para que o amante vivencie profundezas além das profundezas de iluminação transcendente – muito à maneira da apreciação de Dante por Beatriz. Não era assim entre os trovadores. A amada, para eles, era uma mulher, não a manifestação de algum princípio divino; e especificamente *aquela* mulher. O amor era por *ela*. E a experiência celebrada era uma agonia de amor terreno: um efeito do fato de que a união de amor nunca pode ser realizada de modo absoluto nesta Terra. A alegria do amor está em seu sabor de eternidade; a dor do amor é a passagem do tempo; de modo que (como nas palavras de Gottfried) "doçura amarga e caro pesar" são parte de sua essência. E para aqueles "que não conseguem suportar o pesar e não desejam senão banhar-se em júbilo", a poção ambrosial desta maior das dádivas da vida é uma bebida forte demais. Gottfried chegou a deificar o Amor como uma deusa, e trouxe o aturdido casal para uma capela-silvestre escondida, conhecida como "A Gruta das Pessoas Apaixonadas", onde havia, no lugar de um altar, o nobre cristalino leito do amor.

Mais ainda – e essa, para mim, é a passagem mais profundamente comovente na versão da lenda escrita por Gottfried – aquela em que, no navio que zarpava da Irlanda (cena onde tem início a ópera de Wagner), o jovem casal bebe a poção sem saber e gradualmente se conscientizam do amor que por algum tempo vinha crescendo silenciosamente em seus corações. Brangaene, a fiel serva que por acaso deixara o fatídico frasco sem vigilância, lhes diz em um aviso terrível: "Aquele frasco e o que ele continha será a morte de vocês dois!".

Ao que Tristão respondeu: "Então, que seja feita a vontade de Deus, seja ela pela morte ou vida. Pois essa bebida envenenou-me docemente. Eu não sei qual há de ser a morte de que você fala, mas essa morte me cai bem. E se a encantadora Isolda continuar a ser a minha morte dessa forma, com prazer cortejarei uma morte eterna".[85]

---

85. Gottfried, op. cit., ll. 12495-12502.

VIII – A mitologia do amor

Brangaene se referira apenas à morte física. A referência de Tristão a *"esta* morte", entretanto, era em relação ao êxtase de seu amor; e sua referência, em seguida, a "uma morte eterna" era em relação a uma eternidade no Inferno – o que, para um católico medieval, não era qualquer mero floreio retórico.

Penso naquela figura muçulmana de Satanás, o grande amante de Deus, no Inferno de Deus. E quando recordo, mais ainda, à luz destas palavras de Tristão, aquela cena do *Inferno* de Dante onde o poeta, descrevendo sua passagem pelo círculo dos pecadores carnais, conta ter visto ali, carregadas por um vento ardente, as rodopiantes almas aos berros de todos os mais famosos amantes da história – Semíramis, Helena, Cleópatra, Páris e sim!, Tristão também; contando como falara ali com Francesca da Rimini nos braços do irmão de seu marido, Paolo, perguntando o que trouxera aqueles dois àquela terrível eternidade; e ela lhe contou como eles tinham lido juntos sobre

Fig. 8.3 – Tristão e Isolda

Guinevere e Lancelot e, em um dado momento, olhando um para o outro, se beijando, trêmulos, e parado de ler naquele dia... quando me recordo, como disse, daquela passagem à luz de Tristão acolhendo "uma morte eterna", não consigo deixar de me perguntar se Dante estaria completamente correto em considerar a condição das almas no Inferno como um estado de dor absoluta. Seu ponto de vista era o de um observador externo; alguém, além do mais, cujo próprio amor estava lhe carregando para frente e para cima em direção ao ápice do mais alto Céu. Ao passo que Paolo e Francesca tinham o ponto de vista interno de uma paixão de um tipo muito mais ardente, de cujo regozijo terrível podemos obter um indício na palavra de outro visionário, William Blake, em *O Casamento do Céu e do Inferno*: "Conforme eu andava em meio às chamas do Inferno, encantado com os prazeres geniais que para os Anjos parecem ser tormento e insanidade".⁸⁶ Pois a questão tanto do Inferno quanto do Céu é esta: estando lá, você está no lugar que lhe é próprio, que, afinal, é exatamente onde você quer estar.

O mesmo argumento foi apresentado na peça *Entre Quatro Paredes*, de Jean-Paul Sartre, em que o cenário é um quarto de hotel no Inferno, escassamente mobiliado ao estilo do Segundo Império e com uma imagem de Eros em cima da cornija da lareira. Neste único cômodo três hóspedes permanentes serão introduzidos pelo carregador de malas do hotel, um por um.

Fig. 8.4 – Paolo e Francesca

O primeiro, um jornalista pacifista de meia idade, acaba de ter sido baleado neste minuto como desertor, e o que seu orgulho mais demanda agora é ouvir que sua tentativa de fugir para o México e lá publicar uma revista pacifista foi heroica; que ele não foi um covarde. A segunda a ser introduzida é uma lésbica que perdeu sua vida quando uma jovem esposa a quem ela seduzira ligou o gás ocultamente em seu apartamento e morreu com ela, asfixiada, na cama. Desprezando imediatamente o homem medroso que será seu companheiro neste cômodo para sempre, essa mulher friamente intelectual não lhe dá conforto algum em sua necessidade. A próxima e última participante também não tem como ajudar, uma jovenzinha que só pensa em homens, que afogara seu bebê ilegítimo e levara seu amante ao suicídio.

Esta segunda mulher, é claro, imediatamente se interessa pelo homem, que precisa, entretanto, não de paixão, mas de compaixão. A lésbica bloqueia todas as tentativas que eles fazem de chegar a algum tipo de acordo, ao mesmo tempo fazendo suas próprias investidas,

---

86. William Blake, *The Marriage of Heaven and Hell* (1790-1793). "A Memorable Fancy", lâmina 14.

tentando ganhar a outra mulher, que não tem nem interesse, nem entendimento do que a outra quer. E quando estes três – tão primorosamente combinados – atiram suas exigências implacáveis uns nos outros chegando a tal nível de frustração que a fuga, de uma maneira ou de outra, pareceria ser a única coisa que alguém nessa situação poderia desejar, a porta trancada do cômodo deles se abre – mostrando lá fora um vazio azul – e ninguém vai embora. A porta se fecha, e eles estão trancados para sempre em sua cela escolhida.

Bernard Shaw diz praticamente o mesmo no terceiro ato de seu *Man and Superman*: aquela cena deliciosa em que uma velhinha, filha devota da Santa Madre Igreja, é informada de que a paisagem na qual está passeando alegremente não é o Céu, mas sim o Inferno. Ela fica indignada. "Eu lhe digo, sei que não estou no Inferno", insiste ela, "porque não sinto dor alguma". Bem, se ela quiser (dizem eles), pode facilmente seguir passeando por cima da colina e entrar no Céu. Entretanto, o esforço de permanecer ali foi considerado insuportável (alguém lhe avisa) por aqueles que estão felizes no Inferno. Existem uns poucos – e eles são, em sua maioria, ingleses – que permanecem mesmo assim, não porque estão felizes, mas porque acham que condiz com sua posição social estar no Céu. "Um inglês", declara seu informante, "pensa que é uma criatura moral quando sente um mero desconforto". E com esse revelador gracejo típico de Bernard Shaw, sou conduzido às minhas reflexões finais sobre o tema deste capítulo.

Pois é a lenda do Santo Graal que simboliza o trabalho de cura através do qual o mundo, dividido entre honra e amor, conforme representado na lenda de Tristão e Isolda, seria curado de sua indecisão. A intolerável doença espiritual do período foi representada neste conto altamente simbólico na figura de uma "terra arrasada" – a mesma que T. S. Eliot, em seu poema de mesmo nome publicado em 1922, adotou para caracterizar a condição de nossa própria época conturbada. Todo impulso natural naquele período de despotismo eclesiástico foi estigmatizado como corrupto, e o único meio reconhecido de "redenção" seriam sacramentos administrados por autoridades que eram, elas mesmas, de fato corruptas. As pessoas eram forçadas a professar e viver segundo crenças nas quais nem sempre acreditavam de fato. A ordem moral imposta tinha precedência sobre as reivindicações tanto da verdade quanto do amor. As dores do Inferno eram ilustradas na

Terra pela tortura de adúlteros, hereges e outros vilões, dilacerados ou queimados em praças públicas. E toda esperança de qualquer coisa melhor era lançada bem alto, naquela propriedade celestial da qual Gottfried falou com tamanho escárnio, onde aqueles que não conseguiam suportar nem o pesar nem o desejo seriam banhados em um êxtase eterno.

Na lenda do Graal, como é descrita em *Parsifal*, do grandioso contemporâneo e principal rival literário de Gottfried, Wolfram von Eschenbach, essa devastação da Cristandade é atribuída simbolicamente ao ferimento pavoroso do jovem Rei do Graal, Anfortas, nome cujo significado é "enfermidade"; e o resultado esperado dos trabalhos do aguardado Cavaleiro do Graal era a cura deste jovem terrivelmente ferido. Anfortas – significativamente – tinha apenas herdado, e não merecido, o alto posto de guardião do símbolo supremo da vida espiritual. Ele não tinha sido testado adequadamente para esta função; em vez disso, ainda se comportava da maneira natural à juventude. E, como todos os jovens nobres daquele período, saiu um dia a cavalo do Castelo do Graal com o grito de guerra *"Amor!"*, e encontrou imediatamente um cavaleiro pagão de uma terra não muito longe do jardim fechado do Paraíso, que viera cavalgando em busca do Graal e tinha esse nome gravado na ponta de sua lança. Os dois ajustaram suas lanças, cavalgaram um contra o outro, e o cavaleiro pagão foi morto. Mas sua lança, inscrita com o nome do Graal, já havia castrado o jovem rei, e sua ponta, quebrada, permaneceu na excruciante ferida.

Essa calamidade, no entender de Wolfram, simbolizava a dissociação, dentro da Cristandade, entre o espírito e a natureza: a negação da natureza como corrupta, a imposição do que se supunha ser uma autoridade *super*naturalmente dotada, e a efetiva demolição tanto da natureza quanto da verdade em consequência disto. A cura do rei mutilado, portanto, poderia ser realizada somente por um jovem incorrupto *naturalmente* dotado, que mereceria a coroa suprema por meio de seus próprios autênticos trabalhos e experiência de vida, motivado por um espírito inabalável de nobre amor, lealdade duradoura e compaixão espontânea. Tal jovem era Parsifal. E embora não possamos, nestas poucas páginas, rememorar todo o curso de sua carreira simbólica, basta falar de quatro dos principais episódios para sugerir o peso da mensagem curativa do poeta.

O nobre jovem fora educado por sua mãe viúva em uma floresta afastada do mundo da corte, e foi somente quando ele viu por acaso um pequeno grupo de cavaleiros em missão passando por sua fazenda que ele ficou sabendo da arte cavalheirismo e, abandonando sua mãe, dirigiu-se para a corte do Rei Artur. O treinamento na cortesia e nas habilidades do combate ele recebeu de Gurnemanz, um nobre idoso que admirou suas óbvias qualidades e lhe ofereceu sua filha em casamento. Mas Parsifal, pensando: "Não devo simplesmente aceitar, devo *merecer* minha esposa!", cortês e gentilmente recusou o presente e, sozinho de novo, foi embora em seu cavalo.

Ele deixou as rédeas frouxas no pescoço de sua montaria e assim foi conduzido pela vontade da natureza (seu cavalo) até o castelo sitiado de uma rainha órfã da mesma idade que a dele, Condwiramurs (*conduire amour* – "conduzir o amor"), a quem ele, no dia seguinte, resgatou heroicamente dos ataques indesejados de um rei que esperava anexar as propriedades feudais dela às dele por meio da captura e do casamento. E foi ela, então, a amável jovem rainha, que se tornou a esposa que ele havia merecido; e não houve sacerdote algum para solenizar o casamento – sendo que a mensagem de cura do poeta Wolfram nessa narrativa é a de que o amor nobre, por si só, é a santificação do casamento, e a lealdade no casamento é a confirmação do amor.

A segunda proposição, para a qual o poeta nos chama a atenção em seguida, diz respeito à natureza humana realizada – não superada ou transcendida – na conquista daquele objetivo espiritual supremo cujo símbolo medieval era o Graal. Pois foi apenas *depois* que Parsifal conheceu os desafios seculares normais de sua época – tanto em seus feitos cavalheirescos quanto no casamento – que ele se envolveu sem aviso prévio e sem intenção no contexto imprevisto e imprevisível da aventura espiritual

Fig. 8.5. Parsifal e Condwiramurs

mais alta simbolizada pelo Castelo do Graal e pela prodigiosa cura de seu rei. A lei mística que governa a aventura exigia que o herói que a conquistasse não tivesse conhecimento algum de suas tarefas ou regras, mas que realizasse tudo espontaneamente pelo impulso de sua natureza. O castelo apareceria como uma visão diante dele. Quando a ponte levadiça fosse abaixada, ele a percorreria a cavalo em direção a uma cerimônia de boas-vindas jubilosa. E a tarefa que então se esperaria dele, quando o rei mutilado fosse carregado em sua liteira para dentro do pomposo salão, seria simplesmente perguntar o que lhe afligia. O ferimento ficaria curado imediatamente, a terra arrasada se tornaria verde e o próprio herói salvador seria instalado como rei. Entretanto, na ocasião de sua primeira chegada e recepção, Parsifal, embora movido pela compaixão, se manteve educadamente quieto; pois fora ensinado por Gurnemanz que um cavaleiro não faz perguntas. Assim, ele permitiu que a preocupação por sua imagem social inibisse o impulso de sua natureza e isso, é claro, era exatamente o que todo mundo estava fazendo naquele período e era a causa de tudo que estava errado.

Bem, para resumir muito uma história longa e maravilhosa, o resultado desta supressão do ditame de seu coração foi que o jovem, desorientado cavaleiro desprezado, humilhado, amaldiçoado, ridicularizado e exilado dos arredores do Graal, estava tão envergonhado e perplexo pelo que acontecera que amaldiçoou a Deus amargamente pelo que entendeu como uma enganação desagradável praticada contra ele e durante anos cavalgou em uma busca desesperada, solitária, para alcançar novamente aquele castelo do Graal e libertar seu rei sofredor. De fato, mesmo depois de ser informado por um eremita da floresta que a lei de Deus em relação àquele feitiço era que ninguém que estivesse em busca do castelo o encontraria, e ninguém que tivesse fracassado uma vez jamais teria uma segunda chance, o resoluto jovem persistiu, movido pela compaixão por seu rei terrivelmente mutilado, a quem seu fracasso tinha deixado em tão grande dor.

Mas sua vitória derradeira, ironicamente, resultou mais de sua lealdade a Condwiramurs e do destemor no combate do que de sua determinação obstinada em redescobrir o castelo. A ocasião imediata foi um grande e imponente banquete de casamento – com muitas belas damas nas imediações e elegantes namoricos em meio a flâmulas coloridas – do qual ele foi embora, não com um ressentimento moral, mas porque, com a imagem de Condwiramurs em seu coração (a quem não vira em todos esses anos cruéis de busca implacável), não conseguia engajar-se em quaisquer dos prazeres daquela ocasião maravilhosamente agradável. Ele foi embora cavalgando sozinho. E não havia chegado muito longe quando avançou em sua direção, saído de um bosque ali perto, um reluzente cavaleiro do Islã.

Ora, Parsifal já sabia há algum tempo que tinha um meio-irmão mais velho, um muçulmano; e aconteceu que este cavaleiro era ele. Eles colidiram e lutaram ferozmente. "E eu lamento por isso", escreveu Wolfram, "pois eles eram os dois filhos de um homem. Poder-se-ia dizer que 'eles' estavam lutando, fosse possível se falar que eram dois. Aqueles dois, entretanto, eram um só: 'meu irmão e eu' são um só corpo, como bom homem e boa esposa. Lutando aqui por causa da lealdade de coração, uma só carne, um só sangue, estavam causando a si mesmos muito dano".[87] A cena de batalha é uma recapitulação transformada do encontro de Anfortas com o pagão. A espada de Parsifal, contudo, quebrou no capacete do outro. O muçulmano atirou para longe sua própria espada, recusando-se a matar um cavaleiro indefeso, e os dois se sentaram para o que acabou sendo uma cena de reconhecimento.

Claramente implícita neste encontro crucial está uma referência alegórica às duas religiões opostas da época, o cristianismo e o islamismo: "dois filhos nobres", por assim dizer, "de um só pai". E, espantosamente, quando os dois irmãos chegaram a um acordo, um mensageiro do Graal apareceu para convidar *ambos* para o castelo – o que é um detalhe certamente notável em uma obra cristã do tempo das Cruzadas! O rei mutilado é curado, Parsifal é instalado em seu lugar, e o muçulmano, tomando a Donzela do Graal como esposa (cujas mãos virgens haviam sido as únicas a carregar o recipiente simbólico), parte com ela para o Oriente, para ali reinar em verdade e amor – certificando-se (conforme declara o texto) "de que seu povo goze de seus direitos".

Mas este prodigioso *Parsifal* de Wolfram von Eschenbach tem simplesmente que ser lido.[88] Engraçado, jubiloso, inteiramente dife-

---

87. Wolfram von Eschenbach, *Parsifal* XV, l. 740, (Berlin and Leipzig: Karl Lachmann, 1926), p. 348-349.
88. Existe uma excelente tradução: Helen M. Mustard and Charles E. Passage, *Parsifal: A Romance of the Middle Ages* (New York: Vintage, 1961).

rente tanto em espírito quanto em significado da pesada composição de Richard Wagner, é uma das obras mais ricas e mais civilizadas da Idade Média europeia; e é um monumento, além do mais, a todas as formas que o poder do amor tem para salvar o mundo, e talvez a maior história de amor de todos os tempos.

Então permitam-me agora, em conclusão, voltar-me para os escritos de um autor de nosso próprio tempo, Thomas Mann, que já em seu primeiro romance, *Tonio Kröger*, nomeou o amor como o princípio controlador de sua arte.

O jovem alemão do norte que é o herói dessa história, cuja mãe era uma mulher da raça latina, viu-se separado de seus companheiros loiros de olhos azuis – não apenas fisicamente, mas também temperamentalmente. Era com um esforço de desdém intelectual curiosamente melancólico que ele os considerava; porém ainda com inveja, misturada com admiração e amor. De fato, no recôndito de seu coração ele prometeu que seria leal a todos eles eternamente – e em especial a um certo Hans, de olhos azuis encantadores, e uma bela loira, Ingeborg, que representavam para ele, de maneira irresistível, o apelo da beleza humana revigorante e da vida cheia de juventude.

Ao chegar à maioridade, Tonio abandonou o norte para ir em busca de seu destino como escritor, e mudando-se para uma cidade do sul, conheceu ali uma jovem russa, de nome Lisaveta, e seu círculo de sérios pensadores. Ali em meio àqueles críticos e desdenhadores da ignara raça humana, não se sentiu mais à vontade do que se sentira anteriormente entre os objetos de seu escárnio. Ele estava, assim, entre dois mundos, "um burguês perdido", como definia a si mesmo. Indo embora desta segunda cena, um dia mandou de volta pelo correio, à crítica Lisaveta, um manifesto epistolar em que declarava seu credo enquanto artista.

A palavra correta – *le mot juste* – ele reconhecia, podia ferir; podia até mesmo matar. Porém, o dever do escritor é observar e nomear com exatidão: ferindo e até possivelmente matando. Pois o que o escritor deve nomear ao descrever são, inevitavelmente, imperfeições. A perfeição na vida não existe; e se existisse, não suscitaria amor, mesmo que fosse admirável, possivelmente seria até mesmo um tédio. À perfeição falta personalidade. (Todos os Budas, dizem, são perfeitos: perfeitos e,

VIII – A mitologia do amor

portanto, parecidos. Tendo conquistado a libertação das imperfeições deste mundo, o abandonaram, para nunca mais voltar. Mas os Bodhisattvas, aqui permanecendo, contemplam as vidas e feitos deste mundo imperfeito com olhos e lágrimas de compaixão). É preciso atentar para isto (e eis aqui o ponto alto do pensamento de Mann sobre o assunto): o que inspira amor, por qualquer ser humano, são precisamente suas imperfeições. O escritor deve encontrar as palavras corretas para elas e enviá-las como flechas em direção ao seu alvo – mas com um bálsamo, o bálsamo do amor, em todos os pontos. Pois a marca, a imperfeição, são exatamente o que é pessoal, humano, natural, no objeto, e é o ponto umbilical de sua vida.

"Eu admiro", escreveu Tonio Kröger a seu amigo intelectual, "aqueles seres orgulhosos e frios que se aventuram em trilhas de grande beleza demoníaca e desprezam a 'espécie humana'; mas não os invejo. Porque (e aqui ele solta seu próprio dardo) se existe qualquer coisa capaz de fazer de um literato um poeta, é este amor burguês que eu sinto pelo humano, pelo trivial. Toda a cordialidade, bondade e humor derivam disto; e até me parece que deve ser este o amor em si, do qual está escrito que alguém pode falar com as línguas dos homens e dos anjos e ainda assim, não o possuindo, ser como o bronze que soa e como o címbalo que retine [...]".

"Erótico" ou "ironia plástica" é o nome que Thomas Mann deu a este princípio; e durante a maior parte de sua carreira criativa, este foi o princípio que guiou sua arte. O olho inabalável detecta, o intelecto nomeia, o coração sai de si em compaixão; e a força vital de todo coração que ama a vida será finalmente testada, desafiada e medida por sua capacidade de fitar com tal compaixão tudo o que tenha sido percebido pelo olho e nomeado pelo intelecto. "Pois Deus", como lemos em Paulo aos Romanos, "entregou todos os homens à desobediência para poder mostrar a todos sua misericórdia".

Além do mais, a própria vida, podemos ter certeza, oferecerá a cada um de nós, no fim das contas, um teste de nossa capacidade para um amor assim – como a seu tempo testou Thomas Mann, com a transformação, sob Hitler, de seu Hans de olhos azuis e sua loira Ingeborg, naquilo que ele só poderia nomear e descrever como monstros depravados...

O que uma pessoa faz quando se sujeita a um teste assim?

São Paulo disse: "O amor tudo suporta".[89] Temos também as palavras de Jesus: "Não julgueis e não sereis julgados".[90] E existe também o ditado de Heráclito: "Para Deus, todas as coisas são justas e boas e corretas; mas os homens consideram algumas coisas erradas e algumas certas. O bem e o mal são uma coisa só".[91]

Existe um profundo e terrível mistério aqui, que nós talvez não possamos compreender, mas que terá de ser assimilado se tivermos que encarar tal teste. Pois o amor é exatamente tão forte quanto a vida. E quando a vida produz o que o intelecto nomeia como mal, podemos entrar em uma batalha justa, lutando "por causa da lealdade do coração"; entretanto, se o princípio do amor (o "amai os vossos inimigos!" de Cristo) se perde por meio dela, nossa humanidade também será perdida.

"O homem", nas palavras do romancista norte-americano Hawthorne, "não deve rejeitar sua fraternidade nem mesmo diante do mais culpado de todos".[92]

---

89. I Coríntios 13:7.
90. Evangelho de São Mateus 7:1.
91. *Heráclito* de Éfeso, conforme citado em *Scholia Graeca in Homeri Iliadem*, ad Λ 4.
92. Nathaniel Hawthorne, "Fancy's Show Box", extraído de *Twice-Told Tales* (New York: Modern Library, 2001), p. 173.

IX – Mitologias de guerra e paz

Fig. 9.1 – Arjuna e Krishna partem para a batalha
[1967][93]

Por uma razão óbvia, é muito mais fácil citar exemplos de mitologias de guerra do que mitologias de paz, pois não somente o conflito entre grupos tem sido normal à experiência humana, mas também é inegável o cruel fato de que matar é a pré-condição de tudo o que vive: a vida se sustenta da vida, come a vida e, caso contrário, não existiria. Para alguns, essa terrível necessidade é fundamentalmente inaceitável, e tais pessoas têm, por vezes, produzido mitologias de um caminho para a paz perpétua. Entretanto, essas não são, em geral, as pessoas que têm sobrevivido no que Darwin definiu como a luta universal pela existência. Antes, têm sido aqueles que se harmonizaram com a natureza da vida nesta Terra. Pura e simplesmente: foram as nações, tribos e povos

---

93. Extraído de uma palestra (L184) com o mesmo título.

criados em mitologias de guerra que sobreviveram para comunicar a tradição mítica que dá sustento à vida.

Graças à visão retrospectiva das mais recentes pesquisas e descobertas paleológicas, agora sabemos que na África Oriental primitiva, onde as mais antigas evidências da evolução humana vieram à tona, já existiam, no princípio, há pelo menos uns 180 mil anos, dois tipos distintos de hominídeos, ou criaturas humanoides, nesta Terra. Uma delas, que o professor L. S. B. Leakey, seu descobridor, chamou de *Zinjanthropus*, parece ter sido vegetariano. Sua linhagem está atualmente extinta. A outra, o *Homo habilis* – "homem hábil ou capaz", como Leakey o chamou – era um carnívoro, um matador, um fabricante de ferramentas e armas. E é de sua linhagem, aparentemente, que nós da espécie humana atual descendemos.

"O homem", escreveu Oswald Spengler, "é uma fera predatória".[94] Esse é simplesmente um fato da natureza. E outro fato semelhante é este: que por todo o reino animal as feras predatórias, quando comparadas com suas vítimas vegetarianas, são em geral não somente as mais poderosas, mas também as mais inteligentes. Heráclito declarou que a guerra era a criadora de todas as coisas grandiosas; e novamente nas palavras de Spengler: "Aquele a quem falta coragem para ser um martelo acaba no papel da bigorna".[95] Muitas mentes sensíveis, reagindo a esta verdade incômoda, acharam a natureza intolerável e depreciaram todos aqueles mais aptos à sobrevivência como "perversos", "maus" ou "monstruosos", construindo, ao invés disso, como um ideal contrário, o modelo daquele que dá a outra face e cujo reino não é deste mundo. E é assim que, finalmente, duas mitologias básicas radicalmente opostas podem ser identificadas no extenso panorama da história: uma na qual essa monstruosa pré-condição de toda vida temporal é afirmada através da vontade, e a outra, na qual ela é negada.

Ora, quando nos voltamos para as mitologias primitivas dos povos não letrados da Terra, o que imediatamente encontramos é que, sem exceção, elas são do primeiro tipo, afirmativo. Não conheço nenhum povo primitivo em qualquer lugar que rejeite e desprece o conflito ou represente o estado de guerra como um mal absoluto. Os grandes

---

94. Oswald Spengler, *The Hour of Decision*, (New York: Alfred A. Knopf, 1934), p. 21.
95. Spengler, op. cit, p. 199.

IX – Mitologias de guerra e paz

caçadores tribais matam animais o tempo todo, e uma vez que os suprimentos de carne são limitados, existem, inevitavelmente, choques entre os membros de grupos rivais que vêm abater os mesmos rebanhos. Em geral, caçadores são guerreiros; e não só isso, mas muitos ficam eufóricos com a batalha e transformam a guerra em exercícios de *bravura*. Os ritos e mitologias desses homens tribais são geralmente baseados na ideia de que, na verdade, a morte não existe. Se o sangue de um animal abatido é devolvido ao solo, ele carregará o princípio da vida de volta à Mãe Terra para renascer, e a mesma fera retornará na próxima estação para gerar seu corpo temporal novamente. Os animais de caça são considerados, assim, vítimas voluntárias que entregam seus corpos à espécie humana com o entendimento de que ritos adequados serão feitos para devolver o princípio da vida à sua fonte. De modo semelhante, após episódios de batalha, são realizados rituais especiais para apaziguar e libertar os espíritos daqueles que foram mortos.

Tais cerimônias também podem incluir ritos para mitigar o comportamento maníaco da guerra e o furor da batalha daqueles que realizaram o massacre. Pois todo esse negócio de matar, seja matando animais ou matando homens, é considerado cheio de perigos. Por um lado, há o risco da vingança por parte da pessoa ou do animal que foi morto; e por outro, existe um risco equivalente do próprio matador se tornar infectado por uma mania assassina e perder o controle, tornando-se enfurecido e violento. Junto aos rituais para honrar e aplacar os espíritos também podem acontecer ritos especiais realizados para readaptar os guerreiros que retornam das batalhas aos modos de vida no lar.

Um dos primeiros livros que tive o privilégio de editar foi o de um cerimonial de guerra navajo, acompanhado por sua série de pinturas em areia (ou melhor, neste caso, pinturas de "pólen", feitas de pétalas de flores pulverizadas).[96] A lenda ilustrada era a dos deuses gêmeos guerreiros navajos, cujos ritos foram revividos na reserva durante os anos da Segunda Guerra Mundial para iniciar no espírito da guerra os

---

96. Jeff King, Maud Oakes, e Joseph Campbell, *Where the Two Came to Their Father: A Navaho War Ceremonial,* Bollingen Series I, 2 ed. (Princeton, New Jersey: Princeton University Press, 1969, 1991).

jovens navajos que estavam sendo recrutados pelas Forças Armadas dos Estados Unidos.

O nome da cerimônia era *Onde os Dois vão até o seu Pai*. Narrava a jornada dos heróis gêmeos navajos até o lar do Sol, seu pai, para obter dele a magia e as armas com as quais eliminar os monstros soltos pelo mundo naquela época. Pois é uma ideia básica de praticamente toda mitologia de guerra que o inimigo é um monstro, e que matando-o a pessoa está protegendo a única ordem de vida humana verdadeiramente valiosa na Terra, que é aquela, certamente, de seu próprio povo. No sentido deste rito navajo, o jovem valente que está sendo iniciado é identificado com os jovens deuses heróis da era mitológica que, naquela época, protegeram a humanidade ao limpar os lugares selvagens de serpentes venenosas, gigantes e outros monstros. Eu diria que um dos grandes problemas de nossa sociedade perturbada é exatamente este, o de que os jovens criados para funcionar nos campos protegidos de vida pacificamente doméstica, quando subitamente selecionados para desempenhar o papel do guerreiro, recebem pouca ou nenhuma indução psicológica. Eles estão, portanto, espiritualmente despreparados para desempenhar os papéis que lhes são exigidos neste jogo imemorável da vida e não conseguem fazer com que seus sentimentos morais inadequados os sustentem.

Fig. 9.2 – Locutores de código

Mas nem todos os povos primitivos são lutadores, e quando nos voltamos dos nômades caçadores e guerreiros das vastas planícies de animais migratórios para os povos aldeões mais substancialmente sedentários dos trópicos – habitando um ambiente predominantemente vegetal, onde as plantas, e não o animal, sempre constituiram a dieta básica – podemos esperar encontrar um mundo relativamente pacífico, com pouca ou nenhuma necessidade, seja de uma psicologia ou uma mitologia da arte da guerra. Entretanto, como já foi observado

IX – Mitologias de guerra e paz

em capítulos anteriores, existe uma crença muito estranha que prevalece por toda parte nessas zonas tropicais, baseada na observação de que no mundo vegetal a vida surge da putrefação, a vida brota da morte, e de que a partir do apodrecimento das plantas do ano anterior que emergem novas plantas. Consequentemente, o tema mitológico dominante de muitos dos povos daquelas regiões sustenta a noção de que através do ato de matar aumenta-se a vida e, de fato, é exatamente naquelas partes do mundo que os mais horríveis e grotescos rituais de sacrifício humano persistem até hoje, sendo que a inspiração para eles é a noção de que para ativar a vida a pessoa tem que matar. É nessas áreas que a caça de cabeças prospera, sendo que a ideia básica ali é que, antes que um jovem que está para se casar possa gerar uma vida, ele deve tirar uma vida e trazer de volta, como troféu, uma cabeça – que será honrada no casamento, não vista com desdém, mas tratada respeitosamente como aquele que deu o poder da vida para os filhos deste casamento, que agora podem ser concebidos e nascerem.

E a respeito desta tarefa sinistra de obter vítimas sacrificiais para o sustento da vida, temos como exemplo extremo a antiga civilização asteca, onde se acreditava que a menos que sacrifícios humanos fossem imolados nos numerosos altares, o próprio Sol deixaria de se mover, o tempo pararia e o universo desmoronaria. E era simplesmente para obter centenas e milhares de sacrifícios que os astecas guerreavam continuamente contra seus vizinhos. Seus próprios guerreiros eram honrados como sacerdotes; e um princípio de combate – até combates entre os elementos naturais, ar e terra, água e fogo – era, segundo eles, o princípio fundador do universo, sendo que o grande ritual de guerra conhecido como a Guerra Florida era sua celebração suprema.

Na antiguidade do Oriente Próximo, onde surgiram pela primeira vez as comunidades que sobreviviam do plantio e da colheita de grãos, e as mais antigas cidades passaram a existir, desde cerca o oitavo milênio a.C., uma ordem de existência humana totalmente nova gradualmente tomou forma, baseada não na caça e coleta, mas no plantio e na colheita de safras, com a grande e boa Mãe Terra como principal provedora de sustento. E foi naqueles tempos, entre aquelas pessoas, que se desenvolveram os ritos de fertilidade que constituem os ritos básicos de todas as civilizações fundadas na agricultura desde então: rituais que têm a ver com o arado e a semeadura, com a ceifa, o peneirar e os primeiros frutos. Durante os mil anos iniciais de sua existência, aquelas primeiras cidadezinhas conseguiram sobreviver sem muralhas protetoras. Entretanto, por volta do sexto milênio a.C., e mais ainda durante o quinto, muralhas começam a ficar evidentes na arqueologia daqueles centros de vida civilizada, e estas nos permitem saber que povos guerreiros de passagem estavam começando a ameaçar e, ocasionalmente, invadir e pilhar os povoados, agora relativamente ricos, dos pacíficos e laboriosos lavradores do solo.

As duas raças de invasores mais importantes nas partes ocidentais desse campo cultural recentemente desenvolvido foram os criadores de gado arianos vindos das planícies de pasto da Europa Oriental, e os semitas vindos do sul, do deserto sírio-árabe, com seus rebanhos de cabras e ovelhas. Ambos eram lutadores terrivelmente implacáveis, e suas invasões nos povoados e cidades eram apavorantes. O Antigo Testamento apresenta muitos relatos de povoados pacíficos subjugados, violados e completamente destruídos. Imaginem: das torres de vigia, uma nuvem de poeira é avistada no horizonte. Uma tempestade de vento? Não! É um bando de beduínos; e na manhã seguinte não restará uma única alma viva dentro das muralhas daquela cidade.

Fig. 9.3 – Heitor é trazido de volta a Troia

As duas maiores obras de mitologia de guerra no Ocidente são, portanto, a *Ilíada* e o Antigo Testamento. Os gregos da Idade do Bronze tardia e início da Idade do Ferro estavam se tornando senhores do antigo Egeu por volta da mesma época em que os amoritas, moabitas e os primeiros habirus ou hebreus estavam invadindo Canaã. Estas foram invasões mais ou menos contemporâneas; e as lendas que celebram suas vitórias também foram desenvolvidas simultaneamente. Além disso, os conceitos mitológicos básicos que animam esses dois conjuntos de lendas também não eram muito diferentes. Ambos retratavam uma espécie de mundo de dois andares, com o andar da

IX – Mitologias de guerra e paz

terra embaixo e, acima, um andar superior de seres divinos. No plano terreno inferior, havia certas guerras sendo travadas – do *nosso* povo vencendo o outro povo – sendo que o progresso dessas guerras era dirigido do alto. No caso da *Ilíada*, os vários deuses de um panteão politeísta sustentam alternadamente ambos os lados; pois lá em cima também existem disputas em curso, de Posídon contra a vontade de Zeus, Atena contra Afrodite e, durante algum tempo, de Zeus contra Hera. De acordo com os resultados das discussões dos deuses lá em cima, da mesma maneira se dá a sorte dos exércitos terrenos aqui embaixo. E de fato, uma das coisas mais interessantes a respeito da *Ilíada* é que, embora composta para honrar os gregos, suas maiores honras e respeito são para os troianos. O nobre campeão troiano Heitor é o principal herói espiritual da obra. Aquiles, na comparação, parece um bandido. E o sensível episódio, no Livro VI, da partida de Heitor para a batalha, para longe de Andrômaca, sua esposa, e seu filhinho Astianax ("como uma linda estrela" nos braços de sua ama) com certeza é o momento supremo de humanidade, gentileza e verdadeira nobreza de toda a obra.

> "Meu caro senhor", implorou a boa esposa, "esta vossa intrepidez será o vosso fim; pois logo os aqueus irão vos emboscar e vos matar". E seu magnífico marido respondeu: "Vos rogo, minha cara, não fiqueis com o coração por demais pesaroso. Homem nenhum me atirará no Hades à revelia de meu destino: apenas o destino, do qual homem nenhum jamais escapou, seja ele covarde ou valoroso, uma vez que tenha nascido". E quando o menininho se encolheu por medo do reluzente capacete de seu pai, com sua crista de crina de cavalo, Heitor riu alto e, removendo-o, depositou-o, cintilando, no solo, então beijou seu filho, embalou-o em seus braços, e proferiu uma prece por ele a Zeus antes de partir para ser morto.

Ou considere a magnífica tragédia de Ésquilo, *Os Persas*: que produção extraordinária a ser apresentada em uma cidade grega mais ou menos vinte anos depois do próprio Ésquilo ter lutado contra os invasores persas em Salamina! O cenário é a Pérsia, com a rainha e sua corte discutindo o retorno de seu rei, Xerxes, derrotado nessa batalha. É escrito do ponto de vista persa e mostra com que respeito e grande capacidade de empatia os antigos gregos conseguiam enxergar até mesmo seu inimigo mais ameaçador daquela época.

Mas quando nos voltamos da *Ilíada* e de Atenas para Jerusalém e o Antigo Testamento, esta é uma mitologia com um andar superior muito diferente, com um poder lá em cima muito diferente: não um panteão politeísta favorecendo ambos os lados simultaneamente, mas uma divindade única com um único objetivo, com suas simpatias para sempre de um dos lados. E o inimigo, portanto, não importa quem seja, é tratado nesta literatura de uma maneira que contrasta de modo impressionante com a grega, praticamente como se ele fosse sub-humano: não um "Tu" (para usar o termo de Martin Buber), mas uma coisa, um "Isto". Escolhi algumas passagens características que todos nós – tenho certeza – reconheceremos, e as quais, repetidas no presente contexto, podem nos ajudar a compreender que fomos criados em uma das mitologias de guerra mais brutais de todos os tempos. Primeiro, então, o que se segue:

> Quando o Senhor teu Deus te houver introduzido na terra em que estás entrando para possuí-la, e expulsado nações mais numerosas do que tu, – os heteus, os girgaseus, os amorreus, os cananeus, os ferezeus, os heveus e os jebuseus –, sete nações mais numerosas e poderosas do que tu; quando o Senhor teu Deus entregá-las a ti, tu as derrotarás e as sacrificarás como anátema. Não farás aliança com elas e não as tratarás com piedade. Não contrairás matrimônio com elas, não darás tua filha a um de seus filhos, nem tomarás uma de suas filhas para teu filho; pois deste modo o teu filho se afastaria de mim para servir a outros deuses, e a cólera do Senhor se inflamaria contra vós, exterminando-te rapidamente. Eis como deveis tratá-los: demolir seus altares, despedaçar suas estelas, cortar seus postes sagrados e queimar seus ídolos. Pois tu és um povo consagrado ao Senhor teu Deus; foi a ti que o Senhor teu Deus escolheu para que pertenças a ele como seu povo próprio, dentre todos os povos que existem sobre a face da Terra.[97]

Quando estiveres para combater uma cidade, primeiro propõe-lhe a paz. Se ela aceitar a paz e abrir-te as portas, todo povo que nela se encontra ficará sujeito ao trabalho forçado e te servirá. Todavia, se ela

---

97. Dt 7:1-6.

IX – Mitologias de guerra e paz

não aceitar a paz e declarar guerra contra ti, tu a sitiarás. O Senhor teu Deus a entregará em tua mão, e passarás todos os seus homens a fio da espada. Quanto às mulheres, crianças, animais e tudo o que houver na cidade, todos os seus despojos, tu os tomarás como presa. E comerás o despojo dos inimigos, que o Senhor teu Deus te entregou. Farás o mesmo com todas as cidades que estiverem muito distantes de ti, as cidades que não pertencem a estas nações. Todavia, quanto às cidades dessas nações que o Senhor teu Deus te dará como herança, não deixarás sobreviver nenhum ser vivo. Sim, sacrificarás como anátema[98] os heteus, os amorreus, os cananeus, os ferezeus, os heveus, os jebuseus, conforme o Senhor teu Deus te ordenou.[99]

Quando o Senhor teu Deus te introduzir na terra que ele, sob juramento, prometeu a teus pais – Abraão, Isaac e Jacó – que te daria, nas cidades grandes e boas que não edificaste, nas casas cheias de tudo o que é bom, casas que não encheste, poços abertos que não cavaste, vinhas e olivais que não plantaste, quando, pois, comeres e estiveres saciado, fica atento a ti mesmo, fica atento a ti mesmo! Não te esqueças do Senhor, que te fez sair da terra do Egito, da escravidão.[100]

E quando, ao ler, passamos do Deuteronômio para o maior dos livros de guerra, o de Josué, ali está – a mais famosa de todas – a lenda da queda de Jericó. As trombetas soaram, as muralhas caíram. "Então, consagraram ao extermínio tudo o que havia na cidade: homens e mulheres, crianças e velhos, assim como os bois, ovelhas e jumentos, passando-os ao fio da espada [...] Queimaram a cidade e tudo o que nela havia, exceto a prata, o ouro e os objetos de bronze e de ferro, que foram entregues ao tesouro da casa do Senhor."[101] A cidade seguinte foi Ai. "E estes os desbarataram de modo tal que não sobrou nenhum sobrevivente nem fugitivo [...] A totalidade dos que morreram naquele dia, tanto homens como mulheres, foi de doze mil, todos habitantes de Ai."[102] "Assim Josué conquistou toda o território, a saber: a montanha, o

---

98. No Antigo Testamento, *anátema* significa a oferta sacrificial feita a Deus de todo despojo adquirido por meio da vitória sobre o inimigo. [N.Ts.]
99. Dt 20:10-17. A citação, conforme aparece no texto original, não inclui o versículo 18, onde se lê: "[...] para que não vos ensinem a praticar todas as abominações que elas praticavam para seus deuses: estaríeis pecando contra o Senhor vosso Deus". [N.Ts.]
100. Dt 6:10-12.
101. Js 6:21,24.
102. Js 8:22,25.

Neguebe, a planície e as encostas, com todos os seus reis. Não deixou nenhum sobrevivente, exterminando todos os seres vivos, conforme havia ordenado o Senhor, o Deus de Israel."[103]

E isso foi dito pelo mesmo Senhor Deus tão frequentemente citado pelas pombas da paz de hoje por ter ensinado: "Não matarás!".

Além do mais, temos em seguida o Livro dos Juízes, com aquela história no final sobre como a tribo de Benjamim obteve suas esposas.[104] O hino mais antigo da Bíblia, o cântico de Débora, é um cântico de guerra.[105] No Livro dos Reis temos aqueles banhos de sangue completamente monstruosos realizados em nome, é claro, de Jeová, por Elias e Eliseu. Em seguida vêm as reformas de Josias;[106] logo após o qual, entretanto, a própria Jerusalém é sitiada e tomada pelo Rei da Babilônia, Nabucodonosor, no ano 586 a.C.[107]

Mas acima e além de tudo isso voa alto o belo ideal de uma paz definitiva e universal, a qual, do tempo de Isaías em diante, atuou de maneira tão atraente através de todas as principais mitologias de guerra do Ocidente. Existe, por exemplo, a imagem sedutora citada tão frequentemente, no final do capítulo 65 de Isaías, onde "o lobo e o cordeiro pastarão juntos, e o leão comerá feno como o boi; quanto à serpente, o pó será o seu alimento. Não se fará mal nem violência em todo o meu monte santo, diz o Senhor".[108] Entretanto, um pouquinho antes, no mesmo Isaías, já nos foi dado a conhecer qual é de fato o ideal de paz que há de vir: "Estrangeiros", lemos ali,

> reedificarão teus muros e os seus reis te servirão, pois, se na minha cólera te feri, agora, na minha graça, me compadeci de ti. Tuas portas estarão sempre abertas, não se fecharão nem de dia nem de noite, a fim de que se traga a ti a riqueza das nações e seus reis sejam conduzidos a ti. Com efeito, a nação e o reino que não te servirem perecerão, sim, essas nações serão reduzidas à ruína. A glória do Líbano virá a ti, o zimbro, o plátano e o cipreste, todos juntos, para inundarem de brilho

---

103. Js 10:40.
104. Jz 21.
105. Jz 5.
106. II Rs 22-23.
107. II Rs 25.
108. Is 65:25.

IX – Mitologias de guerra e paz

o lugar do teu santuário, e assim glorificarei o lugar em que pisam meus pés. Os filhos dos teus opressores se dirigirão a ti humildemente; prostrar-se-ão aos teus pés todos os que te desprezavam, e te chamarão "Cidade do Senhor", "Sião do Santo de Israel".[109]

Foi estranho, e bastante ameaçador e impressionante, ouvir ecos desses mesmos temas que emanaram do júbilo de vitória em Israel, logo após a *Blitzkrieg* [guerra relâmpago] de seis dias e do Shabat no sétimo dia, em data recente.[110] Esta mitologia, diferentemente daquela da Grécia Antiga, ainda está muito viva. E, é claro, para completar o quadro, os árabes também têm a sua mitologia de guerra divinamente autorizada. Pois eles também são um povo que, de acordo com sua lenda, vêm da semente de Abraão: a descendência de Ismael, seu filho mais velho, o primogênito. Além disso, de acordo com esta história, confirmada no Corão, foram Abraão e Ismael, antes do nascimento de Isaac, que construíram em Meca o templo da Kaaba, que é o símbolo e santuário central unificante de todo o mundo árabe e do Islã. Os árabes reverenciam e derivam suas crenças dos mesmos profetas que os hebreus. Eles honram Abraão, honram Moisés. Honram muito Salomão. Honram Jesus, também, como um profeta; Muhammad, entretanto, é seu profeta definitivo, e dele – que era um guerreiro considerável – derivaram sua mitologia fanática de guerra implacável em nome de Deus.

O *jihad*, o dever da Guerra Santa, é um conceito desenvolvido a partir de certas passagens do Alcorão, as quais, durante o período das Grandes Conquistas (do século VII ao século X), foram interpretadas como definindo o dever imperioso de todo homem muçulmano que é livre, maior de idade, em total controle de suas faculdades mentais e fisicamente apto para o serviço. "A luta é prescrita para ti", lemos. "É verdade, tens antipatia por ela: entretanto, é possível que a tua antipatia seja por algo que é, não obstante, bom para ti. Deus sabe, e tu não sabes."[111] "Lutar pela causa da Verdade é uma das mais altas formas de caridade", leio em um comentário a esta passagem. "O que podes oferecer que é mais precioso do que a tua própria vida?"

---

109. Is 60:10-14.
110. Aqui Campbell está se referindo à assim chamada "Guerra dos Seis Dias", de 1967, ano em que ocorreu esta palestra.
111. Alcorão 2:216.

Todas as terras que não pertençam "ao território do Islã" (*dar al-Islam*) devem ser conquistadas e são conhecidas, portanto, como "o território da guerra" (*dar al-harb*). "Sou comandado", contam que o profeta disse, "para lutar até que os homens testemunhem que não há nenhum deus além de Deus, e seu mensageiro é Muhammad". De acordo com o ideal, uma campanha por ano, no mínimo, deve ser empreendida por todo príncipe muçulmano contra os infiéis. Contudo, onde fique provado que isto não é mais possível, é o suficiente se um exército, preservado de maneira eficiente, for mantido treinado e pronto para o *jihad*.

E os judeus, "o Povo do Livro", como são chamados aqui, possuem um lugar especial nesse pensamento, uma vez que foram eles que receberam a Palavra de Deus mas, então, (segundo a visão de Muhammad) a abandonaram repetidamente, reincidindo no erro, rejeitando, e até mesmo matando os profetas posteriores de Deus. No Alcorão, os judeus são repetidamente abordados e ameaçados: destas passagens citarei não mais que uma (e onde quer que a palavra "Nós" apareça neste texto, se refere a Deus; onde aparece "vós", refere-se aos Judeus; enquanto o "Livro" é a Bíblia):

> E nós fizemos, claro aviso aos Filhos de Israel no Livro para o fato de que, por duas vezes, eles imporiam danos à Terra e ficariam inchados com imensa arrogância, e por duas vezes seriam punidos. Quando os termos da primeira advertência se concretizaram, Nós enviamos contra vós Nossos servos incumbidos da terrível arte da guerra [os babilônios, 685 a.C.]: eles adentraram as partes íntimas de seus lares; e essa foi uma advertência cujos termos se cumpriram. Então vos garantimos o retorno contra eles; Nós vos demos o aumento em recursos e em filhos, e vos tornamos os mais numerosos em homens disponíveis para o trabalho físico. Se fizestes bem, fizestes bem para vós mesmos; se fizestes mal, fizeste-o contra vós mesmos. Assim, quando os termos da segunda das advertências se concretizaram, permitimos aos vossos inimigos que desfigurassem vossas faces e ingressassem em vosso Templo [os romanos, 70 d.C.] como já o tinham ingressado antes, e a visitar com destruição tudo o que caísse em poder deles. É possível que o vosso Senhor possa ainda mostrar-vos Misericórdia; mas se voltardes aos vossos pecados, Nós voltaremos às nossas punições: e Nós fizemos do Inferno uma prisão para aqueles que rejeitam a Fé.

São essas, então, as duas mitologias de guerra que até hoje estão confrontando uma à outra no altamente disputado Oriente Próximo, e que ainda podem explodir nosso planeta.

Entretanto, para retornar em pensamento ao passado, do qual nosso presente é a continuação: o velho ideal bíblico de ofertar um holocausto a Jeová por meio do massacre de tudo que vive em uma cidade ou povoado capturado, não era senão a versão hebraica de um costume generalizado entre os primeiros semitas: os moabitas, os amoritas, os assírios e todo o resto. Contudo, em meados do século VIII a.C., o assírio Tiglath Pilesar III (r. 745-727 a.C.) parece ter notado que, quando todos em uma província conquistada são mortos, não resta ninguém para escravizar. Porém se algum permanecer vivo, eles logo se restabelecem, e aí é preciso suprimir uma revolta. Tiglath Pilesar, portanto, inventou o procedimento de transferir populações de uma região para a outra: quando uma cidade tinha sido tomada, toda a sua população seria condenada ao trabalho forçado em outro lugar, e os habitantes daquele outro lugar transferidos para o lugar que fora abandonado. A ideia era eficaz e se tornou popular; de modo que quando mais dois séculos haviam se passado, todo o Oriente Próximo havia sido desterrado. Não sobrara praticamente povo algum preso à terra. Quando Israel caiu, seu povo não foi massacrado, como teria sido meio século antes. Foi levado para outro lugar, e outro povo (conhecido mais tarde como Samaritanos), foi trazido para habitar em seu antigo reino. E assim também, quando Jerusalém caiu no ano 586 a.C., seu povo não foi massacrado, mas sim transferido para a Babilônia, onde, conforme lemos no famoso Salmo 137:

> À beira dos rios da Babilônia
> nos sentamos, e choramos
> com saudades de Sião;
> nos salgueiros que ali estavam penduramos nossas harpas.
> lá os que nos exilaram
> pediam canções,
> nossos raptores queriam alegria:
> "Cantai-nos um canto de Sião!"

Como poderíamos cantar
um canto do Senhor
numa terra estrangeira?
Se eu me esquecer de ti, Jerusalém,
que me seque a mão direita!
Que me cole a língua ao palato
caso eu não me lembre de ti,
caso eu não eleve Jerusalém
ao topo da minha alegria!

Senhor, relembra
o dia de Jerusalém
aos filhos de Edom,
quando diziam: "Arrasai-a! Arrasai-a até os alicerces!

Ó devastadora filha da Babilônia,
feliz quem devolver a ti
o mal que nos fizeste!
Feliz quem amarrar e esmagar
tuas crianças contra a rocha!

Mas daí aconteceu, muito repentinamente, uma transformação completamente radical de toda a mitologia do Oriente Próximo, com a súbita aparição e as vitórias brilhantes dos persas arianos sobre todas as nações do mundo antigo exceto a Grécia, do Bósforo ao Alto Nilo até o Indo. A Babilônia caiu no ano 539 a.C. diante de Ciro, o Grande, cuja ideia para o governo de um império, entretanto, não era nem arrancar nem desenraizar, mas retornar os povos aos seus lugares, restaurando-os aos seus deuses e governando-os através de reis subordinados, advindos de suas próprias raças e tradições. Assim ele se tornou o primeiro Rei dos Reis. E esse título dos poderosos monarcas persas logo se tornou o título do próprio Senhor Deus de Israel, cujo povo Ciro restaurou à sua cidade, e que encorajou a reconstrução de seu Templo. No capítulo 45 do livro do profeta Isaías, este gentio chega a ser celebrado como um possível Messias, o servo ungido de Jeová, a mão cuja obra fora, na verdade, a obra da mão de Jeová, para a restauração de seu povo ao seu lugar sagrado. E se li aquele capítulo corretamente, o

IX – Mitologias de guerra e paz

que ele promete através de seu profeta é que, por fim, não seriam os persas, mas o próprio povo de Jeová que reinaria sobre o mundo em nome de Deus.[112]

A mitologia real dos persas, por outro lado, não era de Isaías, mas de Zaratustra (em grego: *Zoroastro*); e uma vez que ela exerceu considerável influência não apenas sobre o judaísmo, mas também sobre todo o desenvolvimento do cristianismo, faremos bem em nos dedicarmos um momento a ela antes de prosseguir em nossa inspeção rumo às mitologias de paz.

O Criador do Mundo, segundo esta visão, era Ahura Mazda, um deus de luz e de verdade, cuja criação original era perfeita. Entretanto, um poder maligno opositor de trevas e engano, Angra Mainyu, infundiu na criação males de todo tipo, de modo que ocorreu uma Queda generalizada rumo à ignorância e agora está em curso um conflito contínuo entre os poderes da luz e das trevas, verdade e engano. Estes, na visão persa, não são peculiares a nenhuma raça ou tribo, mas são poderes cósmicos, e todo indivíduo, qualquer que seja a sua raça ou tribo, deve, através de sua vontade própria, escolher lados e se alinhar, seja com os poderes do bem ou do mal, neste mundo. Na hipótese de alinhar-se ao primeiro, contribuirá por meio de seus pensamentos, palavras e feitos para a restauração do universo à perfeição; se, porém, alinhar-se com o segundo, contribuirá para seu grande pesar em um Inferno apropriado à sua vida.

À medida que o dia da vitória mundial derradeira se aproxima, e os poderes das trevas oferecem sua desesperada defesa final, virá uma temporada de guerras e catástrofes universais, após as quais chegará o salvador definitivo, Saoshyant. Angra Mainyu e seus demônios serão completamente destruídos; os mortos ressuscitarão em corpos de luz imaculada; desaparecendo o Inferno, suas almas purificadas serão libertadas; e se seguirá uma eternidade de absoluta paz, pureza, alegria e perfeição – para sempre.

De acordo com a visão dos antigos reis persas, eles é que, de uma forma especial, eram os representantes da causa e vontade do Senhor da Luz na Terra. E assim descobrimos que, no grandioso império multirracial e multicultural dos persas – de fato, o primeiro império assim

---

112. Isaías 45:14-25.

na história do mundo – existia um impulso imperialista religiosamente autorizado a fim de que, em nome da verdade, do bem, e da luz, o Rei dos Reis persa se tornasse o líder da humanidade rumo à restituição da verdade. A ideia é algo que teve um apelo particular aos reis e foi adotada por monarcas conquistadores em toda parte. Na Índia a imagem mítica do Chakravartin, o rei universal, com uma presença cuja iluminação traria paz e bem-estar para a humanidade, é uma figura amplamente inspirada por este pensamento. Ela há de ser reconhecida nos emblemas reais do primeiro monarca budista, Ashoka, por volta de 262-248 a.C. E na China, imediatamente após um período turbulento conhecido como *Chan-kuo*, "dos Estados em Guerra", o primeiro governante de um império unificado, Qin Shi Huang (r. 221-207 a.C.), governava, de acordo com a sua alegação, por ordem do Céu, sob a lei do Céu.

Portanto, dificilmente é de se admirar se o entusiasmado autor hebraico de Isaías 40-55, que era contemporâneo de Ciro, o Grande, e testemunha viva da restauração persa de seu povo a Jerusalém, apresenta em suas profecias evidências da influência de ideias do zoroastrismo; por exemplo, nas famosas passagens de 45: "Assim diz o Senhor a seu ungido, a Ciro... 'eu formo a luz e crio a escuridão, faço o bem e crio o mal, eu sou o Senhor, que faz todas essas coisas'", É nesses capítulos do assim chamado Segundo ou Dêutero-Isaías que encontramos as primeiras celebrações de Jeová, não simplesmente como o maior e mais poderoso deus entre os deuses, mas como o único Deus do universo, em quem não apenas os judeus, mas também os pagãos encontrarão salvação: "Voltai-vos para mim e sereis salvos, todos os confins da terra!", lemos, por exemplo. "Porque eu sou Deus e não há nenhum outro."[113] Além do mais, enquanto a ideia anterior do Messias dos profetas anteriores ao Exílio havia sido apenas de um rei ideal no trono de Davi, "para mantê-lo", como em Isaías, "com justiça e retidão de agora em diante e para todo o sempre"[114]; no período pós-exílio e, particularmente nos escritos apocalípticos do período alexandrino – como, por exemplo, no Livro de Daniel – existe a noção de alguém a quem, no fim do tempo histórico, seria dado "um domínio eterno, que

---

113. Isaías 45:22.
114. Isaías 9:6-7.

jamais passará" sobre "todos os povos, nações e línguas". E naquela época, além disso, "muitos daqueles que dormem no pó da terra acordarão, alguns para a vida eterna, e alguns para a vergonha e o desprezo eterno".[115]

Não pode haver dúvida da influência da escatologia do zoroastrismo sobre ideias como essas a respeito do fim do mundo e da ressurreição dos mortos. Além disso, nos manuscritos do Mar Morto dos essênios, do último século antes de Cristo, a influência do pensamento persa é aparente em toda parte. O próprio período dos manuscritos foi, de fato, de um tumulto terrível, tão grande que o fim do mundo e a vinda do salvador Saoshyant pode muito bem ter sido esperado por qualquer pessoa familiarizada com o antigo tema zoroastriano. Até mesmo em Jerusalém havia um cisma, com dois grupos rivais disputando pelo controle: um apoiado pelos hassídicos, os "devotos" ortodoxos, que eram fiéis à lei; e o outro, que favorecia ideias gregas. E quando (conforme nos contam no *Livro dos Macabeus*), os deste último grupo foram até o imperador grego Antíoco e obtiveram dele a permissão para construir para si um ginásio[116] em Jerusalém, "segundo os costumes pagãos, e fizeram a si mesmos incircuncisos, e abandonaram a sagrada aliança, e se uniram aos pagãos", novas disputas surgiram dentro da cidade sagrada, que chegaram ao ápice quando os gregos, apoiando a reivindicação de um helenizador oportunista ao posto do supremo sacerdócio, saquearam o Templo e ordenaram que altares pagãos fossem instalados por todo o território. Pois foi então, em 168 a.C., em um vilarejo chamado Modein, que Matatias e seus cinco filhos (os macabeus) atacaram e mataram não apenas o primeiro judeu que se aproximou do altar pagão para oferecer sacrifícios "de acordo com o mandamento do rei", mas também o oficial grego que chegara para instalar o altar. Entretanto, os próprios macabeus de maneira inescrupulosa assumiram, então, ambos os títulos de reinado e de supremo sacerdócio, aos quais não tinham direito por descendência, e dentro daquela família foram perpetradas muitas traições e mortes em disputas subsequentes, pela herança. Os fariseus, hassídicos e outros, ressentindo-se dessas iniquidades, logo geraram uma revolta que foi

---
115. Livro do Profeta Daniel 12:2.
116. Na Grécia Antiga, o centro de treinamento para competidores de jogos públicos. [N.Ts.]

reprimida com a maior crueldade pelo soberano Alexandre Janeu (r. 104-78 a.C.), que crucificou 800 de seus inimigos em uma única noite, massacrou suas esposas e filhos diante de seus olhos, e ele mesmo assistiu às execuções, bebendo e se divertindo publicamente com suas concubinas. "E um terror tão profundo tomou conta do povo", escreveu o historiador judeu Josefo ao concluir seu relato dessa atrocidade, "que oito mil de seus opositores fugiram logo na noite seguinte por toda a Judeia".[117]

Foi sugerido que este acontecimento, especificamente, poderia ter sido a causa da fundação, nos ermos da costa do Mar Morto, da comunidade apocalíptica do Qumran e dos Manuscritos do Mar Morto. Seus fundadores, de todo modo, previram o fim do mundo e estavam, com toda a seriedade, se preparando para ser dignos de sobreviver a ele e continuar, rumo à eternidade, o destino dos remanescentes do povo de Deus. Sua expectativa parece ter sido a de que eles próprios constituiriam um exército de tamanha virtude que, com a ajuda de Deus, conquistariam e purificariam o mundo. Haveria uma guerra dos "Filhos da Luz", de quarenta anos, a ser travada contra os "Filhos da Escuridão". (Compare com o antigo tema zoroastriano!). Esta guerra começaria com uma batalha de seis anos contra inimigos imediatos, tais como os moabitas e os egípcios e, depois de um ano de descanso sabático, recomeçaria com uma série de campanhas contra os povos de terras mais remotas. Em suas trombetas e seus estandartes os membros da aliança escreveriam lemas lisonjeiros, inspiradores: "Os Eleitos de Deus", "Os Príncipes de Deus", "Os Chefes dos Pais da Congregação", "Os Cem de Deus, uma Mão de Guerra contra Toda Carne Errante", "A Verdade de Deus", "A Justiça de Deus", "A Glória de Deus", etc. Mas enquanto isso, em Jerusalém, que tristeza!, dois filhos de Alexandre Janeu estavam disputando o reinado. Um deles convidou os romanos para ajudá-lo em sua causa – e foi isso que aconteceu, em 63 a.C.

Ora, é do maior interesse observar a sensação que parece ter prevalecido por todo aquele período, entre os judeus de várias crenças, do iminente fim do mundo. Em um contexto zoroastriano isto teria trazido o salvador Saoshyant. No contexto judaico pós-exílio, seria o Ungido, o Messias, que apareceria. As nações estavam para ser aniquiladas.

---

117. Josefo, *De Bello Judaico*, 1.4.1-6.

IX – Mitologias de guerra e paz

Mesmo de Israel apenas um resto sobreviveria. E foi nessa atmosfera de urgência imediata que o cristianismo veio a nascer. O profeta João Batista, batizando no rio Jordão apenas algumas milhas acima dos grupos da aliança do Mar Morto, também estava esperando, preparando o caminho, e para ele foi Jesus que veio; que depois disso jejuou por quarenta dias no deserto e voltou para entregar sua própria versão da mensagem apocalíptica geral.

E qual é então a diferença marcante entre a mensagem de Jesus Cristo e a dos membros da Aliança de Qumran, ali perto? Me pareceria ser esta: que os membros da Aliança estavam pensando em si mesmos como se estivessem prestes a travar uma batalha como Filhos da Luz contra Filhos das Trevas, sua postura sendo de preparação para a guerra, ao passo que o evangelho de Jesus foi, em vez disso, sobre uma batalha já resolvida. "Ouvistes o que foi dito: 'Amarás o teu próximo e odiarás o teu inimigo'. Eu, porém, vos digo, amai os vossos inimigos e orai pelos que vos perseguem, desse modo vos tornareis filhos do vosso Pai que está nos Céus; porque ele faz nascer o seu Sol sobre maus e bons, e cair a chuva sobre justos e injustos."[118] E exatamente esta, eu diria, é a diferença entre um evangelho de guerra e um de paz.

Entretanto, um pouco depois, chegamos àquelas palavras alarmantes de Mateus:

> Não penseis que vim trazer paz à Terra. Não vim trazer paz, mas espada. Com efeito, vim contrapor o homem ao seu pai, a filha à sua mãe e a nora à sua sogra. Em suma: os inimigos do homem serão seus próprios familiares. Aquele que ama pai ou mãe mais do que a mim não é digno de mim. E aquele que ama filho ou filha mais do que a mim não é digno de mim.[119]

E novamente em Lucas encontramos outro eco do mesmo tema: "Se alguém vem a mim e não odeia seu próprio pai e mãe, mulher, filhos, irmãos, irmãs e até a própria vida, não pode ser meu discípulo".[120]

A chave para o significado de tudo isso, eu acredito, está na última linha citada aqui, e nas palavras que imediatamente se seguem a cada

---
118. Mt 5:43-45.
119. Mt 10:34-37.
120. Lc 14:26.

uma de nossas duas citações. Em Mateus: "Aquele que não toma sua cruz e não me segue não é digno de mim. Aquele que acha a sua vida, a perderá, mas quem perde sua vida por causa de mim, a achará". E em Lucas: "Quem não carrega sua cruz e não vem após mim, não pode ser meu discípulo".[121] Mais ainda, voltando para Mateus: "Vai, vende o que possuis e dá aos pobres... Depois, vem e segue-me".[122] E de novo: "Segue-me, e deixa que os mortos enterrem seus mortos".[123]

O ideal deste ensinamento é o de um absoluto abandono ascético de todas as preocupações da vida secular normal, dos laços familiares, da comunidade e de tudo, deixando "que os mortos" – isto é, aqueles que chamamos de vivos – "enterrem seus mortos"; e nisto vemos que os primeiros ensinamentos cristãos são da ordem dos primeiros ensinamentos dos budistas e dos jainistas. É um "ensinamento da floresta", e o que eles fazem com o tema apocalíptico geral é transformar radicalmente sua referência: de um futuro histórico para um presente psicológico. Ou seja, o fim do mundo e a vinda do Dia do Senhor, não devem ser esperados no campo temporal, mas ser alcançados agora mesmo na solidão, na câmara do coração. E em confirmação deste significado, descobrimos nas últimas linhas do *Evangelho Gnóstico de Tomé*, quando os discípulos de Cristo lhe dizem: "Quando virá o Reino?", ele responde: "Ele não virá quando esperamos, não dirão: 'Veja aqui,' ou 'Veja ali'. Mas o Reino do Pai está espalhado sobre a Terra e os homens não o veem".[124]

Aliás, aparece claramente na cena da prisão de Jesus no Jardim de Getsêmani que a alusão à espada que ele disse trazer não se refere a qualquer arma de combate físico:

> Judas [assim lemos], um dos doze, veio acompanhado de grande multidão com espadas e paus, da parte dos chefes dos sacerdotes e dos anciãos do povo. O traidor dera-lhes um sinal, dizendo: "É aquele que eu beijar, prendei-o". E logo, aproximando-se de Jesus, disse: "Salve, Rabi!", e o beijou. Jesus respondeu-lhe: "Amigo, para que estás aqui?". Então, avançando, deitaram a mão em Jesus e o prenderam. E eis que

---

121. Lc 14:27.
122. Mt 19:21.
123. Lc 8:22.
124. Tm 1:113.

IX – Mitologias de guerra e paz

um dos que estavam com Jesus, estendendo a mão, desembainhou a espada e, ferindo o servo do Sumo Sacerdote, decepou-lhe a orelha. Mas Jesus lhe disse: "Guarda tua espada no seu lugar, pois todos os que pegam a espada pela espada perecerão.[125]

É claro o suficiente, não é? E ainda assim aquele musculoso portador da espada, que é identificado no Evangelho de João como Pedro,[126] não foi o último dos seguidores de Jesus a trair tanto quanto Judas, seu mestre, e o ensinamento dele. A partir do período das vitórias de Constantino (século (IV), a Igreja fundada sobre a pedra do nome desse mesmo bom Pedro foi levada adiante em grande medida pela luta da espada. No auge da Idade Média, sob o poderoso papa Inocêncio III (1198-1216), o lampejo da arma zelosa de Pedro alcançou um clímax flamejante nas chamas crepitantes da Cruzada Albigense – onde as pessoas que estavam queimando eram os hereges cátaros, autodeclarados Os Puros, que haviam rejeitado a espada explicitamente em troca de vidas de pureza ascética em paz.

Uma renúncia ascética do mundo e sua vida – e até mesmo da vontade de sobreviver na vida – pode ser declarada, portanto, a mais conhecida disciplina de paz já proposta à humanidade. E se for possível julgar a partir das circunstâncias históricas de seu pronunciamento original, ela surgiu – ou, pelo menos, se difundiu – como uma resposta a uma sensação generalizada de que as coisas estavam desmoronando. A noção mítica anterior fora de uma grande guerra, uma guerra santa final, através da qual um reino universal de paz seria estabelecido definitivamente ao fim do tempo histórico. Esta, entretanto, não era propriamente uma mitologia de paz, mas sim uma convocação para a guerra, guerra perpétua – até que...

Fig. 9.4 – O beijo de Judas

---

125. Mt 26:47-52.
126. Jo 18:10.

E, ironicamente, tão logo a mensagem ascética cristã passou dos lábios de Jesus para os ouvidos de seu mais fiel seguidor, ela se transformou (e continuou sendo interpretada assim desde então) em uma outra doutrina da Guerra Santa, *jihad,* ou cruzada. Então vamos rever e comparar agora, brevemente, os ideais e destinos de algumas outras mitologias de paz ascéticas mais conhecidas.

Sem dúvida, a mais austera e implacavelmente convincente é a religião dos jainistas da Índia, cujo mestre, Mahavira, foi contemporâneo do Buda. O ensinamento de Mahavira já era bastante antigo naquela época, uma vez que ele não foi senão o último de uma longa série de mestres jainistas conhecidos como "criadores de passagem", Tirthankaras, que datam de tempos pré-históricos. E de acordo com o ensinamento absolutamente não violento desta linhagem de sábios, o candidato a se libertar do renascimento não deve nem matar nem machucar qualquer ser existente, nem comer carne de animais. Ele não pode sequer beber água à noite, por medo de engolir insetos que possam estar flutuando na superfície. Votos têm de ser assumidos, limitando o número de passos que se dá durante o dia: porque toda vez que se dá um passo, as vidas de insetos, minhocas e afins ficam em perigo. Iogues jainistas na floresta carregam pequenas vassouras com as quais varrem o chão antes de cada passo; e até hoje podemos ver em Bombaim monges e monjas da seita jainista usando máscaras cobrindo o nariz e a boca (como cirurgiões na sala de operação) para assegurar que não inalarão algum ser vivo. A pessoa não deve comer frutas que tenham sido colhidas; deve esperar que caiam da árvore. Nem deve cortar plantas vivas com uma lâmina. Logicamente, o objetivo do monge jainista é morrer cedo; mas não, entretanto, antes que sua vontade de viver tenha sido completamente extinta. Pois se ele morrer com o menor impulso para viver, aproveitar ou proteger sua própria vida, certamente renasceria e assim estaria de volta neste mundo medonho novamente, mais uma vez machucando e assassinando as coisas.

O budismo, em sua forma primitiva, estava intimamente relacionado à seita jainista; entretanto, com uma diferença de ênfase crítica: da extinção literal da vida da pessoa para, ao invés disso, a extinção de seu ego. Aquilo de que a pessoa tem que se livrar é o senso de "eu" e "meu", o impulso de proteger a si mesmo, sua propriedade e sua vida. Portanto, a ênfase é mais psicológica do que física, e ainda assim,

IX – Mitologias de guerra e paz

aqui também podemos descobrir que uma regra de virtude absoluta mantida até as últimas consequências pode levar, no fim das contas, a algo muito parecido com uma negação absoluta da vida.

Por exemplo, existe o conto piedoso budista do caso do rei Vessantara, a quem um monarca vizinho pediu emprestado seu elefante branco imperial. Elefantes brancos atraem as nuvens, e as nuvens, é claro, trazem chuva. O rei Vessantara, sendo altruísta, deu o elefante sem pensar duas vezes. Contudo, seu povo ficou indignado por ele mostrar tão pouca preocupação pelo bem-estar deles mesmos, e o rei foi exilado do reino com sua família. A casa real partiu em carruagens, mas quando estavam prestes a entrar na floresta foram abordados por um grupo de brâmanes, que lhes pediu as carruagens e os cavalos; e Vessantara, absolutamente altruísta, sem

Fig. 9.5 – Vessantara e seu elefante

senso algum de "eu" e "meu", abriu mão desses objetos de valor voluntariamente, e entrou na perigosa floresta a pé com sua família. Em seguida aproximou-se um velho brâmane que pediu que lhe dessem as crianças. A mãe protestou de modo egoísta; mas o rei, sem senso algum de "eu" e "meu", entregou as crianças de boa vontade – para a escravidão. Então lhe pediram a esposa, e ela também foi entregue.

Ficamos sabendo, a partir desse conto, o que Jesus quis dizer ao nos admoestar para que renunciássemos a pai e mãe, filho e filha, sim, e de nossas próprias vidas, ao segui-lo; quando pedirem nosso casaco, para dar também nossa capa, e quando atingidos, para oferecer a outra face. Na piedosa fábula budista tudo acabou bem, é claro, uma vez que os brâmanes eram na verdade deuses testando o rei; e as crianças, a esposa e tudo o mais haviam sido levados em segurança para o palácio dos avós – bem parecido com a história bíblica de Abraão, onde o sacrifício de Isaac foi interrompido pela mão do Deus, que estava apenas testando. Todavia, a questão permanece em ambas as lendas igualmente, ou seja, onde acaba a virtude e começa o vício em tais aventuras piedosas. Até onde, por exemplo, o pacifista absoluto seguirá defendendo absolutamente, não uma outra pessoa ou coisa, mas sim a sua própria pureza tão espiritual? A questão não é irrelevante para os nossos próprios tempos.

Mas agora, indo ainda mais para o Oriente, para a China e o Japão, chegamos a um outro aglomerado de mitologias de paz, particularmente de Lao Tsé e Confúcio. Muitos chamariam o pensamento fundador dessas mitologias de romântico; pois segundo ele existe por toda a natureza uma harmonia espiritual que tudo permeia: uma interação ordenada por tudo que é vivo e todas as vidas, por toda a história e as instituições históricas, daqueles dois princípios ou poderes, ativo e passivo, luz e escuridão, quente e frio, celestial e terreno, conhecido como *yang* e *yin*. A força do princípio *yang* predomina na juventude; a do *yin*, mais tarde, e cada vez mais, na idade avançada. *Yang* é dominante no verão, no sul e no horário do meio-dia; *yin* no inverno, no norte e à noite. O caminho de suas alternâncias através de todas as coisas é o Caminho de todas as coisas, o *Tao*. E ao colocar-se em conformidade com o *Tao* – o seu tempo, o seu mundo, a si mesmo – o indivíduo conquista as finalidades da vida e está em paz no sentido de estar em harmonia com todas as coisas.

A afirmação mais conhecida e mais ricamente inspirada desta filosofia taoísta é encontrada em uma pequena obra de 81 estrofes conhecidas como o *Tao Teh Ching*, ou "Livro da virtude do Tao", atribuído a um sábio de barbas longas chamado Lao Tsé, "o velho menino".

> Quando um magistrado segue o Tao [lemos neste livro de sabedoria] não tem necessidade alguma de recorrer à força das armas para fortalecer o Império. Porque os seus métodos de negócio, sozinhos, darão bons resultados. Roseiras-bravas e espinhos crescem desordenados onde um exército acampa. Mas colheitas são a sequência de uma grande guerra. O bom governante será resoluto, e depois se deterá, ele não ousa tomar pela força. A pessoa deve ser resoluta, mas não atrevida; resoluta, mas não arrogante; resoluta, porém complacente quando não puder ser evitado; resoluta, mas não deve recorrer à violência. Ao recorrer à força, as coisas florescem por algum tempo, mas depois se acabam. Isto não é como o Tao, e o que não se assemelha ao Tao logo deixará de existir.

IX – Mitologias de guerra e paz

E novamente:

Até mesmo armas que têm êxito, dentre todos os utensílios, são não abençoadas. Todos os homens passam a detestá-las. Por isso aquele que segue o Tao não confia nelas. As armas são, dentre todas as ferramentas, não abençoadas. Elas não são utensílios de um homem sábio. Ele as emprega apenas como um último recurso.
A paz e a quietude são estimadas pelo homem sábio e, mesmo quando é vitorioso ele não se rejubila, porque rejubilar-se com uma vitória é o mesmo que rejubilar-se com a matança dos homens. Se ele se rejubila com a matança dos homens, achas que ele alguma vez realmente dominará o Império?[127]

Entretanto, como o mundo bem sabe, a longa, longa história da China tem se destacado em grande medida pelos reinados de déspotas impiedosos alternando-se com séculos caóticos de guerra; e, pelo menos desde o período dos Estados em Guerra (453-221 a.C.) em diante, as manobras de grandes exércitos profissionais têm tido influência consideravelmente maior sobre o curso da política chinesa do que qualquer coisa que se assemelhe ao tipo de "Virtude do Tao" de Lao Tsé. É desse período muito turbulento que vieram até os nossos tempos duas obras completamente pragmáticas, perfeitamente maquiavélicas sobre as artes de obter e manter o poder: a primeira, o assim chamado *O Livro do Senhor Shang*, e a segunda, *A Arte da Guerra*, de Sun Tzu. Permitam-me citar, brevemente, primeiro a obra de Sun Tzu:

> A guerra é um assunto de importância vital para o Estado; o domínio da vida e da morte; a estrada para a sobrevivência ou a ruína. É mandatório que ela seja minuciosamente estudada. Por isso, avaliem-na segundo os termos dos cinco fatores fundamentais e façam comparações dos sete elementos nomeados posteriormente. Desse modo podereis aferir o que é essencial a ela.
> O primeiro desses fatores é a influência moral (*tao*); o segundo, o clima; o terceiro, a geografia; o quarto, o comando; e o quinto, a doutrina.

---

127. Lao Tsé, *Laozu's Tao and Wu Wei*, traduzido para o inglês por Dwight Goddard. New York: Brentano's, 1919. Estrofes 30, 31.

Por influência moral (*tao*) me refiro àquilo que faz com que as pessoas estejam em harmonia com seus líderes, de modo que o acompanhem na vida e até a morte sem medo de perigo mortal. Por clima, me refiro à interação de forças naturais; os efeitos do frio do inverno e do calor do verão e a condução de operações militares em conformidade com as estações. Por geografia, me refiro às distâncias, se o terreno é atravessado com facilidade ou com dificuldade, se ele é aberto ou estreito, e as chances de vida ou morte. Por comando, me refiro às qualidades do general: sabedoria, sinceridade, humanidade, coragem e rigor. Por doutrina, me refiro à organização, controle, atribuição de postos apropriados aos oficiais, à regulação de rotas de suprimentos, e o fornecimento dos principais itens usados pelo exército. Não existe general algum que não tenha ouvido falar destes cinco pontos. Aqueles que os dominam, vencem; aqueles que não os dominam são derrotados.[128]

E de *O Livro do Senhor Shang*:

O país depende da agricultura e da guerra para ter paz e, de modo semelhante, o governante para ter honra [...] Se, em um país, existem as dez coisas a seguir: poesia e história, ritos e música, virtude e o cultivo dela, benevolência e integridade, eloquência e inteligência, então o governante não tem ninguém que possa empregar para a defesa e para as campanhas de guerra [...] mas se um país banir essas dez coisas, os inimigos não ousarão se aproximar e, mesmo se o fizerem, serião mandados de volta [...] Um país que ama a força toma de assalto o que é difícil e, assim, terá êxito. Um país que ama a eloquência toma de assalto aquilo que é fácil e, assim, estará em perigo [...] Quando um país está em perigo e o governante está aflito, para liquidar este perigo não adianta nada que oradores profissionais formem batalhões. A razão pela qual um país está em perigo e seu governante está aflito, reside em algum inimigo forte ou em algum outro estado grande.

O trabalho nas fazendas, o comércio e o serviço público são as três funções permanentes em um estado, e essas três funções abrem espaço a seis funções parasitas, que são chamadas: cuidado pelos idosos, viver à

---

128. Sun Tzu, *The Art of War*, traduzido para o inglês por Samuel B. Griffith. (New York: Oxford University Press, 1963), I.1–9.

IX – Mitologias de guerra e paz

custa dos outros, beleza, amor, ambição e conduta virtuosa. Se esses seis parasitas encontram onde se agarrar, ocorrerá um desmembramento [...] Em um país onde os virtuosos governam, os perversos sofrerão com a desordem, de modo que ele será desmembrado; mas em um país onde os perversos governam, os virtuosos serão ordenados, de modo que se tornará forte [...].

Se as penalidades forem pesadas e as recompensas, leves, o governante ama seu povo e eles morrerão por ele; mas se as recompensas forem pesadas e as penalidades, leves, o governante não ama seu povo, nem eles morrerão por ele.

E finalmente:

Se forem feitas coisas que o inimigo teria vergonha de fazer, aí está uma vantagem.[129]

Na Índia também existe uma longa história deste tipo de pensamento que de fato moldou e inspirou as artes práticas de governo e de guerra. Estudantes do *Bhagavad Gita* de hoje tendem a esquecer que o que estão lendo como um tratado religioso faz parte de um dos grandes épicos de guerra de todos os tempos, o indiano "Livro da Grande Guerra dos Filhos de Bharata", o Mahabharata, do qual seguem algumas seleções características de outra seção do livro, Livro XII (o *Gita* vem do Livro VI):

Um rei que conheça sua própria força e comande um exército grande deveria, com alegria e coragem, sem anunciar seu destino, dar a ordem para marchar contra alguém desprovido de aliados e amigos, ou que já esteja em guerra com outro e, consequentemente, distraído; ou contra outro mais fraco do que ele: tendo primeiro organizado a proteção de sua própria cidade [...].

Um rei não deveria viver para sempre sob a proteção de um rei mais poderoso. Ainda que seja fraco, ele deveria tentar destronar o mais forte e, decidido a fazer isto, continuar a governar os seus. Ele deveria tomar de assalto o mais forte com armas, fogo e a administração de

---

129. *The Book of the Lord Shang: A Classic of the Chinese School of Law*, traduzido para o inglês por J. J.L. Duyvendak. (London: A. Probsthain, 1928), I.8, 10-12.

venenos. Deveria também criar discórdia entre os ministros e servos do outro [...].

O rei depende de sua tesouraria e de seu exército. Seu exército, novamente, depende de sua tesouraria. Seu exército é a fonte de todos os seus méritos religiosos. Seus méritos religiosos, novamente, são o apoio de seu povo. A tesouraria nunca pode ser reabastecida sem oprimir outrem. Como pode, então, o exército ser mantido sem opressão? O rei, consequentemente, em tempos de dificuldade, não comete pecado algum ao oprimir seus súditos para encher sua tesouraria [...]. Por meio da riqueza ambos os mundos – este e o outro – podem ser adquiridos, assim como também a verdade e o mérito religioso. Uma pessoa que não tem riqueza alguma está mais morta do que viva [...].

A pessoa deve suportar o inimigo em seu ombro enquanto a situação for desfavorável. Quando surge a oportunidade, entretanto, deve esmagá-lo, como um jarro de barro contra uma pedra [...].

Um rei que esteja em busca de prosperidade não deveria hesitar em matar seu filho, irmão, pai ou amigo, se qualquer um ou mais destes ficar em seu caminho [...].

Sem cortar os próprios órgãos vitais dos outros, sem realizar muitos feitos cruéis, sem matar seres vivos, como pescadores matam peixes, não se pode obter prosperidade [...].

Não existem ordens de criaturas especiais chamadas inimigos ou amigos. Pessoas se tornam amigos ou inimigos de acordo com a tendência da circunstância [...].

Todo trabalho deveria ser realizado totalmente [...]. Matando seus habitantes, destruindo suas estradas, e queimando e derrubando suas casas, um rei deveria devastar o reino de seu inimigo.

E por fim:

A força está acima do direito; o direito procede da força; o direito tem seu suporte na força, assim como os seres vivos o têm no solo. Como a fumaça segue o vento, assim o direito deve seguir a força. O direito em si não tem autoridade alguma; ele se apoia na força como a trepadeira na árvore.[130]

---

130. Goddard, op.cit.

IX – Mitologias de guerra e paz

De fato, o próprio *Bhagavad Gita*, como um capítulo desse épico de guerra, é, em objetivo e conteúdo, um sermão de encorajamento a um jovem príncipe afligido por um escrúpulo de consciência antes de dar o sinal para a batalha, para livrar a mente dele de toda sensação de pesar e culpa ao matar. "Para aquilo que nasce, a morte é certa", lhe é dito; "e para aquilo que morre, o nascer é certo. Não deverias lamentar o inevitável [...]. O Eu Supremo, que habita em todos os corpos, nunca pode ser morto", "Armas não o cortam; fogo não o queima; água não o molha; o vento não o faz murchar. Eterno, universal, imóvel, o Eu é o mesmo para sempre [...]. Habitando em todos os corpos, o Eu nunca pode ser morto. Portanto, não deverias lamentar por criatura alguma".[131]

E isso, em suma, é o fundamento final, no pensamento oriental, de toda paz. No campo da ação – ou seja, na vida – não existe paz alguma, e nunca pode existir. A fórmula, então, para a obtenção da paz, é agir, como se deve, mas sem apego. "Estabelecido no yoga", o jovem príncipe guerreiro Arjuna do *Gita* aprende, "execute suas ações, abandonando o apego e mantendo a equanimidade, tanto no sucesso quanto no fracasso. Este equilíbrio é o que se chama yoga. A mera ação é muito inferior à ação executada com esta equanimidade mental. Busque refúgio neste equilíbrio. Infelizes são todos que trabalham por resultados. Dotado de equanimidade, o indivíduo pode lançar fora, nesta mesma vida, tanto bons quanto maus feitos. Esforce-se, portanto, para estabelecer-se no yoga. Yoga é habilidade na ação".

Fig. 9.6 – **Krishna revela sua verdadeira forma**

Ao abandonar o medo dos frutos da ação e o desejo por eles, a pessoa realizará sem apego o trabalho que deve ser feito; e esse trabalho é o labor do dever da pessoa, seja ele qual for, e o dever dos príncipes

---

131. *Bhagavad Gītā* 2.27:30, 23.

é lutar e matar. "Para um príncipe", lemos, "nada é melhor que uma guerra justa. Feliz de fato é o príncipe a quem tal guerra vem sem ter sido procurada, oferecendo-se, escancarando o portão do paraíso".[132]

Assim, paradoxalmente, neste contexto a mitologia de paz e a mitologia de guerra são a mesma coisa. E não apenas no hinduísmo, mas também no budismo – budismo Mahayana – este paradoxo é fundamental. Pois afinal de contas, uma vez que a sabedoria da margem distante está além de todos os pares de opostos, ela deve necessariamente transcender e incluir a oposição entre guerra e paz. Conforme afirmado em um aforismo budista Mahayana: "Este mesmo mundo, com toda a sua imperfeição, é o Mundo do Lótus Dourado da perfeição". E se a pessoa não consegue enxergá-lo desta maneira ou não consegue suportar enxergá-lo desta maneira, a culpa não é do mundo.

Para ser justo, nem o universo pode ser considerado mau. A natureza não é má, mas ela é o "corpo de ação" da consciência de Buda. O conflito, consequentemente, não é mau, e nenhum dos oponentes em uma batalha é de alguma maneira pior, ou melhor, que o outro.

Portanto, a participação compassiva do Bodhisattva no processo do mundo é absolutamente sem culpa. Também é absolutamente impessoal. E no mesmo sentido, o ideal budista Mahayana para todos nós, da "participação jubilosa" no "corpo de ação da consciência de Buda", é absolutamente impessoal, altruísta e sem culpa. Contaram-me que depois da Batalha de Port Arthur, na guerra russo-japonesa de 1904, os nomes não apenas dos homens, mas também dos cavalos que haviam dado suas vidas naquela ação foram inscritos em uma placa – *in memoriam* – como bodisatvas.

Para resumir, então: existiu, desde os tempos mais primitivos, a ideia de que a guerra (de uma ou outra espécie) não só é inevitável e boa, mas também o modo normal e mais estimulante de ação social da humanidade civilizada, sendo que guerrear seria o prazer normal, bem como o dever, dos reis. Um monarca que não esteja nem guerreando, nem se preparando para guerrear seria, segundo esta maneira de pensar, um tolo: um "tigre de papel".

Mas, por outro lado, nos anais da história mundial também se encontrarão relatos de um ponto de vista diametralmente oposto a

---

132. Ibid. 2.31-32.

IX – Mitologias de guerra e paz

este, onde o objetivo é se ver totalmente livre da guerra e do conflito em um estado de paz perpétua. Entretanto, o corolário usual desta aspiração é que, uma vez que o conflito e a dor são inerentes à existência temporal, a própria vida, como a conhecemos, há de ser negada. Exemplos deste negativismo são vistos de forma mais surpreendente na Índia, no jainismo e no budismo primitivo (Hinayana), mas apareceu também no Ocidente, como em certos movimentos cristãos primitivos, e na França do século XII em meio aos albigenses.

Revisando as mitologias de guerra, encontramos tanto na Torá quanto no Alcorão uma crença de que Deus, o criador e governante único do universo, estava sempre e absolutamente do lado de uma certa comunidade escolhida, e que as guerras dela, consequentemente, eram Guerras Santas, travadas em nome e no interesse da vontade de Deus. Uma noção não muito diferente inspirou as "Guerras Floridas" dos astecas a fim de capturar sacrifícios para manter o Sol em movimento. Na *Ilíada*, por outro lado, as simpatias dos deuses olímpicos estão de ambos os lados do combate, sendo que a própria guerra de Troia é interpretada não em termos cósmicos, mas sim terrenos, humanos: era uma guerra pela recuperação de uma esposa roubada. E o nobre ideal do guerreiro-herói humano foi expresso ali no personagem e nas palavras não de um grego, mas de um herói troiano, Heitor. Vejo aqui um contraste evidente com o espírito das duas mitologias de guerra semíticas, e uma afinidade, por outro lado, com o Mahabharata indiano. A resoluta decisão de Heitor, indo para o combate em cumprimento de seu evidente dever para com a sua família e sua cidade, e o "autocontrole" (o yoga) exigido de Arjuna no *Gita*, em cumprimento dos deveres de sua casta, são, essencialmente, da mesma ordem. Além do mais, no épico indiano assim como no grego, honra e respeito são concedidos em igual medida aos combatentes de ambos os lados.

Mas agora, e finalmente, também descobrimos em nossa pesquisa um terceiro ponto de vista em relação aos ideais e objetivos da guerra e da paz, nem afirmando e nem negando a guerra enquanto vida, e a vida enquanto guerra, mas aspirando a um tempo em que as guerras deverão acabar. No mito escatológico persa do zoroastrismo, que parece ter sido o primeiro no qual tal probabilidade foi seriamente visualizada, o dia da grande transformação deveria ser da natureza de uma crise cósmica, quando as leis da natureza deixariam de operar e uma eternidade sem tempo, sem mudança e sem vida como a conhecemos passaria a existir. Ironicamente, haveria bastante guerra durante os séculos de conflito que viriam logo antes dessa transfiguração geral. Dentro do próprio império persa, entretanto, iria florescer e aumentar, enquanto isso, um reino prefigurado de relativa paz – assegurada por espiões, informantes e polícia imperiais; e com a expansão deste império pacífico, os limites do reino de paz temporal também iriam se expandir – até que...

Mas temos ouvido coisas semelhantes mais recentemente e bem perto de nós. A ideia, conforme vimos, foi assimilada à imagem bíblica de Israel; e, no período dos Manuscritos do Mar Morto, de onde prosseguiu no cristianismo apocalíptico. É essencialmente a ideia do *dar al-Islam* e do *ar al-harb* dos árabes. E ela aparece de novo na paz de Moscou – espiões, informantes, repressões policiais e tudo o mais.

Além destas, até onde eu sei, existe só mais um pensamento sobre guerra e paz a ser encontrado em meio às grandes tradições, e é aquele que foi anunciado pela primeira vez por Grotius, eminente filósofo do direito holandês em 1625, em seu tratado histórico sobre *Os Direitos de Guerra e de Paz*. Aqui, pela primeira vez na história da humanidade, é oferecida a proposta de uma lei das nações baseada em princípios éticos, e não bárbaros. Na Índia, uma lei governamental de relações internacionais tem sido conhecida por séculos como a *matsya-nyaya*, a "lei do peixe", segundo a qual os grandes devoram os pequenos e os pequenos têm de ser espertos. A guerra é o dever natural dos príncipes, e períodos de paz são meramente interlúdios, como períodos de descanso entre rounds de boxe. Ao passo que a guerra, na visão de Grotius, é uma quebra da norma civilizada adequada, que é a paz; e seu objetivo deveria ser produzir a paz, uma paz que não seja assegurada pela força das armas, mas por um interesse racional mútuo. Este, por sua vez, era o ideal que Woodrow Wilson representava quando falou, ao fim da Primeira Guerra Mundial, de "paz sem vitória".

E temos também o ideal simbolizado na figura de nossa águia norte-americana, representada com um feixe de flechas nas garras de seu pé esquerdo, um ramo de oliveira no direito, e sua cabeça – no espírito

IX – Mitologias de guerra e paz

de Grotius – virada para a direita, de frente para o ramo de oliveira. Esperemos, contudo, em nome da paz, que ela mantenha essas pontas de flecha afiadas até que nem o ascetismo nem o poder das armas, mas sim um entendimento de vantagem mútua tenha se tornado enfim a garantia, para toda a humanidade, de conhecer o reino da paz.

Fig. 9.7 – O grande selo dos Estados Unidos

X – Esquizofrenia – a jornada interior

Fig. 10.1 – A Jornada Interior
[1970][133]

Na primavera de 1968 fui convidado a realizar uma série de palestras sobre esquizofrenia no Instituto Esalen, em Big Sur, Califórnia. Eu palestrara ali no ano anterior sobre mitologia; e aparentemente o Sr. Michael Murphy, o imaginativo jovem diretor daquela empresa altamente interessante, pensou que devia existir algum tipo de conexão. Contudo, uma vez que eu não sabia quase nada de esquizofrenia, ao receber sua carta, telefonei.

---

133. Extraído de uma palestra (L308) de mesmo título. Foi lançada como a parte 2 de *The Inward Journey: East and West*, series I, vol. 2 da The Joseph Campbell Audio Collection.

"Mike, não sei nada sobre esquizofrenia", disse eu. "Que tal se eu desse palestras sobre Joyce?"

"Ora, tudo bem!", respondeu ele. "Mas eu gostaria de ouvir você falar sobre esquizofrenia mesmo assim. Vamos organizar uma palestra dupla em São Francisco: você e John Perry, sobre mitologia e esquizofrenia. Que tal?"

Bem, na época eu não conhecia o Dr. Perry; mas, em minha juventude, eu tivera a oportunidade muito grandiosa de beijar a Pedra de Blarney[134] – o que, posso lhes dizer, vale por uma dúzia de títulos de Ph.D; então pensei: "OK! Por que não?". Além disso, eu tinha tanta confiança em Mike Murphy que estava bem certo de que ele tinha algo interessante em mente.

Algumas semanas depois, chegou pelo correio um envelope de John Weir Perry, M.D., de São Francisco, contendo a reimpressão de um artigo sobre esquizofrenia que ele publicara em 1962 nos Anais da Academia de Ciências de Nova York;[135] e para o meu considerável espanto, ao lê-lo aprendi que as imagens da fantasia esquizofrênica correspondem perfeitamente às da jornada mitológica do herói, que eu havia definido e elucidado, em 1949, em *O Herói de Mil Faces*.

O meu trabalho fora baseado em um estudo comparativo das mitologias da humanidade, com apenas algumas referências de passagem aqui e ali à fenomenologia do sonho, da histeria, das visões místicas e afins. Sobretudo, era uma organização de temas e motivos comuns a todas as mitologias; e eu não fazia ideia, ao juntar essas coisas, do quanto elas iriam corresponder às fantasias da loucura. De acordo com o meu pensamento, elas eram os temas e motivos simbólicos psicologicamente universais, arquetípicos, de todas as mitologias tradicionais; e agora com este artigo do Dr. Perry, eu estava aprendendo que as mesmas figuras simbólicas surgem espontaneamente do estado mental fragmentado, torturado, de indivíduos modernos que sofrem de um colapso esquizofrênico completo: a condição de alguém que tenha perdido contato com a vida e o pensamento de sua comunidade e está compulsivamente fantasiando a partir de sua base completamente isolada.

---

134. Pedra da eloquência.
135. *Annals of the New York Academy of Sciences*, Vol. 96, Article 3, p. 853-876, January 27, 1962.

De maneira muito breve: primeiro, o padrão usual é de um rompimento ou afastamento do contexto e da ordem social locais; em seguida, um longo, profundo retraimento para o interior e para trás, por assim dizer, no tempo, e para dentro, para o fundo da psique; uma série de encontros caóticos ali, experiências sombriamente aterrorizantes, e logo (se a vítima tiver sorte) encontros de um tipo centralizador, satisfatório, harmonizador, dando uma nova coragem; e daí finalmente, em tais casos de sorte, uma jornada de volta, de renascimento para a vida. E essa também é a fórmula universal da jornada mitológica do herói, que eu, em minha própria obra publicada, descrevi como: 1) separação, 2) iniciação, e 3) retorno:

> Um herói se aventura saindo do mundo cotidiano rumo a uma região de maravilha sobrenatural: forças fabulosas são encontradas ali e uma vitória decisiva é conquistada: o herói volta desta misteriosa aventura com o poder de conceder bênçãos a seus irmãos.[136]

Esse é o padrão do mito e também o padrão das fantasias da psique.

A tese do Dr. Perry em seu artigo mostrava que, em certos casos, a melhor coisa a fazer é deixar que o processo esquizofrênico siga seu curso, e não abortar a psicose administrando tratamentos de choque e coisas do gênero – pelo contrário, o ideal é ajudar o processo de desintegração e reintegração a acontecer. Entretanto, se um médico vai ajudar dessa forma, ele tem que entender a linguagem das imagens da mitologia. Ele mesmo tem que entender o que significam os signos e sinais que seu paciente (totalmente fora do alcance de maneiras racionalmente orientadas de pensamento e comunicação) está tentando produzir para estabelecer algum tipo de contato. Interpretado a partir deste ponto de vista, um colapso esquizofrênico é uma jornada para o interior e para trás a fim de recuperar algo perdido ou de que se sente falta, e para restaurar, assim, um equilíbrio vital. Então permitam que o viajante vá. Ele caiu do barco e está afundando, talvez se afogando; porém, como na antiga lenda de Gilgamesh e seu longo e profundo mergulho ao fundo do mar cósmico para colher o agrião da imortalidade, existe aquele tesouro verde de sua vida ali embaixo. Não o retire daí: ajude-o a passar por isso.

---

136. Campbell, *The Hero with a Thousand Faces*, p. 23.

X – Esquizofrenia – a jornada interior

Bem, posso lhes dizer, foi uma viagem maravilhosa a que fiz à Califórnia. As conversas com o Dr. Perry e a palestra que demos juntos abriram uma perspectiva toda nova para mim. A experiência fez com que eu começasse a pensar mais e mais sobre a possível importância, para as pessoas que estão com problemas hoje, desses materiais míticos sobre os quais estive trabalhando de uma maneira mais ou menos acadêmica, erudita, pessoalmente entusiasmada, todos esses anos sem qualquer conhecimento preciso das técnicas por meio das quais elas podem ser aplicadas às necessidades dos outros.[137]

O Dr. Perry e o Dr. Murphy me apresentaram um artigo sobre "Xamãs e Esquizofrenia Aguda", do Dr. Julian Silverman, do Instituto Nacional de Saúde Mental, que aparecera em 1967 no *American Anthropologist*[138], e ali encontrei de novo algo do maior interesse e de relevância imediata para meus estudos e meu pensamento. Em meus próprios escritos eu já apontara que, entre povos primitivos caçadores, é em grande parte das experiências psicológicas dos xamãs que derivam as imagens míticas e os rituais de suas vidas cerimoniais.[139] O xamã é uma pessoa (homem ou mulher) que no início da adolescência passou por uma crise psicológica severa, que hoje em dia seria chamada de psicose. Normalmente, a família da criança, apreensiva, manda chamar um xamã mais velho para trazer a criança de volta da crise, e por meio de medidas adequadas, canções e exercícios, o curandeiro experiente tem êxito. Como o Dr. Silverman observa e demonstra em seu artigo, "em culturas primitivas que toleram uma resolução tão única para uma crise de vida, a experiência anormal (o xamanismo) é tipicamente benéfica para o indivíduo, cognitiva e afetivamente; ele é visto como alguém com consciência expandida". Ao passo que, em uma cultura tão racionalmente ordenada como a nossa – ou, para expressar a proposição de novo nas palavras do Dr. Silverman, "em uma cultura que não fornece guias referenciais para compreender este tipo de experiência de crise", o indivíduo (esquizofrênico) tipicamente passa por uma intensificação de seu sofrimento, acima e além de suas ansiedades originais".

---

137. A colaboração (L227–228) entre Campbell e o Dr. Perry, intitulada *Psicose e a Jornada do Herói*, ocorreu no Instituto Esalen em 1968.
138. Julian Silverman, "Shamans and Acute Schizophrenia", *American Anthropologist*, Vol. 69, No. 1, February 1967.
139. Cf. Campbell, *Mitologia Primitiva*, op. cit., capítulos 6 e 8.

Gostaria agora de descrever para vocês o caso de um xamã esquimó que foi entrevistado no início dos anos 1920 pelo grande acadêmico e explorador dinamarquês Knud Rasmussen. Rasmussen era um homem da mais ampla simpatia e compreensão humanas, que conseguia falar de um jeito admirável, de homem para homem, com as personalidades que encontrava por todo o caminho cruzando as terras árticas da América do Norte durante a Quinta Expedição Thule Dinamarquesa, na qual viajou por toda a extensão do longo trecho da Groenlândia ao Alaska de 1921 a 1924.

Igjugarjuk era um xamã esquimó caribu, de uma tribo que habitava as tundras do norte do Canadá. Quando jovem, ele fora visitado constantemente por sonhos que não conseguia interpretar. Seres estranhos desconhecidos vinham e falavam com ele; e quando acordava ele lembrava de tudo, de modo tão vívido, que era capaz de descrever com exatidão o que vira para seus amigos e sua família. A família, confusa, mas sabendo o que estava acontecendo, mandou chamar um velho xamã de nome Peqanaoq que, ao diagnosticar o caso, colocou o jovem em um trenó de tamanho suficiente para que apenas ele ficasse sentado e, nas profundezas do inverno – na noite invernal absolutamente escura e congelante do Ártico – arrastou-o para bem longe até um ermo solitário e ali construiu uma minúscula cabana de neve que mal tinha espaço para que ele se sentasse com as pernas cruzadas. Ele não teve permissão para pisar na neve e assim foi carregado do trenó para a cabana, e ali foi colocado sobre um pedaço de pele apenas grande o suficiente para contê-lo. Não deixaram nenhuma comida ou bebida para ele. Ele foi instruído a pensar somente no Grande Espírito, que logo apareceria, e foi deixado ali sozinho por trinta dias. Depois de cinco dias, o ancião retornou com uma bebida de água morna, e depois de mais quinze dias, com uma segunda bebida e um pouco de carne. Mas isso foi tudo. O frio e o jejum eram tão severos que, conforme Igjugarjuk contou a Rasmussen, "às vezes eu morria um pouco".

Fig. 10.2 – Knud Rasmussen

X – Esquizofrenia – a jornada interior

E durante todo aquele tempo ele estava pensando, pensando, pensando no Grande Espírito, até que, próximo do fim da provação, um espírito auxiliador chegou na forma de uma mulher que parecia pairar no ar acima dele. Ele nunca mais voltou a vê-la, mas ela se tornou seu espírito protetor. Então o xamã mais velho o levou para casa, onde foi exigido que ele fizesse dieta e jejuasse por outros cinco meses; e, conforme contou a seu hóspede dinamarquês, tais jejuns, repetidos frequentemente, são os melhores meios de alcançar um conhecimento de coisas ocultas. "A única sabedoria verdadeira", disse Igjugarjuk, "vive longe da espécie humana, lá fora na grande solidão, e pode ser alcançada somente através do sofrimento. Somente a privação e o sofrimento abrem a mente de um homem para tudo o que está oculto aos outros".

Outro poderoso xamã que o Dr. Rasmussen conheceu em Nome, no Alasca, relatou uma aventura semelhante no profundo silêncio. Mas este sujeito idoso, de nome Najagneq, estava em uma situação ruim em relação ao povo de sua aldeia. Pois os xamãs, saibam, vivem em uma posição bem perigosa. Quando as coisas dão errado em qualquer lugar, as pessoas tendem a culpar o xamã local. Elas imaginam que ele esteja fazendo magia. E este idoso, para se proteger, inventara alguns artifícios enganadores e aparições mitológicas para amedrontar seus vizinhos e mantê-los a uma distância segura.

Fig. 10.3 – Najagneq

O Dr. Rasmussen, reconhecendo que a maioria dos espíritos de Najagneq eram evidentemente fraudes desse tipo, perguntou-lhe um dia se existia algum em que ele mesmo acreditasse; ao que ele respondeu: "Sim, um poder que chamamos de Sila, um que não pode ser explicado com clareza: um espírito muito forte, o sustentáculo do universo, do clima, na verdade de toda a vida na Terra – tão poderoso que seu discurso para o homem não vem através de palavras comuns, mas através de tormentas, nevascas, chuvas fortes, de tempestades marítimas, de todas as forças que o homem teme, ou através do brilho do Sol, de mares calmos, ou de crianças pequenas, inocentes, brincando, que nada entendem. Quando os tempos são bons, Sila não tem nada a dizer para a humanidade. Ele desapareceu no seu nada infinito e permanece longe enquanto as pessoas não abusam da vida, mas têm respeito por seu alimento diário. Ninguém jamais viu Sila. O lugar onde ele reside é tão misterioso que ele está conosco e está infinitamente distante ao mesmo tempo".

E o que Sila diz?

"O habitante ou a alma do universo", disse Najagneq, "nunca é visto; somente sua voz é ouvida. Tudo que sabemos é que ele tem uma voz gentil, como uma mulher, uma voz tão delicada e gentil que até mesmo as crianças não têm como sentir medo. E o que ele diz é: *Sila ersinarsinivdluge*, 'Não tenham medo do universo'".[140]

Estes eram homens muito simples – pelo menos para nossos parâmetros de cultura, conhecimento e civilização. Sua sabedoria, porém, tirada de suas próprias profundezas mais íntimas, corresponde, em essência, ao que ouvimos e ficamos sabendo a partir dos místicos mais respeitados. Existe uma sabedoria humana geral e profunda aqui, a qual não chegamos a conhecer com muita frequência em nossos caminhos usuais de pensamento racional ativo.

Em seu artigo sobre xamanismo, o Dr. Silverman faz distinção entre dois tipos muito diferentes de esquizofrenia. Um ele chama de "esquizofrenia essencial"; o outro, de "esquizofrenia paranoica"; e é somente na esquizofrenia essencial que aparecem analogias com aquilo que chamei de "a crise do xamã". Na esquizofrenia essencial o padrão característico é de afastamento dos impactos da experiência no mundo exterior. Existe um estreitamento da preocupação e do foco. O mundo dos objetos retrocede e se esvai, e invasões do inconsciente atingem e dominam a pessoa. Na "esquizofrenia paranoica", por outro lado, a pessoa permanece alerta e extremamente sensível ao mundo e seus acontecimentos, interpretando tudo, porém, em termos de suas próprias fantasias, medos e terrores projetados, e com uma sensação de estar correndo o risco de ser atacada. Os ataques, na verdade, vêm

---

140. Knud Rasmussen, *Across Arctic America* (New York and London: G. P. Putnam's Sons, 1927; Universidade do Alaska, 1999), p. 82-86; e H. Osterman, *The Alaskan Eskimos, as Described in the Posthumous Notes of Dr. Knud Rasmussen. Report of the Fifth Thule Expedition 1921-24*. Vol. X, No.3 (Copenhagen: Nordisk Forlag, 1952), p. 97-99.

X – Esquizofrenia – a jornada interior

de dentro, mas ele os projeta fora, imaginando que em todo lugar o mundo o está vigiando. Este, afirma o Dr. Silverman, não é o tipo de esquizofrenia que leva aos tipos de experiência interior que são análogos às do xamanismo. "É como se o esquizofrênico paranoico", explica ele, "incapaz de compreender ou tolerar os terrores absolutos de seu mundo interior, direcionasse sua atenção para o mundo externo prematuramente. Neste tipo de solução de crise abortiva, o caos interno não é, por assim dizer, resolvido, ou não consegue ser resolvido". A vítima lunática, como se diz, está solta no campo de seu próprio inconsciente projetado.

Por outro lado, o tipo oposto de paciente psicótico, uma coisa dolorosa de se ver, caiu em um ninho de cobras interior. Toda a sua atenção, todo o seu ser, está lá embaixo, engajado em uma batalha de vida e morte com as terríveis aparições de energias psicológicas não dominadas – o que pareceria ser exatamente o que o xamã em potencial também está fazendo no período de sua jornada visionária. E assim, temos que perguntar em seguida qual a diferença entre o dilema do "esquizofrênico essencial" e o do xamã propenso ao transe: ao que a resposta é simplesmente que o xamã primitivo não rejeita a ordem social local e suas formas; de fato, é efetivamente em virtude dessas formas que ele é trazido de volta à consciência racional. E quando ele retorna, além do mais, geralmente se descobre que suas experiências interiores pessoais reconfirmam, revigoram e reforçam as formas locais herdadas; pois a sua simbologia do sonho pessoal está de acordo com a simbologia de sua cultura. Ao passo que, em contraste, no caso de um paciente psicótico moderno, existe um rompimento radical e nenhuma associação efetiva com o sistema de símbolos de sua cultura. O sistema de símbolos estabelecido aqui não fornece auxílio algum ao pobre esquizofrênico perdido, aterrorizado pelas invenções de sua própria imaginação, que ele desconhece totalmente. Já no caso do xamã primitivo, existe entre sua vida exterior e interior uma concordância fundamental.

Bem, como eu disse e vocês podem imaginar, essa viagem à Califórnia foi extremamente interessante para mim; e quando voltei para Nova York (tudo estava acontecendo como se algum espírito condutor estivesse arranjando tudo para mim), um psiquiatra importante de nossa própria cidade torturada, Dr. Mortimer Ostow, me convidou para discutir um artigo que ele estava prestes a apresentar em uma reunião da Sociedade de Psiquiatria para Adolescentes. Este acabou sendo um estudo de certas características comuns que o Dr. Ostow observara, e que parecia relacionar, como se fossem da mesma ordem: os "mecanismos" (como o Dr. Ostow as definiu) da esquizofrenia, do misticismo, da experiência com LSD e do "antinomianismo" da juventude contemporânea (aquelas atitudes agressivamente antissociais que se tornaram tão proeminentes no comportamento e no desempenho de um número significativo de adolescentes de campus e de seus orientadores acadêmicos nos tempos atuais). E esse convite foi também uma das experiências mais importantes para mim, abrindo meu pensamento a outro campo crítico, no qual meus estudos míticos poderiam ser úteis – um campo, aliás, com o qual eu já travava contato pessoal em meu papel como professor universitário.

O que aprendi foi que o retraimento e o mergulho interior do LSD podem ser comparados a uma esquizofrenia essencial, e o antinomianismo da juventude contemporânea à esquizofrenia paranoica. A sensação de ameaça vinda de cada canto do que é conhecido como o *Establishment* [ordem social estabelecida] – isto é, da civilização moderna – não é inteiramente uma farsa ou uma atuação para muitos desses jovens, mas uma condição real da alma. O rompimento é real e o que está sendo bombardeado e explodido lá fora são símbolos reais de medos internos. Além disso, muitos não conseguem sequer se comunicar, uma vez que todo pensamento, para eles, está tão cheio de sentimentos para os quais não existe nome no discurso racional. Uma quantidade espantosa deles não consegue sequer produzir uma simples frase declarativa, mas, interrompendo cada tentativa de formar uma frase com a palavra irrelevante "tipo", a fala fica reduzida a sinais mudos e silêncios carregados de sentimentos, implorando por simpatia. A gente se sente, às vezes, ao lidar com eles, como se estivesse de fato em um asilo para lunáticos sem paredes. E a cura indicada para as mazelas sobre as quais eles estão gritando não é de maneira alguma sociológica (como nossa mídia jornalística e muitos de nossos políticos afirmam), mas sim psiquiátrica.

O fenômeno do LSD, por outro lado, é – pelo menos para mim – mais interessante. Ele é uma esquizofrenia alcançada intencionalmente, com a expectativa de uma remissão espontânea – que, entretanto, nem sempre acontece. O yoga também é um tipo de esquizofrenia intencional: a pessoa foge do mundo, mergulhando interiormente e as variações de visão experimentadas são, de fato, iguais às de uma psicose. Mas então qual é a diferença? Qual a diferença entre uma experiência psicótica com LSD e uma experiência mística ou de yoga? Todos os mergulhos são no mesmo mar profundo interior; disso não pode haver dúvida. As figuras simbólicas encontradas são, em muitos casos, idênticas (e terei algo mais a dizer sobre elas daqui a pouco). Mas existe uma diferença importante. A diferença – para falar claramente – é equivalente, simplesmente à que existe entre um mergulhador que sabe nadar e um que não sabe. O místico, dotado de talentos inerentes para este tipo de exploração e seguindo, a cada estágio, a instrução de um mestre, entra nas águas e descobre que sabe nadar; ao passo que o esquizofrênico, despreparado, descontrolado e não dotado, caiu ou mergulhou intencionalmente e está se afogando. Ele pode ser salvo? Se alguém jogar uma corda, ele irá agarrá-la?

Fig. 10.4 – Afogamento

Primeiro, vamos perguntar a respeito das águas nas quais ele submergiu. São iguais, dissemos, às da experiência mística. Qual é, então, o seu caráter? Quais são suas propriedades? E o que é preciso para nadar?

São as águas dos arquétipos universais da mitologia. Durante toda a minha vida como estudioso de mitologias, tenho trabalhado com estes arquétipos, e posso lhes dizer, eles *realmente* existem e são os mesmos no mundo inteiro. Nas várias tradições, estão diversamente representados; como, por exemplo, em um templo budista, uma catedral medieval, um zigurate sumério ou uma pirâmide maia. As imagens de divindades mudam em várias partes do mundo de acordo com a flora, fauna, geografia, feições raciais locais etc. Os mitos e ritos recebem diferentes interpretações, diferentes aplicações racionais, diferentes costumes sociais para validar e reforçá-los. Ainda assim as formas e ideias essenciais, arquetípicas, são as mesmas – frequentemente de maneira assombrosa. Então o que elas são? O que representam?

O psicólogo que melhor lidou com elas, melhor as descreveu e interpretou foi Carl G. Jung, que as chama de "arquétipos do inconsciente coletivo", no que diz respeito àquelas estruturas da psique que não são produtos da experiência meramente individual, mas são comuns à toda a humanidade. Na visão dele, a camada basal profunda da psique é uma expressão do sistema instintivo de nossa espécie, fundamentada no corpo humano, em seu sistema nervoso e em seu maravilhoso cérebro. Todos os animais agem instintivamente. Eles também agem, é claro, de maneiras que têm que ser aprendidas, e segundo as circunstâncias; contudo, toda espécie age de forma diferente, segundo a sua "natureza". Observe um gato entrar em uma sala de estar e depois, por exemplo, um cachorro. Cada um é movido por impulsos peculiares à sua própria espécie, e estes, afinal, são os modeladores definitivos de sua vida. E desse modo também o homem é governado e determinado. Ele tem tanto uma biologia herdada quanto uma biografia pessoal, sendo que os "arquétipos do inconsciente" são uma expressão da primeira. Por outro lado, as memórias pessoais reprimidas (dos choques, frustrações, medos etc.) da infância, às quais a escola freudiana dá tamanha atenção, Jung as diferencia das arquetípicas e as chama de "inconsciente pessoal". Assim como a primeira é biológica e comum à espécie, a segunda é biográfica, socialmente determinada e específica em cada vida separada. A maioria dos nossos sonhos e dificuldades diárias deriva, é claro, desta última; mas em um mergulho esquizofrênico a pessoa desce até o "coletivo" e a imagética experimentada ali é amplamente da ordem dos arquétipos do mito.

Mas, quanto ao poder do instinto, lembro-me de ter visto uma vez um daqueles lindos documentários de natureza da Disney, de uma tartaruga marinha pondo seus ovos na areia, mais ou menos a uns trinta pés[141] da água. Alguns dias depois, saiu da areia uma pequena multidão de minúsculas tartarugas recém-nascidas, cada uma do tamanho de

---

141. Equivale a aproximadamente a 10 metros. [N.Ts.]

X – *Esquizofrenia – a jornada interior*

uma moedinha; e sem um instante de hesitação, todas foram na direção do mar. Nada de ficar por ali. Nada de tentativa e erro. Nada de perguntar: "Agora qual seria um lugar razoável para eu ir primeiro?". Nem uma só daquelas coisinhas foi na direção errada, tateando primeiro nos arbustos, e depois dizendo: "Oh!"; e se virando, ao pensar: "Fui feita para algo melhor do que isso!" Não mesmo! Foram diretamente para onde sua mãe provavelmente sabia que todas elas iriam: a mãe tartaruga, ou Mãe Natureza. Um bando de gaivotas, enquanto isso, tendo gritado a novidade de uma para a outra, precipitou-se como caças em mergulho sobre aquelas moedinhas que estavam indo para a água. As tartarugas sabiam perfeitamente bem que era lá que tinham que chegar, e estavam indo o mais rápido que suas perninhas podiam levá-las: as pernas, por falar nisso, já sabiam exatamente como impulsionar. Nenhum treinamento ou experimentação foi necessário. As pernas sabiam o que fazer e os olhinhos sabiam que o que estavam vendo à sua frente: era o lugar para onde estavam indo. Todo o sistema estava em perfeita operação, com toda a frota de minúsculos tanques se dirigindo desajeitadamente, porém o mais rápido que podiam, para o mar: e então... Bem, agora, certamente alguém teria pensado que para tais coisinhas aquelas grandes e formidáveis ondas podem ter parecido ameaçadoras. Mas não! Elas foram direto em frente e entraram na água e já sabiam nadar. E tão logo estavam ali, os peixes começaram a vir para cima delas. A vida é dura!

Fig. 10.5 – Instinto

Quando as pessoas falam em voltar para a natureza, sabem mesmo o que estão pedindo?

Existe outro exemplo impressionante da regra infalível do instinto; de novo relacionada a algumas coisinhas recém-nascidas: uma ninhada de pintinhos recém-chocados, alguns até mesmo com fragmentos das cascas de seus ovos ainda presos à pele. Se algum gavião sobrevoar o galinheiro, correm para se abrigar; se um pombo fizer isso, não fogem. Onde aprenderam a diferença? Quem ou o quê, digamos, está decidindo quando tais determinações são feitas? Pesquisadores já produziram imitações de falcões de madeira e os puxaram por cima de tais galinheiros com um arame. Todos os pintinhos correram para se abrigar; mas quando os mesmos modelos eram passados ao contrário, eles não corriam.

Tanto a prontidão para responder a estímulos de gatilhos específicos quanto os padrões de ação apropriados que se seguem a eles são, em todos os casos assim, herdados com a fisiologia das espécies. Conhecidos como "mecanismos de liberação inatos – MLI" [IRMs, em inglês], eles são essenciais ao sistema nervoso central. E tais mecanismos também existem na constituição da espécie *Homo sapiens*.

Isto, então, é que chamam de instinto. E se você ainda precisa ver uma demonstração, se você é do Missouri e ainda duvida da força dominadora e da sabedoria do puro instinto, basta ler em qualquer livro de biologia sobre os ciclos de vida dos parasitas. Leia, por exemplo, sobre o parasita da hidrofobia, e você se perguntará se o ser humano é digno de atuar como hospedeiro de tal prodígio. Ele sabe exatamente o que fazer, aonde ir e o que atacar no sistema nervoso humano; como chegar lá e exatamente quando chegar lá, para converter o que fomos ensinados a acreditar que é a mais alta criação da mão de Deus em seu escravo abjeto, irritadiço a ponto de morder, o que o levará a transmitir o vírus para a corrente sanguínea da próxima vítima, de onde irá prosseguir de novo até as glândulas salivares para o evento seguinte.

Ora, em todo ser humano existe um sistema de instintos embutido, sem o qual nem chegaríamos a nascer. Mas cada um de nós também foi educado em um sistema cultural local específico. A peculiaridade do homem, que nos distingue de todas os outros animais do reino, é que nós nascemos, como já foi mencionado, doze anos antes do tempo. Nenhuma mãe gostaria que fosse de outra forma; mas é assim, e esse é o nosso problema. O recém-nascido não tem o entendimento nem da tartaruga que acabou de sair do ovo, do tamanho de uma moedinha, nem de um pintinho com um pedaço de casca de ovo ainda colado no corpo. Absolutamente incapaz de se defender sozinha, a criança *Homo sapiens* está presa, por doze anos, a uma temporada de dependência dos pais ou de substitutos dos pais; e é durante estes doze anos de dependência que nos tornamos seres humanos. Aprendemos a andar como as pessoas andam, bem como falar, pensar e cogitar em termos do vocabulário local. Somos ensinados a responder a certos sinais positivamente, a outros negativamente ou com temor; e a maior parte desses sinais ensinados não são da ordem natural, mas de alguma ordem social local. São socialmente específicos. Porém, os impulsos que eles ativam e controlam são da natureza, da biologia e do instinto. Toda mitologia, consequentemente, é uma organização de sinais de liberação culturalmente condicionados. Neles, as vertentes naturais e culturais estão tão intimamente fundidas que distinguir entre uma e outra, em muitos casos, é quase impossível. E tais sinais culturalmente determinados motivam os mecanismos de liberação inata do sistema nervoso humano impressos culturalmente, assim como os estímulos sinalizadores da natureza motivam os reflexos naturais de um animal irracional.

Um símbolo mitológico funcional que defini como "um sinal que suscita e direciona energia", o Dr. Perry denominou como "imagens de afeto". Suas mensagens são endereçadas não ao cérebro, para serem ali interpretadas e passadas adiante; mas sim diretamente para os nervos, as glândulas, o sangue, e o sistema nervoso simpático. Contudo, tais sinais passam através do cérebro, e o cérebro educado pode interferir, interpretar mal e, assim, causar um curto-circuito nas mensagens. Quando isso ocorre, os sinais não funcionam mais como deveriam. A mitologia herdada é deturpada e seu valor orientador se perde ou interpretado de maneira errada. Ou, o que é pior, a pessoa pode ter sido educada para responder a um conjunto de sinais que não esteja presente no ambiente geral; como é frequentemente o caso, por exemplo, com crianças criadas nos círculos de certas seitas especiais, sem participar – e até mesmo desprezando ou com ressentimentos – das formas culturais do resto da civilização. Tal pessoa nunca se sentirá completamente à vontade no campo social mais amplo, mas sempre apreensiva e até mesmo levemente paranoica. Nada a toca como deveria, nem significa para ela o que deveria significar ou a move como move os outros. Para obter suas satisfações, ela é forçada a se retirar de volta para o contexto restrito e, consequentemente, restritivo, da seita, família, comunidade ou reserva à qual foi ajustada. Ela fica desorientada, e até perigosa, no âmbito mais amplo.

Portanto, me parece que existe um problema crítico indicado aqui, que pais e famílias têm que encarar de frente: isto é, o de assegurar que os sinais que estão imprimindo em seus jovens são do tipo que irá ajustá-los, e não os alienar, do mundo no qual terão que viver; a menos, é claro, que a pessoa esteja firmemente determinada a legar aos seus herdeiros sua própria paranoia. O mais normal é que pais racionais desejem gerar uma prole social e fisicamente saudável, bem ajustada ao sistema de sentimentos da cultura na qual está crescendo para que seja capaz de estimar os valores deste sistema racionalmente e alinhar-se de maneira construtiva com seus elementos progressistas, decentes, que estimulem a vida e sejam frutíferos.

E então temos este problema crítico, como digo, um problema crítico enquanto seres humanos, o de cuidar para que a mitologia – a constelação de sinais de signo, imagens de afeto, sinais que liberam e direcionam energia – que estamos transmitindo aos nossos jovens entregará mensagens diretivas qualificadas para relacioná-los de maneira rica e vital com o ambiente que há de lhes pertencer por toda a vida, e não com algum período humano que já está no passado, ou algum futuro piedosamente desejado, ou – o que é o pior de tudo – alguma seita estranha e hostil ou moda momentânea. E chamo este problema de crítico porque, quando é mal resolvido, o resultado para o indivíduo educado de maneira errada é o que chamamos, em termos mitológicos, como uma situação de Terra Arrasada. O mundo não fala com ele; ele não fala com o mundo. Quando isso acontece, existe um rompimento, o indivíduo é lançado de volta para si mesmo, e está na forma ideal para aquela fuga psicótica que o transformará ou num esquizofrênico essencial numa cela acolchoada ou em um paranoico gritando bordões livremente em um hospício sem paredes.

Permitam-me agora, portanto, antes de prosseguir para um relato do curso geral ou história de tal rompimento – a jornada interior (vamos chamá-la assim) de descida e retorno – apenas dizer mais uma palavra sobre as funções normalmente desempenhadas por uma mitologia adequadamente eficaz. Elas são, a meu ver, quatro.

A primeira é o que chamei de função mística: despertar e manter no indivíduo um senso de admiração e gratidão em relação à dimensão de mistério do universo, não de modo que ele viva com medo dele, mas que reconheça sua participação nele, uma vez que o mistério da existência também é o mistério do seu próprio ser profundo. Isso é o que o velho curandeiro do Alasca ouviu quando Sila, a alma do universo, lhe disse: "Não tenha medo". Pois, vista por nossos olhos temporais, a natureza, como já observamos, é dura. Ela é terrível, formidável, monstruosa. É o tipo de coisa que faz com que franceses existencialistas razoáveis a chamem de "absurdo!" (o maravilhoso sobre os franceses é que eles foram de tal modo marcados por Descartes que qualquer coisa que não possa ser analisada por meio de coordenadas cartesianas deve ser absurdo. Mas o que ou quem é absurdo, podemos perguntar, quando julgamentos desse tipo são anunciados como filosofia?).

A segunda função de uma mitologia viva é oferecer uma imagem do universo que estará de acordo com o conhecimento do tempo, das ciências e dos campos de ação do povo a quem a mitologia se dirige. Em nossa própria época, certamente, as representações de mundo de todas as religiões principais estão no mínimo dois mil anos atrasadas, e neste único fato existe justificativa suficiente para um rompimento muito sério. Se em um período como o nosso, do maior fervor e busca religiosa, nos perguntarmos por que as igrejas estão perdendo fiéis, grande parte da resposta certamente está nisso. Elas estão convidando seus rebanhos a entrar e encontrar paz em um terreno de navegação que nunca foi, nunca será e com certeza não é o de qualquer canto do mundo atual. Tal oferta mitológica é um remédio certeiro para causar no mínimo uma esquizofrenia moderada.

A terceira função de uma mitologia viva é validar, sustentar e imprimir as normas de uma dada ordem moral específica, aquela da sociedade na qual o indivíduo vive. E a quarta é guiá-lo, um estágio após o outro, na saúde, força e harmonia de espírito, por todo o curso previsível de uma vida útil.

Vamos rever, brevemente, a sequência destes estágios.

O primeiro é o da criança, dependente durante aqueles doze anos, tanto física quanto psicologicamente, da orientação e proteção de sua família. Como já observei no Capítulo III, a analogia biológica mais óbvia se encontra em meio aos marsupiais: cangurus, gambás etc. Uma vez que estes não são animais que têm placenta, o feto não pode permanecer no ventre depois do suprimento de alimento (a gema do ovo) ter sido absorvido, e os animaizinhos têm que nascer, portanto, muito antes de estarem prontos para a vida. O canguru filhote nasce depois de apenas três semanas de gestação, mas já tem patas dianteiras fortes, e estas sabem exatamente o que fazer. A minúscula criatura – por instinto, novamente observem, por favor! – se movimenta pela barriga da mãe até sua bolsa e ali sobe, se atrela a um mamilo que incha (instintivamente) em sua boca, de modo que ele não fique solto, e lá, até que esteja pronto para pular para fora, permanece em um segundo ventre: um "ventre com uma vista".

Uma função biológica exatamente comparável é desempenhada em nossa própria espécie pela mitologia, que não deixa de ser um órgão biológico indispensável, um produto da natureza, embora aparente ser outra coisa. Como o ninho de um pássaro, uma mitologia é feita a partir de materiais retirados do ambiente local, aparentemente de uma maneira inteiramente consciente, mas segundo uma arquitetura ditada inconscientemente a partir do interior. E não importa se suas imagens orientadoras reconfortantes e encorajadoras são apropriadas para um adulto. Não é destinada a adultos. Sua primeira função é nutrir uma psique que não está pronta e levá-la até a maturidade, preparando-a para encarar este mundo. A questão adequada a se perguntar, portanto, é se ela está treinando uma personalidade ajustada para viver neste mundo como ele é, ou somente em algum Paraíso ou campo social imaginado. A função seguinte, consequentemente, deve ser ajudar o jovem já formado a sair e se afastar, a deixar o mito, este segundo ventre, e se tornar, como dizem no Oriente, "nascido duas vezes": um adulto competente funcionando racionalmente neste mundo presente, que deixou sua fase infantil para trás.

E agora, para dizer mais uma coisa desagradável sobre nossas instituições religiosas: o que elas exigem e esperam é que a pessoa não abandone o ventre que elas oferecem. É como se exigissem que os jovens cangurus permanecessem nas bolsas de suas mães. E todos nós sabemos o que aconteceu no século XVI como resultado disso: a bolsa da Santa Madre Igreja se despedaçou, e nem todos os cavalos do rei ou todos os homens do rei foram capazes de remendá-la de novo. Então, agora ela está destruída, e não temos mais nenhuma bolsa sequer adequada para os nossos menores cangurus. Nós temos, entretanto, "leitura, escrita e aritmética" como uma espécie de substituto plástico da bolsa. E se você estiver atrás de um doutorado pode ficar nessa incubadora inorgânica até ter 45 anos de idade. Observei (vocês não?) na televisão, que quando são feitas perguntas a professores eles geralmente ficam reticentes e hesitam, a tal ponto que a gente se pergunta se estão experimentando algum tipo de crise interior ou apenas procurando palavras para expressar pensamentos requintados; ao passo que, quando um jogador profissional de beisebol ou de futebol americano recebe até mesmo uma pergunta bem complicada, ele geralmente consegue responder com tranquilidade e graça. Este se graduou do ventre quando tinha mais ou menos 19 anos e era o melhor jogador no campo. Mas aquele outro coitado teve que ficar sentado sob um dossel de professores universitários até estar passando da meia-idade, e mesmo que agora tenha obtido o título, veio tarde demais para ele sequer começar a desenvolver o que costumávamos chamar de autoconfiança. Ele carrega a marca daquele dossel professoral em seus MLIs para sempre, e ainda teme que alguém vá lhe dar notas ruins pela sua resposta.

Em seguida, tão logo a pessoa tenha aprendido seu trabalho adulto e conseguido um lugar para si na nossa sociedade, começa a sentir o rangido da idade, a aposentadoria está próxima, e com incrível velocidade ela chega com seu sistema de assistência médica para idosos, pensões e tudo o mais. Você tem agora uma psique desocupada em suas mãos: a sua; um monte daquilo que Jung denominou "libido descartável". O que fazer com isso? Chegou o clássico período da crise do fim da meia-idade, do divórcio, da ruína alcoólica e assim por diante. A luz da sua vida desceu, despreparada, para um inconsciente despreparado, e ali você se afoga. Teria sido uma situação muito melhor se, durante seus anos de infância, tivessem lhe dado uma impressão sólida de mitos infantis, de modo que quando chegasse a hora desse mergulho para trás e para baixo o cenário ali embaixo seria um pouco mais familiar. Você teria recebido nomes e talvez até armas, pelo menos para alguns dos monstros que encontrará: pois é simplesmente um fato, e um fato muito importante, que as imagens mitológicas interpretadas na infância como referências a seres sobrenaturais externos são na verdade símbolos dos poderes estruturantes (ou, como Jung os chamou, dos arquétipos) do inconsciente. E é para estes e para as forças naturais que representam – as forças e vozes da alma (*Sila*) do Universo aí dentro – que você vai retornar quando der esse mergulho, que há de acontecer, tão certo como a morte.

E assim, com esse desafio diante de nós, vamos tentar nos familiarizar com algumas das marés e contracorrentes submarinas de nosso mar interior. Deixem-me contar algo de que ouvi falar recentemente sobre as maravilhas do mergulho esquizofrênico interior.

A primeira experiência é a de uma sensação de cisão. A pessoa vê o mundo se partindo em dois: uma parte dele se afastando; ela na outra parte. Esse é o começo do regresso, a separação e o fluxo para trás. Ela pode ver a si mesma, por algum tempo, em dois papéis. Um é o papel do palhaço, do fantasma, da bruxa, do esquisito, do intruso. Esse é o papel externo que ela interpreta, menosprezando a si mesma como uma pessoa tola, uma piada, que é jogada de um lado para o outro, o bobinho. Por dentro, entretanto, é o salvador, e sabe disso. A pessoa é o herói escolhido para um destino. Recentemente, um salvador desse tipo me deu a honra de me visitar três vezes: um jovem alto, belo, com barba e olhos gentis, e a atitude de um Cristo; o LSD era o seu sacramento – LSD e sexo. "Eu vi meu Pai", disse-me na segunda ocasião. "Ele está velho agora e me disse para esperar. Saberei quando chegar a hora de assumir o controle".

O segundo estágio foi descrito em muitos relatos clínicos. É uma terrível queda e regressão, de volta no tempo e biologicamente também. Caindo de volta em seu próprio passado, o psicótico se torna uma criança, um feto no ventre. Ocorre a experiência assustadora de deslizar de volta para a consciência animal, para formas animais, subanimais, até mesmo formas semelhantes às plantas. Penso aqui na lenda de Dafne, a ninfa que foi transformada em uma árvore de louro. Tal imagem, lida em termos psicológicos, seria a imagem de uma psicose. Abordada por amor pelo deus Apolo, a virgem ficou apavorada, gritou a seu pai por socorro, o deus-rio Peneu, e ele a transformou em uma árvore.

"Mostre-me o rosto que você tinha antes de seu pai e sua mãe nascerem!". Já tivemos a oportunidade, anteriormente, de fazer referência a este tema de meditação dos mestres Zen japoneses. Durante o retraimento esquizofrênico, o psicótico também pode vir a conhecer a exaltação de uma união com o universo, transcendendo limites pessoais: Freud chamou isto de "sentimento oceânico". Também surgem, então, sentimentos de um novo conhecimento. Coisas que antes pareciam misteriosas são agora inteiramente entendidas. Compreensões

X – Esquizofrenia – a jornada interior

inefáveis são experimentadas; e de fato, conforme lemos sobre elas, só podemos ficar assombrados. Já li dúzias de relatos; e eles correspondem, frequentemente de maneira surpreendente, aos insights dos místicos e às imagens de mitos hindus, budistas, egípcios e clássicos.

Por exemplo, uma pessoa que nunca acreditou, ou que sequer já tenha ouvido falar em reencarnação, começará a se sentir como se tivesse vivido desde sempre; vivido por muitas vidas, porém nunca nasceu e nunca morrerá. É como se tivesse passado a conhecer a si mesmo como aquele Eu (*atman*) do qual lemos no *Bhagavad Gita*: "Nunca nasceu, nunca morre... Não nascido, eterno, permanente e primordial, ele não morre quando se mata o corpo".[142] O paciente (vamos chamá-lo assim) uniu o que resta de sua consciência com a consciência de todas as coisas, as pedras, as árvores, todo o mundo da natureza, do qual todos nós viemos. Ele está em harmonia com aquilo que de fato existiu desde sempre: como na verdade todos nós estamos no fundo, e ali em paz – novamente, conforme se afirma na *Gita*: "Quando alguém remove os sentidos dos objetos, como uma tartaruga recolhendo seus membros, aí a sua sabedoria está firmemente fixada. Nesta serenidade está o fim de todo sofrimento".[143]

Fig. 10.6 – Apolo e Dafne

Em suma, meus amigos, o que acho que estou dizendo é que o paciente esquizofrênico está experimentando na verdade, inadvertidamente, aquela mesma profundidade oceânica que o iogue e o santo

---
142. Bhagavad Gītā II:20.
143. Bhagavad Gītā II:58.

estão sempre se esforçando para desfrutar: com a exceção de que, enquanto estes estão nadando nela, aquele está se afogando.

Pode vir em seguida, segundo alguns relatos, a sensação de uma tarefa formidável à frente, com perigos a serem encontrados e dominados; mas também um pressentimento de presenças auxiliadoras invisíveis que podem guiar e ajudar a pessoa a passar por isso. Esses são os deuses, os demônios ou anjos guardiões: poderes inatos da psique, apropriados para encontrar e dominar as forças negativas torturantes, devoradoras ou destrutivas. E se a pessoa tiver a coragem de seguir em frente, experimentará, finalmente, em um terrível êxtase, uma crise culminante esmagadora – ou mesmo uma série de tais culminâncias, mais do que podem ser suportadas.

Essas crises são principalmente de quatro tipos, de acordo com os tipos de dificuldade que terão inicialmente levado à regressão. Por exemplo, uma pessoa que, na infância, tenha sido privada de amor essencial, criada em uma casa de pouco ou nenhum cuidado, mas só autoridade, rigor e ordens, ou em uma casa de tumulto e fúria, um pai bêbado enraivecido, ou coisas do gênero, procurará, em sua viagem para trás, uma reorientação e centralização de sua vida no amor. Consequentemente, a culminância (quando o indivíduo tiver revertido para o começo de sua biografia e até mais além, até uma sensação do primeiro impulso erótico pelo viver) será a descoberta de um centro de ternura e de amor em seu próprio coração no qual ele pode descansar. Esse terá sido o objetivo e o significado de toda a sua busca inversa. E sua compreensão será representada através de uma experiência, de um jeito ou de outro, de algum tipo de realização visionária de uma "união sagrada" com uma presença que integra a esposa e a mãe (ou simplesmente a mãe).

Ou se tiver sido uma família em que o pai era um ninguém, um nada, sem força alguma no lar; onde não havia senso algum de autoridade paternal, ninguém com uma presença masculina que pudesse ser honrado e respeitado, mas apenas uma confusão de detalhes domésticos e preocupações femininas desordenadas, a busca será por uma imagem paterna decente, e é isto que terá que ser encontrado: alguma espécie de realização simbólica de filiação sobrenatural a um pai.

X – Esquizofrenia – a jornada interior

Uma terceira situação doméstica de privação emocional significativa é a da criança que sente que foi excluída de seu círculo familiar, tratada como se não fosse querida; ou sem ter família alguma. Em casos, por exemplo, de um segundo casamento, em que vem uma segunda família, um filho da primeira pode se sentir e pode de fato se ver excluído, rejeitado ou abandonado. O antigo tema de contos de fadas da madrasta e das meias-irmãs más é relevante aqui. O que uma pessoa excluída assim vai se esforçar para encontrar em sua viagem interior solitária será o encontro ou a formação de um centro – não um centro *familiar*, mas um centro do *mundo* – do qual ela será o ser principal. O Dr. Perry me contou o caso de um paciente esquizofrênico que estava tão completa e profundamente isolado que ninguém conseguia estabelecer qualquer comunicação com ele. Um dia este pobre mudo, na presença do médico, desenhou um círculo rudimentar, e em seguida somente posicionou a ponta de seu lápis no centro dele. O Dr. Perry se abaixou e disse a ele: "Você está no centro, não está? Não?!". E essa mensagem o alcançou, dando início ao percurso de retorno.

Existe um relato interno fascinante de um colapso esquizofrênico no penúltimo capítulo do livro *The Politics of Experience*,[144] do Dr. R. D. Laing. Este é um relato feito por um ex-comodoro da Marinha Real, que agora é escultor, contando sobre sua própria aventura esquizofrênica, em cuja culminância ele experimentou um quarto tipo de compreensão: uma sensação de pura luz, a sensação de uma luz terrivelmente perigosa, avassaladora, a ser encontrada e suportada. O relato dele sugere com muita força a luz de Buda (Clara Luz) descrita no *Livro Tibetano dos Mortos*, que supostamente será encontrada imediatamente na morte, e a qual, se suportada, concede a liberação do renascimento, mas que, para a maioria das pessoas, é grandiosa demais para ser suportada. O ex-integrante da Marinha Real, Sr. Jesse Watkins, de 38 anos de idade, acima citado, não tivera nenhum conhecimento prévio de filosofias e mitologias orientais; porém, conforme o clímax de sua viagem de dez dias se aproximava, as imagens se tornaram praticamente indistinguíveis das imagens de fé hindus e budistas.

---

144. R. D. Laing, *A Ten-Day Voyage, The Politics of Experience* (New York: Pantheon Books, 1967, 1983), Cap. 7.

Tudo começara com uma sensação alarmante de que o próprio tempo estava correndo para trás. Este cavalheiro, na sala de estar de casa, ouvia de modo desatento a uma música popular no rádio quando começou a ter essa experiência sinistra. Ele se levantou e olhou em um espelho para ver o que poderia estar acontecendo, e embora o rosto que ele viu ali fosse familiar, parecia ser o de um estranho, não ele mesmo. Levado para uma enfermaria de observação, foi colocado num leito e naquela noite teve o sentimento de que tinha morrido, e que aqueles que lhe cercavam na enfermaria também. Ele continuou caindo para trás no tempo em uma espécie de paisagem animal, onde vagou como um animal: um rinoceronte emitindo sons de rinoceronte, com medo, porém agressivo e em guarda. Ele sentiu, também, que era um bebê e podia ouvir a si mesmo chorar como uma criança. Ele era ao mesmo tempo o observador e aquilo que ele observava.

Ao receber jornais para ler, não conseguia avançar nem um pouco porque tudo, toda manchete, se abria para associações que se ampliavam. Uma carta de sua esposa deu a sensação de que ela estava em um mundo diferente, que ele nunca habitaria novamente. E sentiu que, onde ele estava, havia acessado poderes, poderes inerentes a todos nós. Por exemplo, um corte horrível em seu dedo, que ele não deixava os auxiliares cuidarem, foi curado por ele em um único dia ao colocar, como ele declarou, "uma espécie de atenção intensa naquele dedo". Ele descobriu que, ao se sentar na cama e olhar fixamente para pacientes barulhentos em outros pontos da enfermaria, conseguia fazer com que se deitassem e ficassem parados. Sentiu que ele era mais do que jamais imaginara ser, que ele existira por todo o sempre, em todas as formas de vida, e estava experimentando tudo isso de novo; mas também que tinha agora diante de si uma grande e terrível jornada a efetuar, e isso lhe deu uma sensação de profundo medo.

Esses novos poderes que estava experimentando, tanto de controle sobre seu próprio corpo quanto de influência sobre os outros, são chamados na Índia de *siddhi*. Eles são reconhecidos lá (como foram experenciados aqui, por este homem ocidental) como poderes latentes em todos nós, inerentes à toda vida, e que o iogue libera em si mesmo. Ouvimos falar deles na Ciência Cristã; também em outros tipos de "cura pela fé", rezando até que as pessoas recuperem a saúde, e por aí vai. Os milagres de xamãs, santos e salvadores são, novamente,

X – Esquizofrenia – a jornada interior

exemplos bem conhecidos. E quanto à sensação de uma experiência de identidade com tudo que existe, toda a vida, e de transformações em formas animais, considerem o seguinte canto do lendário poeta maior, Amairgen, um dos primeiros celtas goidélicos a chegar, quando seu principal navio aportou nas prais da costa irlandesa:

> Sou o vento que sopra sobre o mar;
> Sou a onda do oceano;
> Sou o touro de sete batalhas;
> Sou a águia na pedra;
> Sou uma lágrima do Sol;
> Sou a mais bela das plantas;
> Sou um javali pela coragem;
> Sou um salmão na água;
> Sou um lago na planície;
> Sou a palavra de conhecimento;
> Sou a ponta da lança de batalha;
> Sou o deus que faz o fogo [= pensamento] na cabeça.[145]

Desse modo, estamos em terreno mítico bem conhecido – ainda que pareça estranho e fluido – conforme seguimos na imaginação o curso desta jornada interior de dez dias. E suas passagens culminantes também, embora estranhas, serão curiosamente (de alguma maneira secreta) familiares.

O viajante, como ele conta, teve um "sentimento particular agudo" de que o mundo que experimentava agora estava estabelecido em três planos, com ele mesmo na esfera do meio, um plano de realizações mais altas por cima, e uma espécie de sala de espera no plano abaixo. Comparem com a imagem cósmica na Bíblia, tendo o céu de Deus acima, a Terra sob ele e as águas abaixo da Terra. Ou considere *A Divina Comédia* de Dante, as torres dos templos da Índia e dos maias da América Central, os zigurates da antiga Suméria. Abaixo estão os infernos do sofrimento; no alto, o Céu de luz; e entre eles, a montanha das almas ascendentes em estágios de progresso espiritual. Segundo

---

145. Alfred Nutt, *The Voyage of Bran, Son of Febal to the Land of the Living*, Vol. II, traduzido para o inglês por Kuno Meyer, (London: David Nott in the Strand, 1897; Cornell University Press, 2009), p. 91-92.

Jesse Watkins, a maior parte de nós está no nível mais baixo, esperando (*Esperando Godot*[146], se poderia dizer), como em uma sala de espera geral; ainda não é a sala do meio, de conflito e busca, na qual ele mesmo havia chegado. Tinha sentimentos de deuses invisíveis acima, do lado e em toda a sua volta, que estavam no comando e gerenciavam as coisas; e no lugar mais alto, no posto mais alto, estava o maior de todos os deuses.

Além disso, o que tornava tudo tão terrível era o conhecimento de que no final de tudo, todo mundo teria que assumir aquele posto no topo. Todos aqueles ao redor dele no hospício que, como ele mesmo, tinham morrido e se encontravam no estágio purificador do meio, estavam – como ele definiu – "meio que despertando". (O significado da palavra *buddha*, vamos relembrar, é "aquele que está desperto".) Aqueles ao redor dele no hospício estavam a caminho, despertando para assumir em seu próprio tempo aquela posição no topo e o que estava lá em cima agora era Deus. Deus *era um louco*. Era ele que estava carregando tudo: "esta enorme carga", como Watkins definiu, "de ter que estar atento e governando e gerenciando as coisas". "A jornada está ali e cada um de nós", ele relatou, "tem que passar por ela, e você não pode se esquivar, e o propósito de tudo e de toda a existência é equipá-lo para dar outro passo, e outro passo, e outro passo, e assim por diante [...]".

Ora, não é surpreendente encontrar tal conjunto de temas orientais escritos no diário de bordo da viagem noturna de um oficial naval britânico em tempos de guerra, transitoriamente louco? Existe uma antiga fábula budista de um final justamente assim para uma jornada, preservada em um famoso livro indiano de fábulas, a fábula dos Quatro Caçadores de Tesouros do *Panchatantra*. É um relato de quatro amigos brâmanes que, ao perder suas fortunas, decidiram sair juntos para adquirir riqueza e, no país Avanti (que é onde o Buda viveu e ensinou), encontraram um mágico chamado Terror-Alegria. Este sujeito impressionante – depois dos quatro terem descrito para ele seu intento e implorado por ajuda – deu a cada um uma pena mágica com instruções para ir em direção ao norte até a encosta setentrional do Himalaia, e

---

146. Título de uma peça teatral escrita pelo dramaturgo irlandês Samuel Beckett, na qual Godot nunca chega. [N.Ts.]

onde quer que a pena caísse, ele lhes assegurou, o dono daquela pena encontraria seu tesouro.

A pena do líder caiu primeiro, e eles descobriram que o solo daquele lugar era todo de cobre. "Olhem!", disse ele. "Peguem tudo o que quiserem!." Mas os outros escolheram continuar e assim o líder, sozinho, recolheu seu cobre e retornou. Onde a pena do segundo caiu havia prata e seu portador foi o segundo a retornar. A pena do próximo revelou ouro. "Você não entende?", disse o quarto membro do grupo. "Primeiro cobre, depois prata, depois ouro. Além certamente haverá pedras preciosas." Mas o outro ficou com o ouro e o quarto seguiu em frente.

E assim, como lemos no texto indiano:

Então, este outro seguiu sozinho. Seus membros estavam queimados pelos raios do Sol de verão e seus pensamentos estavam confusos pela sede conforme ele vagava para lá e para cá sobre as trilhas na terra das fadas. Por fim, em uma plataforma giratória, ele viu um homem com sangue pingando pelo corpo; pois uma roda estava girando em sua cabeça. Então o viajante se apressou e disse: "Senhor, por que ficas assim com uma roda girando em tua cabeça? Em todo o caso, diga-me se existe água em algum lugar. Estou louco de sede".
No momento que o brâmane disse isto, a roda deixou a cabeça do outro e instalou-se na dele. "Meu muito caro senhor", disse ele, "qual o significado disto?". "Da mesma maneira", replicou o outro, "ela se instalou na minha cabeça". "Mas", disse o brâmane, "quando ela vai embora? Dói terrivelmente". E o sujeito disse: "Quando alguém que tenha na mão uma pena mágica, tal como a que tu tinhas, chegar e falar como tu falaste, aí ela irá se instalar na cabeça dele". "Bem", disse o brâmane, "por quanto tempo estiveste aqui?". O outro perguntou: "Quem é rei no mundo agora?". E ao ouvir como resposta "Rei Vinabatsa", ele disse: "Quando Rama era rei, eu estava necessitado, arranjei uma pena mágica e vim aqui, exatamente como tu. E vi outro homem com uma roda na cabeça e lhe fiz uma pergunta. No momento em que fiz a pergunta (exatamente como tu), a roda deixou a cabeça dele e se instalou na minha. Mas não consigo calcular os séculos".
Então o portador da roda perguntou: "Como, te rogo, conseguiste alimento enquanto estavas assim?". "Meu caro senhor", disse o sujeito, "o deus da riqueza, com medo de que seus tesouros fossem roubados,

preparou este terror, de modo que nenhum mágico possa chegar tão longe. E se qualquer um conseguisse vir, este seria libertado da fome e da sede, preservado da decrepitude e da morte, e teria meramente que aguentar a tortura. Assim, agora permita-me me despedir. Tu me libertaste de uma miséria considerável. Estou indo para casa". E ele se foi.[147]

A antiga fábula, como recontada aqui, é apresentada como uma advertência para todos do perigo da ganância excessiva. Contudo, em sua forma mais antiga, ela era uma lenda budista Mahayana do caminho para a condição de Bodhisattva, sendo que a pergunta imediata representa o sinal da perfeição altruísta, da compaixão do viajante espiritual. Nos faz relembrar a figura do rei mutilado da lenda cristã medieval do Graal, e da pergunta a ser feita pelo Cavaleiro do Graal inocente que chega lá e que, ao perguntá-la, curará o rei e alcançará para si mesmo o augusto papel. Faz pensar também na cabeça coroada com espinhos do Cristo crucificado; e de uma quantidade de outras figuras: Prometeu, preso em um rochedo do Cáucaso, com uma águia dilacerando seu fígado; do mesmo modo, Loki, preso em um rochedo, e com o veneno ardente de uma serpente cósmica pingando para sempre em sua cabeça; ou, de fato, Satanás, como Dante o viu, no centro da Terra, como seu eixo, correspondendo nesta posição ao seu protótipo, o grego Hades (o Plutão romano), senhor tanto do Mundo Inferior quanto da riqueza – que é exatamente (daquele jeito maravilhoso que encontramos tão frequentemente quando comparamos formas míticas)

Fig. 10.7 – Prometeu

---

147. Traduzido para o inglês por Arthur W. Ryder, *The Panchatantra* (Chicago: The University of Chicago Press, 1925; Delhi, India: Jaico Publishing House, 2005), p. 434-441.

X – Esquizofrenia – a jornada interior

o equivalente ocidental do deus-terra Kubera, da Índia, o próprio senhor da riqueza e da dolorosa roda giratória mencionada nesta fábula.

No caso de nosso visionário esquizofrênico, entretanto, ele sentiu que o papel do deus louco, sofrendo terrivelmente no topo do universo, era demais para ele assumir. Pois quem, de fato, seria capaz de encarar e aceitar para si mesmo, por sua própria livre vontade, todo o impacto de experimentar o que a vida realmente é – o que o universo realmente é – no todo de seu terrível júbilo? Esse talvez seja o teste definitivo da perfeição da compaixão do indivíduo: ser capaz de afirmar esse mundo, exatamente como ele é, sem reservas, enquanto suporta toda a sua terrível alegria extática em si mesmo e, desse modo, loucamente desejando este êxtase a todos os seres! Em qualquer caso, Jesse Watkins, em sua loucura, sabia que já tinha tido o suficiente.

"Em alguns momentos era tão devastador", disse ele, ao falar de sua aventura, "que eu teria medo de entrar de novo... fui subitamente confrontado com algo muito maior do que eu, com muito mais experiências, com tanta consciência, tanto que você não aguentaria... eu experimentei isso por um momento ou dois, mas era como uma súbita explosão de luz, vento ou seja lá como queira definir, contra você; de modo que você se sente nu demais e sozinho demais para conseguir aguentar".

Certa manhã ele decidiu que não deixaria que eles lhe dessem mais sedativos e que iria voltar, de algum jeito, a si. Ele se sentou na beira da cama, apertou as mãos uma na outra com força e começou a repetir seu próprio nome. Continuou repetindo, de novo e de novo, e de repente – bem desse jeito – ele percebeu que tudo tinha acabado, e assim foi. As experiências terminaram, ele estava são.

E aqui, acho que podemos dizer, está a pista para o método da aventura, se a pessoa for voltar para casa. É este: não identificar o seu eu com qualquer um dos poderes ou figuras experimentadas. O iogue indiano, lutando pela libertação, se identifica com a Luz e nunca volta. Mas ninguém com uma vontade de servir os outros e a vida se permitiria tal fuga. O objetivo último da busca, para que a pessoa volte, não deve ser nem a libertação nem o êxtase para si mesmo, mas sim a sabedoria e o poder para servir os outros. E existe um conto ocidental realmente excelente, e muito celebrado, de uma viagem de ida e volta como essa até a Região da Luz, *na viagem de dez anos* do Odisseu de Homero – que, como o Comodoro da Marinha Real, Watkins, era um guerreiro voltando de longos anos de batalha para a vida doméstica, e precisava, portanto, mudar radicalmente sua postura e seu centro psicológicos.

Todos nós conhecemos a grande história: de como, tendo zarpado com seus doze navios da já conquistada Troia, Odisseu ancorou em um porto da Trácia, saqueou a cidade de Ismaro, dizimou seu povo e – como ele mais tarde relatou – "tomou suas esposas e muitos bens de valor", distribuindo-os entre seus próprios homens. Claramente, um brutamontes assim não estava pronto para a vida doméstica; uma completa mudança de caráter era necessária. E os deuses, que estão sempre atentos a tais coisas, se responsabilizaram por fazê-lo cair em mãos competentes.

Primeiro Zeus mandou sobre ele uma tempestade que rasgou as velas de seus navios em pedaços e os soprou por nove dias, descontrolados, até a terra dos Comedores de Lótus – terra da droga alucinógena "esquecimento", onde, como Watkins em seu hospício, Odisseu e seus homens surtados foram colocados para flutuar em um mar de sonho. Daí se segue a sequência de suas aventuras mitológicas, de um tipo totalmente diferente de qualquer coisa que eles já tinham conhecido.

Houve, primeiro, seu encontro com o Ciclope e, depois de uma libertação dispendiosa de sua terrível caverna, um período de euforia, enquanto navegaram nos ventos do deus Éolo. Em seguida, entretanto, uma calmaria mortal e a difícil provação dos doze grandes navios reduzidos a terem que remar. Conseguiram chegar à terra na ilha dos lestrigões canibais, que mandaram onze navios para o fundo, e o poderoso Odisseu, lutando agora contra forças muito mais fortes do que podia controlar, fugiu com

Fig. 10.8 – Circe

X – Esquizofrenia – a jornada interior

uma tripulação aterrorizada no último casco que sobrara. Remando exaustivamente, ainda em um mar mortalmente calmo, avançou para o que provaria ser o ponto crucial de toda a aventura no mar noturno, a ilha de Circe das Madeixas Trançadas, a ninfa que transforma os homens em suínos.

Esta era uma mulher tal, que o nosso herói, já seriamente humilhado, não poderia maltratar como mero espólio de guerra. Seu poder superava o dele. Felizmente para a sua fama, o protetor e guia das almas depois da morte e para o renascimento, o deus do mistério Hermes, chegou bem na hora para protegê-lo tanto com conselhos quanto com um amuleto; de modo que, em vez de ser metamorfoseado, o grande marinheiro, assim protegido, foi levado para a cama de Circe, de onde ela o conduziu aos Infernos e para as sombras de seus ancestrais lá embaixo. Ali ele também conheceu Tirésias, o sábio profeta cego em quem o conhecimento masculino e o feminino estão unidos. E quando ele aprendera tudo o que podia ali, retornou, bastante aperfeiçoado para a ninfa, antes muito perigosa, que era agora sua mestra e guia.

Em seguida, Circe o direcionou para a Ilha do Sol, pai dela, onde, entretanto – na região-fonte de toda luz – seu único navio restante foi estilhaçado, junto com a tripulação, e Odisseu, jogado sozinho ao mar, foi carregado por suas marés irresistíveis de volta para sua esposa Penélope (e sua vida) terrena diurna... depois de um relacionamento temporário de oito anos com a ninfa de meia-idade Calipso, e uma breve pausa também na ilha da linda Nausicaa e seu pai, em cuja embarcação do mar noturno ele foi finalmente carregado em sono profundo para sua própria doce praia – agora inteiramente preparado para a vida futura como esposo e pai atencioso.

Um aspecto significativo deste grande épico da aventura interior no mar noturno é a representação do viajante como alguém que nunca deseja permanecer em nenhuma das paradas. Na terra dos Comedores de Lótus, aqueles dentre os seus homens que comeram do alimento florido não tinham desejo algum de voltar para casa; mas Odisseu os arrastou em prantos até seus navios, amarrou-os aos cascos e remou para longe. E mesmo durante sua estada idílica de oito anos na ilha de Calipso, ele frequentemente se encontrava sozinho na praia, olhando fixamente o mar na direção de casa.

Jesse Watkins por fim também conseguiu distinguir a si mesmo em seu papel mundano do louco no manicômio; e, como o momento da virada no ponto mais distante do percurso de seu protótipo clássico, onde o último navio foi despedaçado na Ilha do Sol, assim na viagem deste marinheiro moderno, o ponto de virada foi alcançado na beira de uma experiência de luz explosiva. Jesse Watkins, naquela conjuntura, reconhecendo que era não apenas um louco aterrorizado prestes a experimentar a aniquilação, mas também o homem são que um dia tinha sido em casa, de cuja esfera de vida ele se tornara psicologicamente dissociado, sentou-se (conforme ouvimos) em sua cama, apertou suas duas mãos uma na outra, pronunciou o nome diurno de seu corpo e voltou para ele, como um mergulhador volta para a superfície do mar.

A figura mitológica usual e mais apropriada para simbolizar tal retorno à vida é o "renascimento", renascimento para um mundo novo; e essa, exatamente, foi a figura que ocorreu à mente deste paciente que se resgatou ao experimentar a remissão espontânea. "Quando eu saí", relata-se que ele disse, "subitamente senti que tudo era tão mais real do que havia sido antes. A grama era mais verde, o Sol brilhava mais forte e as pessoas estavam mais vivas, eu podia vê-las mais claramente. Podia ver as coisas ruins e as coisas boas e tudo o mais. Eu estava muito mais alerta".

"É impossível não ver", observa o Dr. Laing em seu comentário sobre toda a experiência, "que essa viagem não é aquilo de que precisamos nos curar, mas sim uma maneira natural de curar nosso próprio estado de espantosa alienação chamado de normalidade".

Algo muito parecido era a visão, também, tanto do Dr. Perry quanto do Dr. Silverman, nos artigos mencionados antes; e, como aprendi mais recentemente, a primeira proposta documentada desta visão foi em um estudo publicado por C. G. Jung já em 1902, "Sobre a Psicologia e a Patologia dos Chamados Fenômenos Ocultos".[148]

Em suma: as jornadas interiores do herói mitológico, do xamã, do místico e do esquizofrênico são, em princípio, iguais; e quando o retorno ou remissão acontece, é vivenciado como um renascimento: o nascimento, isto é, de um ego "nascido duas vezes", não mais limitado

---

148. Jung, *Psychiatric Studies, Collected Works,* Vol. I (Princeton, New Jersey: Princeton University Press, 1957), p. 3-92.

pelos horizontes de seu mundo diurno. Agora sabe-se que ele é não mais que o reflexo de um eu maior, sendo que sua função adequada é levar as energias de um sistema de instinto arquetípico ao desempenho fecundo em uma situação diurna contemporânea do espaço-tempo. A pessoa não tem mais medo da natureza; nem da filha da natureza, a sociedade – a qual também é monstruosa e, de fato, não tem como ser diferente; se assim não o fosse, não sobreviveria. O novo ego está em acordo com tudo isso, em harmonia, em paz; e, como contam aqueles que retornaram da viagem, a vida é, então, mais rica, mais forte e mais jubilosa.

Todo problema, ao que parece, é, de alguma maneira, passar por ela, mesmo que várias vezes, sem naufrágio: sendo que a resposta não é que não se deve permitir que alguém enlouqueça; mas que a pessoa já deveria ter aprendido algo sobre o cenário a ser adentrado e os poderes passíveis de serem encontrados, ter recebido algum tipo de fórmula por meio da qual possa reconhecê-los, dominá-los e incorporar suas energias. Siegfried, depois de ter matado Fafnir, provou do sangue de dragão e, para sua própria surpresa, imediatamente descobriu que entendia a linguagem da natureza, tanto da sua natureza quanto da natureza externa. Ele próprio não se tornou um dragão, embora tenha derivado do dragão seus poderes – dos quais, entretanto, perdeu o controle quando retornou para o mundo da humanidade comum.

Na aventura existe sempre o grande risco do que é conhecido na psicologia como "inflação", que toma o psicótico. Ele se identifica ou com o objeto visionário ou com sua testemunha, o sujeito visionário. O truque é tomar consciência sem se perder nisso: entender que todos nós podemos ser salvadores quando atuamos em relação aos nossos amigos ou inimigos: figuras salvadoras, mas nunca O Salvador. Todos nós podemos ser mães e pais, mas nunca somos A Mãe, O Pai. Quando uma menina que está crescendo toma consciência do efeito agradável que sua feminilidade florescente está começando a causar nos outros, e toma o crédito disso para o seu próprio ego, ela já ficou um pouco maluca. Ela perdeu sua identificação. O que está causando todo o entusiasmo não é o seu próprio pequeno ego atônito, mas o maravilhoso corpo novo que está crescendo ao redor dele.

Existe um ditado japonês que me lembro de ter ouvido certa vez, sobre os cinco estágios do crescimento do homem. "Aos dez anos, um animal; aos vinte, um lunático; aos trinta, um fracasso; aos quarenta, uma fraude; aos cinquenta, um criminoso." Aos sessenta, eu acrescentaria (uma vez que a essa altura a pessoa já terá passado por tudo isso), começa a aconselhar os seus amigos; e aos setenta (percebendo que tudo o que disse foi mal interpretado) fica calado e é considerado um sábio. "Aos oitenta", disse Confúcio, "eu conhecia meu terreno e me mantive firme".

No espírito de tudo isso, deixe-me agora sublinhar a lição desses pensamentos purificadores com as palavras conclusivas da louca visão de São João, que ele teve durante seu exílio na ilha de Patmos:

Fig. 10.9 – Nova Jerusalém

Vi então um novo céu e uma nova terra, pois o primeiro céu e a primeira terra se foram, e o mar já não existe. Vi também descer do céu, de junto de Deus, a Cidade Santa, uma Jerusalém nova, pronta como uma esposa que se enfeitou para seu marido. Nisto ouvi uma voz forte que do trono dizia: "Eis a tenda de Deus com os homens. Ele habitará com eles; eles serão o seu povo, e ele, Deus-com-eles, será o seu Deus. Ele enxugará toda lágrima dos seus olhos, pois nunca mais haverá morte, nem luto, nem clamor, e nem dor haverá mais, porque as coisas antigas se foram! [...]"

Mostrou-me depois um rio de água da vida, límpido como cristal, que saía do trono de Deus e do Cordeiro. No meio da praça, de um lado e do outro do rio, há árvores da vida que frutificam doze vezes, dando fruto a cada mês; e suas folhas servem para curar as nações.

XI – A caminhada na Lua – a jornada exterior

Fig. 11.1 – Caminhada na Lua
[1970][149]

Estamos hoje transformando mitologia em fato? Permitam-me fazer a introdução do realmente maravilhoso tópico deste capítulo com uma passagem de *A Divina Comédia,* de Dante. É daquele momento da jornada visionária do poeta em que ele levanta voo do Paraíso Terrestre para subir até a Lua, a primeira parada celestial de seu voo espiritual até o trono de Deus. Ele se dirige ao leitor:

---

149. Extraído de uma palestra (L306) com o mesmo título.

> Oh, Tu, que num pequeno barco, desejoso de ouvir, segues atrás de minha embarcação cujo canto passa, vira-te para ver novamente
> as suas praias, não se volte para as profundezas; pois se por acaso me perdesses, ficarias perdido.
> As águas em que navego nunca foram singradas.
> Minerva respira, Apolo me guia e as nove Musas apontam a Ursa Maior.
> Isto descreve o estado de espírito. O sopro de uma deusa, Minerva, encherá nossas velas, padroeira dos heróis; o nome de Apolo é uma surpresa agradável; e seremos guiados pelas Musas, mestras de todas as artes apontando-nos as estrelas de navegação. Pois embora nossa viagem vá ser externa, também será interna, rumo às fontes de todos os grandes atos, que não estão lá fora, mas, aqui dentro, em todos nós, onde habitam as Musas.[150]

Lembro-me de certa vez, quando eu tinha apenas seis anos, que meu tio me levou até o Riverside Drive para ver "um homem", como me disse, "voar em um aeroplano (como eles chamavam os aviões naquela época) de Albany até Nova York". Era Glenn Curtiss, em 1910, numa espécie de pipa de caixa motorizada que ele construíra. Havia pessoas enfileiradas ao longo da parede baixa na margem oeste da cidade, observando, esperando, viradas para o pôr do sol. Todos os telhados próximos também estavam lotados. Chegou o crepúsculo. Então, de repente todo mundo começou a apontar, gritando: "Ali vem ele!". E o que eu vi era como a sombra de um pássaro escuro planando na luz desbotada, a uns cem pés acima do rio. Dezessete anos depois, no ano em que eu saí de Columbia, Lindbergh sobrevoou o Atlântico. E, neste ano, vimos na tela dos nossos televisores duas aterrissagens na Lua.

Quero que este capítulo seja uma celebração da fabulosa era em que estamos vivendo; uma celebração também deste país no qual estamos vivendo; e de nossa incrível raça humana, que nos anos mais recentes se libertou desta Terra para voar adiante rumo à abertura da maior aventura de todos os tempos.

---

150. Alighieri, Dante. *A Divina Comédia: Paraíso* [Canto II]. Il. Gustave Doré. Trad. Xavier Pinheiro. 12. ed. Rio de Janeiro: Nova Fronteira, 2017.

XI – A caminhada na Lua – a jornada exterior

Quando escuto alguns de meus colegas acadêmicos falarem de sua indiferença em relação a esta aventura épica, relembro da anedota da velha senhorinha que, ao lhe oferecem a oportunidade de olhar a Lua através de um telescópio, depois de ter visto comentou: "Deem-me a Lua como *Deus* a fez!". O único comentário público realmente acertado na ocasião da primeira caminhada na Lua que encontrei relatado na imprensa mundial foi a exclamação de um poeta italiano, Giuseppe Ungaretti, publicada na revista ilustrada *Epoca*. Em sua vívida edição de 27 de julho de 1969, vemos uma foto desse cavalheiro de cabelos grisalhos apontando em êxtase para a tela de sua televisão, e na legenda abaixo estão suas palavras vibrantes: *Questa è una notte diversa da ogni altra notte del mondo*. [Esta é uma noite diferente de todas as outras noites do mundo].

Pois de fato aquela foi uma noite excepcional. Quem jamais esquecerá, enquanto viver, o encanto do momento incrível em 20 de julho de 1969 em que nossos aparelhos de televisão trouxeram diretamente para nossas salas de casa a imagem daquela estranha espaçonave lá em cima e da bota de Neil Armstrong descendo, experimentando o caminho com cautela – para deixar no solo daquele satélite da Terra a primeira marca de vida em todos os tempos? E depois, como se ali logo estivessem em casa, dois astronautas em seus trajes espaciais seriam vistos movendo-se em uma paisagem onírica, executando suas tarefas, colocando a bandeira americana, organizando peças de equipamento, movendo-se de modo estranho, mas com tranquilidade, para a frente e para trás: e essas imagens trazidas até nós através daquele outro milagre moderno (ao qual também não damos o devido valor), o aparelho de televisão da nossa sala de casa. "Toda a humanidade", disse Buckminster Fuller certa vez, profetizando sobre essas forças transformadoras que agora operam sobre nossos sentidos, "está prestes a nascer em uma relação inteiramente nova com o universo".

Do ponto de vista de um estudioso de mitologia, as consequências mais importantes daquilo que Copérnico escreveu sobre o universo em 1543 vieram a partir de sua apresentação, ali, da imagem que contestava e refutava os "fatos" óbvios que todos podiam ver em todo lugar. Todo o pensamento teológico e cosmológico da humanidade até aquele momento se baseava em conceitos do universo confirmados visualmente a partir do ponto de vista da Terra. Além disso, a noção do homem sobre si mesmo e sobre a natureza, sua poesia e também todo o seu sistema de sentimentos derivavam da visão de seus olhos terrenos. O Sol nascia no Leste, passava por cima, se inclinando para o Sul, e se punha resplandecente no Oeste. O herói polinésio Maui havia enganado o Sol para desacelerá-lo, a fim de que sua mãe pudesse ter tempo de terminar de fazer a comida. Josué parou o Sol e a Lua, para ter tempo de terminar uma matança, enquanto Deus, para ajudar, atirou do céu uma chuva de pedras enormes: "e jamais houve um dia como aquele antes ou depois, quando Jeová ouviu a voz de um homem".

Em tempos antigos, e ainda hoje em algumas partes do mundo, a Lua era considerada a Mansão dos Pais, a residência das almas daqueles que morreram e estão lá esperando para voltar para o renascimento. Pois a própria Lua, conforme vemos, morre e ressuscita. Desfazendo-se de sua sombra, ela é renovada, assim como a vida se desfaz de gerações para ser renovada naquelas que virão. Ao passo que, contra tudo que fora confirmado e reconfirmado nas escrituras, na poesia, nos sentimentos e visões de todas as eras, o que Copérnico propunha era um universo que olho nenhum podia ver e apenas a mente conseguia imaginar: uma construção matemática, totalmente invisível, de interesse apenas para os astrônomos, nunca observada, não sentida por mais ninguém desta raça humana, cuja visão e sentimentos ainda estavam ancorados na Terra.

Entretanto, agora, em nossa própria época, quatro séculos e 25 anos depois, com aquelas imagens vindo até nós do ponto de vista da Lua, todos nós vimos – e não apenas vimos, mas sentimos – que nosso mundo visível e a construção abstrata de Copérnico correspondem. Aquela fabulosa fotografia colorida de nossa boa Terra erguendo-se como um glorioso planeta acima de uma paisagem lunar silenciosa é algo para não esquecer. Giuseppe Ungaretti publicou naquela edição da *Epoca* o primeiro verso de uma poesia do novo mundo em celebração desta revelação nascida da Lua:

Che fai tu, Terra, in ciel?
Dimmi, che fai, Silenziosa Terra?

O que estás fazendo, Terra, no céu?
Diz-me, que estás fazendo, Terra Silenciosa?

XI – A caminhada na Lua – a jornada exterior

Todas as antigas amarras foram rompidas. Os centros cosmológicos agora estão em todo e qualquer lugar. A Terra é um corpo celeste, o mais belo de todos, e toda poesia que deixe de corresponder à maravilha desta visão agora é arcaica.

Por outro lado, me lembro da sensação de constrangimento que senti há dois anos, na véspera de Natal, na noite do primeiro voo tripulado ao redor da Lua, quando aqueles três magníficos jovens lá de cima começaram a ler para nós, enviando-nos, como mensagem ao mundo, o primeiro capítulo do *Livro do Gênesis*: "No princípio, Deus criou os céus e a terra. E a terra era vazia e sem forma", e assim por diante; o qual não tinha absolutamente nada a ver com o mundo que eles mesmos estavam vendo e explorando no momento. Posteriormente, perguntei a alguns amigos o que eles sentiram quando ouviram essa mensagem dos astronautas vinda da Lua, e todos, sem exceção, responderam que tinham achado extraordinariamente tocante. Que coisa estranha! E que triste, pensei eu, que não tivéssemos nada em nossa própria poesia para combinar com a sensação daquela ocasião extraordinária! Nada para corresponder, ou mesmo para sugerir, a maravilha e a magnitude deste universo no qual estávamos adentrando! Ali ouvimos aquele mesmo sonho infantil de algum hebreu do século IV a.C., nascido na Babilônia, falando do alvorecer de um mundo que aqueles três homens lá em cima, mesmo enquanto liam, tinham refutado! Que decepcionante! Muito melhor, me pareceu, teria sido aquela bela meia dúzia de linhas da abertura do *Paraíso*, de Dante:

> A glória de quem tudo, aos seus acenos,
> Move, o mundo penetra e resplandece,
> Em umas partes mais em outras menos.
> No céu onde sua luz mais aparece,
> Portentos vi que referir, tornando,
> Não sabe ou pode quem à Terra desce;[151]

Prever quais serão as imagens da poesia do homem do futuro é hoje algo impossível. Contudo, estes mesmos três astronautas, ao descer,

---

151. Alighieri, Dante. *A Divina Comédia: Paraíso* [Canto I, 1-3]. Il. Gustave Doré. Trad. Xavier Pinheiro. 12. ed. Rio de Janeiro: Nova Fronteira, 2017.

verbalizaram algumas sugestões. Depois de terem sobrevoado para além do que o pensamento alcança, no espaço ilimitado, circulado muitas vezes a árida Lua e começado seu longo retorno: que visão bem-vinda, disseram eles, era a beleza de sua meta, este planeta Terra, "como um oásis no deserto do espaço infinito!". Agora *existe* uma imagem reveladora: esta Terra, o único oásis em todo o espaço, uma espécie extraordinária de bosque sagrado, por assim dizer, separado para os rituais da vida; e não simplesmente uma parte ou seção desta Terra, mas todo o globo agora como um santuário, um Lugar Abençoado distinto. Além disso, todos nós agora vimos por nós mesmos quão pequena é a nossa divina Terra, e quão arriscada a nossa posição na superfície de sua esfera giratória, luminosamente bela.

Um segundo pensamento que os astronautas expressaram ao descer foi em resposta a uma indagação feita pelo Controle de Solo, sobre quem estava responsável pela navegação no momento. Sua resposta imediata foi: "Newton!". Pensem nisto! Eles estavam viajando de volta em segurança graças à matemática do milagre do cérebro de Isaac Newton.

Esta esplêndida resposta me trouxe à mente o problema essencial do conhecimento considerado por Immanuel Kant. Como é, pergunta ele, que estando de pé neste lugar aqui, conseguimos fazer cálculos matemáticos que sabemos que serão válidos naquele lugar ali? Ninguém sabia qual seria a profundidade da poeira na superfície da Lua, mas os matemáticos sabiam exatamente como calcular as leis do espaço por meio das quais os astronautas voariam, não apenas ao redor de nossa conhecida Terra, mas também ao redor da Lua e através de todas aquelas milhas de espaço não explorado entre uma e outra. Como é, perguntou Kant, que julgamentos matemáticos podem ser feitos a priori a respeito do espaço, e sobre relações no espaço?

Quando você passa por um espelho ondulante, você não consegue prever quais serão as dimensões de sua reflexão passageira. Quando

Fig. 11.2 – Immanuel Kant

XI – A caminhada na Lua – a jornada exterior

vimos nas telas de nossos televisores aquela espaçonave do segundo voo à Lua descendo do céu de paraquedas no lugar exato do mar que fora programado para a sua queda, todos nos tornamos testemunhas oculares do fato de que, embora a Lua esteja a mais de duzentas mil milhas de distância (cerca de 384.400 quilômetros) um conhecimento das leis do espaço por meio das quais ela se move já estava em nossas mentes (ou pelo menos na mente de Newton) séculos antes de chegarmos lá. Também conhecido previamente era o fato de que, lá fora, velocidades poderiam ser medidas de acordo com a medida terrena: que a distância percorrida em um minuto lá fora seria a mesma em um minuto aqui. Isto é, nós tínhamos conhecimento prévio desses assuntos. E sabemos, também, que as mesmas leis serão aplicáveis quando nossas espaçonaves chegarem a Marte, Júpiter, Saturno e até mais além.

O espaço e o tempo, como Kant já reconheceu, são "formas *a priori* da sensibilidade", as pré-condições antecedentes de absolutamente toda experiência e toda ação, implicitamente conhecidos dos nossos corpos e sentidos, mesmo antes do nascimento, como o campo no qual iremos atuar. Eles não estão simplesmente "lá fora", como os planetas estão, para que os conheçamos analiticamente, por meio de observações separadas. Carregamos suas leis dentro de nós e, assim, já assimilamos o universo. "O mundo", escreveu o poeta Rilke, "é grande, mas em nós ele é profundo como o mar". Carregamos dentro de nós as leis pelas quais ele se mantém em ordem. E nós mesmos não somos menos misteriosos. Ao indagar sobre suas maravilhas, estamos aprendendo, simultaneamente, a maravilha de nós mesmos. Aquele voo lunar, como uma jornada para o exterior, era rumo a nós mesmos. E não quero dizer poeticamente, mas factualmente, historicamente. Quero dizer que o fato real da criação e transmissão visual daquela viagem transformou, aprofundou e estendeu a consciência humana a um grau e de uma maneira que equivale à abertura de uma nova era espiritual.

O primeiro passo daquele pé calçado com uma bota sobre a Lua foi muito, muito cauteloso. O segundo astronauta desceu, e por um tempo os dois se movimentaram cuidadosamente, testando seu próprio equilíbrio, o peso dos seus equipamentos no ambiente novo. Mas aí – nossa! – de repente ambos estavam pulando, saltando, trotando como cangurus; e os dois caminhantes lunares da segunda viagem estavam rindo, gargalhando, se divertindo como um par de crianças lunáticas

– deslumbrados! E eu pensei: "Bem, aquele belo satélite esteve ali circulando a nossa Terra por uns quatro bilhões de anos como uma mulher linda, mas solitária, tentando atrair o olhar do planeta Terra. Agora finalmente o atraiu e, portanto, nos atraiu. E como sempre acontece quando uma tentação desse tipo é correspondida, uma nova vida se abriu, mais rica, mais empolgante e satisfatória para nós dois do que a que era conhecida, ou mesmo pensada ou imaginada, antes". Existem jovens em nosso meio atualmente que irão viver naquela Lua; outros que visitarão Marte. E os seus filhos? Quais serão as viagens deles?

A pergunta que faço a mim mesmo é quantos de meus leitores viram aquele filme, *2001*, sobre a imaginada odisseia espacial de uma poderosa espaçonave do futuro não muito distante – um futuro que, de fato, a maioria dos que assistiram ao filme viveria para ver. A aventura começa com algumas tomadas divertidas de uma comunidade de pequenos símios com aparência humana há mais ou menos um milhão de anos: uma companhia daqueles hominídeos simiescos conhecidos pela ciência hoje como Australopitecos, rosnando, lutando uns com os outros e se comportando, em geral, como qualquer aglomeração de símios.

Entretanto, havia entre eles um que possuía, em sua alma nascente, a potencialidade de algo melhor; e aquele potencial estava evidente em seu senso de admiração diante do desconhecido, sua curiosidade e fascínio, com um desejo de se aproximar e explorar. Isto, no filme, foi sugerido em uma cena simbólica mostrando-o sentado, maravilhado diante de um curioso painel de pedra misteriosamente parado na posição vertical na paisagem. E enquanto os outros continuavam na atitude usual de homens-macaco, absortos em seus problemas econômicos (conseguir comida para si mesmos), divertimentos sociais (procurar piolhos nos pelos uns dos outros) e atividades políticas (lutas diversas), este em particular, contemplando o painel, logo esticou a mão e apalpou-o cautelosamente – bem semelhante à maneira em que o pé de nosso astronauta primeiro se aproximou e depois tocou gentilmente o solo da Lua. E ele era seguido por outros, embora não por todos; pois de fato permanecem entre nós muitos ainda que não são tocados por aquilo que Goethe chamou de "a melhor parte do homem". Estes permanecem, mesmo hoje, na condição daqueles símios pré-humanos que estão preocupados apenas com economia, sociologia e política, atirando tijolos uns nos outros e lambendo suas próprias feridas.

XI – A caminhada na Lua – a jornada exterior

Aqueles *não* são os que estão indo para a Lua. Sequer estão notando que os maiores passos no progresso da humanidade têm sido o resultado não de lamber feridas, mas sim de atos inspirados pelo assombro. E em reconhecimento da continuidade, ao longo de todas as épocas, desse princípio motivador da evolução de nossa espécie, os autores desse filme de que estou falando mostraram novamente, de maneira simbólica, aquele mesmo painel misterioso de pé em um canto escondido da Lua, abordado e tocado ali pelos viajantes espaciais; e novamente, flutuando livre no mais distante espaço, ainda misterioso – como sempre esteve e como deverá sempre permanecer.

Um dos primeiros sinais da separação entre a consciência animal e a consciência humana pode ser visto na domesticação do fogo pelo homem – que eu gostaria de relacionar ao simbolismo daquela prancha de pedra. Quando esta domesticação ocorreu, nós não sabemos; mas sabemos que, já em 400.000 a.C., fogueiras eram acesas e alimentadas nas cavernas do Homem de Pequim. Para quê? Isso é outra coisa que não sabemos. Está claro que as fogueiras não eram usadas para cozinhar. Podem ter sido usadas para obter calor ou para manter animais perigosos à distância; é mais provável, contudo, que fosse pela fascinação das chamas dançantes. Temos de todas as partes do mundo inumeráveis mitos da captura

Fig. 11.3 – **Domesticando o fogo**

do fogo; e nestes é comum representar que a aventura foi empreendida não porque alguém soubesse quais seriam os usos práticos do fogo, mas porque ele era fascinante. As pessoas dançavam ao redor dele, sentavam-se e o observavam. Além disso, é comum nestes mitos representar que a separação entre a humanidade e as feras veio após esta aventura fundamental.

O fogo é reverenciado como uma divindade até hoje. O acendimento do fogo doméstico é, em muitas culturas, um ato ritual. Ouvimos sobre o sagrado Fogo de Vesta como a mais honrada deusa de Roma.

A fascinação do fogo, como a do painel simbólico no filme que contei, pode ser entendida como o primeiro sinal nos registros de nossa espécie daquela abertura à fascinação e da disposição a se aventurar por ela à custa de um grande risco, que tem sido desde sempre marca essencial das faculdades singularmente humanas – em oposição ao animal comum – de nossa espécie, e que está eminentemente representada na aventura que estou elogiando aqui.

Discuti em capítulos anteriores algumas das ordens de fascinação pelas quais os membros de nossa espécie foram levados a se superarem: a fascinação sentida pelas tribos caçadoras em relação às formas animais ao seu redor, pelas tribos agrícolas em relação ao milagre da semente plantada e pelos antigos sacerdotes sumérios observadores do céu em relação à passagem dos planetas e à circulação das estrelas. Tudo isso é tão misterioso, tão maravilhosamente estranho! Foi Nietzsche quem chamou o homem de "o animal doente", *das kranke Tier*; pois nós somos abertos, indefinidos, na modelagem de nossas vidas. Nossa natureza não é como a de outras espécies, estereotipada de maneiras fixas. Um leão tem que ser um leão por toda a sua vida; um cachorro tem que ser um cachorro. Mas um ser humano pode ser astronauta, troglodita, filósofo, marinheiro, lavrador ou escultor. Ele pode desempenhar e realizar em sua vida qualquer um de um sem-número de destinos imensamente divergentes; e o que ele escolhe encarnar será determinado, por fim, não pela razão e nem sequer pelo senso comum, mas sim por infusões de entusiasmo: "visões que o enganam para que vá além de seus limites", como dizia o poeta Robinson Jeffers. "A humanidade", declara Jeffers, "é o molde do qual é preciso fugir, a crosta que se deve romper, o carvão a irromper em chamas, o átomo a ser partido". E o que nos aturde dessa maneira para irmos além de nossos limites?

> amores selvagens que saltam por cima dos muros da natureza,
> a ciência, selvagem puladora-de-cercas,
> a menos que seja inteligência de estrelas distantes,
> obscuro conhecimento dos demônios rodopiantes que formam um átomo.[152]

---

152. Robinson Jeffers, *Roan Stallion, Tamar, and Other Poems*, p. 20.

XI – A caminhada na Lua – a jornada exterior

No princípio, ao que parece, foi a fascinação pelo fogo que seduziu o homem a progredir para um estilo de vida anteriormente desconhecido, onde lareiras familiares se tornariam os centros e os santificadores reverenciados de círculos de interesse distintamente humanos. Daí, tão logo ele foi separado das feras, os modelos de vida de plantas e animais se gravaram na imaginação do homem, atraindo nossa espécie humana para grandes padronizações mitológicas, tanto das ordens sociais exteriores quanto de experiências interiores de identidade individuais: xamãs vivendo como lobos, alianças ritualizadas com os búfalos, dançarinos mascarados, ancestrais totêmicos e tudo o mais. Ou então, uma comunidade inteira pode governar a si mesma segundo leis e rituais de plantas, sacrificando, desmembrando e enterrando seus melhores e mais vitais membros para aumentar o bem geral. "Em verdade, em verdade vos digo", lemos no Evangelho de João, como continuação desta imagem, "se o grão de trigo que cai na terra não morrer, permanecerá só; mas se morrer, produzirá muito fruto. Quem ama a sua vida a perde; mas aquele que odeia sua vida neste mundo preservá-la-á para a vida eterna".[153] Ou, de novo, a parábola de Cristo na Última Ceia, sobre si mesmo como a Videira Verdadeira: "Como o ramo não pode dar fruto por si mesmo, se não permanecer na videira, assim também vós, se não permanecerdes em mim. Eu sou a videira, e vós os ramos".[154]

Conforme expressado aqui, a imagem mítica da planta sugere uma participação orgânica da vida individual na vida e no corpo maiores do grupo, "enganando-o para que ultrapasse seus limites". Em comparação,, entre tribos de caçadores, com seus ritos baseados em mitologias de alianças com o mundo animal, é reconhecida uma reciprocidade que amplia as fronteiras de preocupação do espírito humano para incluir muito mais do que seus próprios interesses imediatos. A fascinação mais exaltada que não tinha inspirado a vida e o pensamento humanos, até agora, entretanto, foi a que tomou de surpresa os observadores sacerdotais dos céus noturnos da Mesopotâmia, por volta de 3.500 a.C.: a percepção de uma ordem cósmica, matematicamente definível, com a qual a estrutura da sociedade deveria se harmonizar. Pois foi então

---

153. Jo 12:24-25.
154. Jo 15:4-5.

que a cidade-Estado hieraticamente ordenada veio a existir, que está na fonte, e por milênios se manteve como o modelo de todas as altas civilizações letradas, sejam quais forem. Em outras palavras, não foi a matemática econômica, mas sim a celestial, que inspirou as formas religiosas, as artes, a literatura, as ciências, as ordens moral e social, que, naquele período, elevaram a espécie humana à tarefa da vida civilizada – novamente nos enganando para que ultrapassássemos nossos limites e alcançássemos conquistas infinitamente além de quaisquer objetivos que a mera economia, ou até mesmo a ciência, poderiam alguma vez ter inspirado.

Hoje, como todos sabemos, tais pensamentos e formas pertencem a um passado que desmoronou e as civilizações dependentes delas estão em desordem e dissolução. Não somente as sociedades não estão mais sintonizadas com a trajetória dos planetas; a sociologia e a física, a política e a astronomia, não são mais entendidas como departamentos de uma única ciência. Nem o indivíduo é interpretado (pelo menos no Ocidente democrático) como uma parte subordinada inseparável do organismo do estado. O que sabemos hoje, se é que sabemos alguma coisa, é que todo indivíduo é único e que as leis de sua vida não serão as da vida de nenhum outro indivíduo nesta Terra. Também sabemos que, se o divino há de ser encontrado em qualquer lugar, não será "lá fora", em meio aos planetas ou além deles. Galileu mostrou que as mesmas leis físicas que governam os movimentos dos corpos na Terra se aplicam lá em cima, às esferas celestes; e nossos astronautas, como todos já vimos, foram transportados até a Lua por meio dessas leis terrenas. Logo eles estarão em Marte e mais além. Além disso, sabemos que a matemática daqueles lugares mais externos já terá sido computada aqui na terra por mentes humanas. Não existem leis lá fora que não estejam corretas aqui; não existem quaisquer deuses lá fora que não estejam corretos

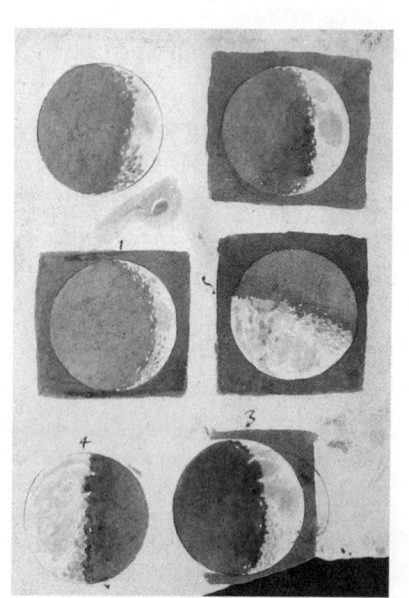

Fig. 11.4 – Galileu: fases da Lua

XI – A caminhada na Lua – a jornada exterior

aqui, e não apenas aqui, mas dentro de nós, em nossas mentes. Então, o que acontece agora com aquelas imagens de infância da ascensão de Elias, da Assunção da Virgem, da Ascensão de Cristo – todos corporalmente – ao céu?

> O que fazes, Terra, no céu?
> Dize-me, o que fazes, Silenciosa Terra?

Nossos astronautas na Lua puxaram-nas para a Terra e mandaram a Terra elevar-se ao céu. Dos desertos de Marte, esta nossa Mãe Terra vai novamente ser vista, mais alta, mais remota, ainda mais celestial; porém não menos estimada por qualquer deus do que é agora mesmo. E a partir de Júpiter, mais alta, mais distante; e assim por diante: nosso planeta sempre subindo, cada vez mais alto, conforme nossos filhos, netos e seus tataranetos vão adiante e para fora nos caminhos que nós, nestes últimos anos, acabamos de abrir, buscando, nos aventurando em um espaço que já está presente em nossas mentes.

Em outras palavras, acabou de ocorrer uma transformação do campo mitológico que é, em termos de magnitude, equivalente apenas à da antiga observação celeste suméria no quarto milênio a.C. e, de fato, o que está se dissolvendo é não somente o mundo de deuses e homens, mas o do Estado também, que eles, naquela época inspirada, trouxeram à existência. Muitos anos atrás, fiquei imensamente impressionado pelas obras de um homem a quem ainda considero como tendo sido o estudioso de mitologias mais perspicaz de sua geração: Leo Frobenius, que via toda a história da espécie humana como um processo orgânico grandioso e único – comparável, em seus estágios de crescimento, maturação e continuação rumo à senilidade, aos estágios de qualquer vida em particular. Muito parecida com a vida individual, que começa na infância e avança através da adolescência à maturidade e à velhice, assim também é a vida de nossa espécie humana. Sua infância foi a do longo, longo período distante dos primitivos caçadores, pescadores, coletores de raízes e agricultores, vivendo em relação imediata com seus vizinhos animais e vegetais. O segundo estágio, que Frobenius chamou de Monumental, começou com a ascensão das primeiras civilizações baseadas na agricultura, urbanas e letradas. Cada uma estruturada de modo a se harmonizar com uma ordem cósmica imaginada, dada a conhecer por meio dos movimentos e condições das luzes planetárias. Pois supunha-se à época que aquelas luzes eram as residências de espíritos governantes; ao passo que, como acabamos de observar, agora sabemos que elas são tão materiais quanto nós mesmos. As leis da Terra e de nossa própria mente foram estendidas para incorporar o que anteriormente eram o âmbito e os poderes dos deuses, que agora reconhecemos como nossos. Portanto, todo o suporte imaginado da Ordem Monumental foi removido "lá de fora", descobrindo-se que estava centrado em nós mesmos, e uma nova era mundial foi projetada, que há de ser global, "materialista" (como Fobenius a definiu), comparável, em espírito, ao espírito da velhice em sua sabedoria desiludida e sua preocupação com o corpo físico, concentrando mais nas realizações do presente do que em qualquer futuro distante. A residência do espírito agora é vivenciada como algo centrado não no fogo, nos mundos animal e vegetal, ou lá no alto em meio aos planetas e para além deles, mas nos homens, bem aqui na Terra: a Terra e sua população, que nossos astronautas contemplaram e fotografaram erguendo-se acima da Lua no céu.

Fig. 11.5 – Alan Watts

Meu amigo Alan Watts propôs, em uma palestra, uma imagem divertida para substituir a antiga (agora não mais sustentável) do homem como um estrangeiro enviado do Céu para este mundo, e que, quando o tumulto da existência de seu corpo tiver desaparecido com a morte, há de voar alto em espírito até sua fonte e lar adequados com Deus no Céu. "A verdade da questão", propôs o Dr. Watts à sua plateia, "é que você não veio para esse mundo de forma alguma. Você saiu dele, da mesma maneira que uma folha brota de uma árvore ou um bebê sai do útero [...] Assim como Jesus disse que não se colhem figos dos cardos ou uvas dos espinheiros, também não aparecem pessoas em um mundo que não produz pessoas. Nosso mundo está se povoando, assim como a macieira dá maçãs e a videira dá uvas". Isto é, somos um produto natural desta

XI – A caminhada na Lua – a jornada exterior

Terra e, como observou o Dr. Watts naquela mesma conferência, se somos seres inteligentes, deve ser porque somos os frutos de uma Terra inteligente, indicativos de um sistema de energia inteligente; pois "não se colhem uvas dos espinheiros".[155]

Podemos pensar em nós mesmos, então, como os ouvidos, olhos e mentes funcionais desta Terra, exatamente como nossos próprios ouvidos, olhos e mentes o são de nossos corpos. Nossos corpos são uma coisa só com esta Terra, esse maravilhoso "oásis no deserto do espaço infinito"; e a matemática desse espaço infinito, que é a mesma da mente de Newton – da nossa mente, da mente da Terra, da mente do universo – vem a florescer e frutificar nesse maravilhoso oásis por intermédio de nós mesmos.

Vamos relembrar mais uma vez: quando aquele troglodita proto--humano Sinantropo, em sua sombria caverna, reagiu à fascinação do fogo, foi uma resposta à aparição de um poder que já estava presente e operante em seu próprio corpo: calor, temperatura, oxidação; assim como também na Terra vulcânica, em Júpiter e no Sol. Quando os dançarinos mascarados das tribos totêmicas de caçadores se identificaram com os poderes sagrados reconhecidos nos animais que matavam, foi novamente a aparição de um aspecto de si mesmos que eles estavam intuindo e honrando, que todos nós compartilhamos com os animais irracionais: inteligência instintiva em harmonia com a ordem natural da Mãe Terra. Similarmente, em relação ao mundo vegetal, a aparição ali também é de um aspecto de nós mesmos, isto é, nossa alimentação e nosso crescimento. Muitas mitologias, e nem todas elas primitivas, representam a espécie humana como algo que brotou da Terra como uma planta – a Terra "produzindo gente" – ou árvore. E nós temos a imagem do "Segundo Adão", de Cristo crucificado, como o fruto da árvore da vida. Existe também a árvore da sabedoria de Buda; e Yggdrasil, dos primeiros alemães. Todas são árvores reveladoras da sabedoria da vida, que já é inerente aos processos semelhantes aos das plantas, por meio dos quais nossos corpos tomaram forma nos ventres de nossas mães para nascerem como criaturas já preparadas para respirar o ar do mundo, para digerir e absorver a comida do mundo

---

155. Alan Watts, *Western Mythology: Its Dissolution and Transformation*, in Joseph Campbell, ed., *Myths, Dreams, and Religion* (New York: E. P. Dutton and Co, 1970; New York: MJF Books, 2000), p. 20.

por meio de complexos processos químicos, para ver os espetáculos do mundo e para pensar os pensamentos do mundo de acordo com princípios matemáticos que serão funcionais para sempre, nos recantos mais distantes do espaço e do tempo.

Notei que no Oriente, quando os budistas constroem seus templos, frequentemente escolhem um lugar no topo de uma colina com uma vista ampla do horizonte. Em tais lugares, a pessoa experimenta simultaneamente uma expansão de visão e uma diminuição de si mesma – entretanto, com a sensação de uma extensão de si mesma em espírito até os lugares mais distantes. E notei também, ao voar – particularmente sobre os oceanos –, que o mundo da natureza puramente física, do ar e das nuvens e da maravilha de luz ali experimentados, é inteiramente agradável. Aqui na Terra, é ao mundo encantador da natureza vegetal que respondemos; lá no alto, ao mundo sublimemente espacial. As pessoas costumavam pensar: "Quão pequeno é o homem em relação ao universo!". A mudança de uma visão de mundo geocêntrica para uma heliocêntrica parecia ter removido o homem do centro – e o centro parecia tão importante! Espiritualmente, entretanto, o centro é onde está a visão. Fique de pé em um lugar alto e veja o horizonte. Fique de pé na Lua e veja a Terra inteira subindo – mesmo por meio da televisão, em sua sala de estar. E a cada expansão do horizonte, desde a caverna do troglodita até o templo budista no topo da colina – e a partir de agora na Lua –, houve, como há de inevitavelmente existir, não apenas uma expansão da consciência, condizente com percepções cada vez mais ampliadas e profundas da natureza da Natureza (que é também a nossa própria natureza), mas também um enriquecimento, uma purificação e um aperfeiçoamento geral das condições da vida física humana.

Minha presente tese é, em consequência, a de que estamos neste momento participando de um dos maiores saltos do espírito humano

Fig. 11.6 – Expansão da visão

em direção a um conhecimento não apenas da natureza externa, mas também de nosso próprio mistério profundo, que jamais nos foi tomado – jamais será ou poderia ser tomado. E o que estamos ouvindo daqueles gênios sociológicos que hoje se aglomeram em enxames nos campus fervilhantes das nossas universidades? Outro dia vi a resposta exibida num grande pôster numa livraria de Yale: uma fotografia de um de nossos astronautas em um deserto da Lua, e o comentário na foto: "E daí?!"

Mas, para retornar finalmente ao aspecto mitológico e teológico deste momento: havia um profético abade medieval italiano, Joaquim de Floris, que no começo do século XIII previu a dissolução da Igreja Cristã e o alvorecer de um período terminal da vida espiritual terrena, quando o Espírito Santo falaria ao coração humano diretamente, sem mediação eclesiástica. Sua visão, como a de Frobenius, era de uma sequência de estágios históricos, dos quais o nosso seria o último; ele enumerou quatro desses estágios. O primeiro era aquele que se seguiu imediatamente à Queda do homem, antes do início da história principal, após a qual se desdobraria todo o grande drama da Redenção, cada estágio sob a inspiração de uma das Pessoas da Trindade. O primeiro seria o do Pai, das Leis Mosaicas e do Povo de Israel; o segundo seria o do Filho, do Novo Testamento e da Igreja; e agora, finalmente

Fig. 11.7 – E daí?

(e aqui, sem dúvida, os ensinamentos deste clérigo divergiam dos outros que faziam parte de sua congregação), uma terceira, que ele acreditava estar prestes a começar, era do Espírito Santo, que seria uma era de santos em meditação, quando a Igreja, tornada supérflua, iria com o tempo se dissolver. Muitos da época de Joaquim acreditavam que São Francisco de Assis poderia representar a abertura da era vindoura da espiritualidade direta, pentecostal. Mas hoje, ao olhar ao redor, observo o que está acontecendo com as nossas igrejas, quando a adesão ao zelo religioso com tons místicos talvez seja o maior que a nossa civilização já conheceu desde o fim da Idade Média. Assim, estou inclinado a pensar que os anos previstos pelo bom Padre Joaquim de Floris devem ser os nossos.

Pois não existe mais nenhuma autoridade divinamente ordenada que *temos* que reconhecer. Não existe nenhum mensageiro ungido da lei de Deus. Em nosso mundo de hoje, toda lei civil é convencional. Não se reclama nenhuma autoridade divina para ela: nenhum Sinai, nenhum Monte das Oliveiras. Nossas leis são decretadas e alteradas por determinação *humana*, e dentro de sua jurisdição secular, cada um de nós é livre para buscar seu próprio destino, sua própria verdade, para procurar isto ou aquilo e para encontrá-lo por meio de seus próprios atos. As mitologias, religiões, filosofias e modos de pensar que vieram a existir há seis mil anos e a partir dos quais todas as culturas monumentais, tanto do Ocidente quanto do Oriente – da Europa, do Oriente Próximo e Médio, do Extremo Oriente, até mesmo da antiga América – derivaram suas verdades e suas vidas, estão se dissolvendo ao nosso redor, e cada um de nós fica sozinho para seguir, por si mesmo, a estrela e o espírito de sua própria vida. E não consigo pensar em heróis simbólicos mais apropriados para uma época dessas do que as figuras de nossos esplêndidos homens na Lua. Nem consigo pensar em um texto mais apropriado com o qual fechar a celebração de seus feitos neste capítulo do que as seguintes linhas em *Roan Stallion*, de Robinson Jeffers:

> Os átomos quebrando ligações,
> Núcleo como Sol, elétrons como planetas, com reconhecimento
> Sem orar, igualando a si mesmos, o todo para o todo, o microcosmo
> Sem entrar nem aceitando entrada, mais igualmente, mais completamente, mais incrivelmente conjugado
> Com o outro extremo e grandeza; passionalmente percebendo a identidade...[156]

O sistema solar e o átomo, os dois extremos máximos da exploração científica, reconhecidos como *idênticos*, porém distintos! Análoga deve ser a nossa identidade com o Todo, do qual somos os ouvidos, os olhos e a mente.

---

156. Jeffers, loc. cit.

O grande físico Erwin Schrödinger fez a mesma afirmação metafísica em seu livrinho surpreendente e sublime, *My View of the World*. "Todos nós, seres vivos, pertencemos uns aos outros", ele declara, "no sentido de que todos nós somos, na realidade, lados ou aspectos de um único ser, que pode talvez ser chamado, na terminologia ocidental, de Deus, enquanto nos Upanishads seu nome é Brahma".[157]

Evidentemente, não foi a ciência que diminuiu o homem ou o divorciou da divindade. Ao contrário, segundo a visão desse cientista, que notavelmente nos une aos antigos, temos de reconhecer em todo este universo um reflexo ampliado de nossa própria natureza mais íntima; de modo que nós somos de fato seus ouvidos, seus olhos, seu pensamento e sua fala – ou, em termos teológicos, os ouvidos de Deus, os olhos de Deus, o pensamento de Deus e a Palavra de Deus; e, pela mesma razão, participantes aqui e agora de um ato de criação que é contínuo em toda a infinitude daquele espaço de nossa mente através do qual os planetas voam e nossos companheiros aqui na Terra agora voam no meio deles.

---

157. Erwin Schrödinger, *My View of the World*, (Cambridge: Cambridge University Press, 1964), p. 95.

Enviado – sem mais horizontes

Fig. 12.1 – Sem Mais Horizontes
[1971][158]

Qual é, ou qual será, a nova mitologia? Uma vez que o mito é da ordem da poesia, vamos perguntar primeiro a um poeta: Walt Whitman, por exemplo, em seu *Leaves of Grass* [*Folhas de relva*] (1855):

> Tenho dito que a alma não é mais do que o corpo,
> e tenho dito que o corpo não é mais do que a alma,
> e que nada, nem Deus, para ninguém é maior do que a própria pessoa,

---

158. Extraído de uma palestra (L332) com o mesmo título. Duas palestras sobre temas similares (L46 & L535) foram combinadas e lançadas como a pt. 4 de *The Mythology and the Individual*, vol. 1 da *The Joseph Campbell Audio Collection*.

e quem anda duzentas jardas sem vontade anda fazendo o próprio
funeral vestido em sua mortalha,
e eu como vós sem um tostão no bolso posso comprar o que o mundo
tem de melhor,
e espiar com um olho ou mostrar uma vagem no seu galho confunde
o aprendizado de todos os tempos,
e que não há profissão ou emprego que o homem moço seguindo não
seja herói,
e que não há coisa alguma tão moleque que não sirva de cubo às
rodas do universo,
e digo a qualquer homem ou mulher: Deixai que vossas almas se
levantem tranquilas e bem postas ante um milhão de universos.
E digo à humanidade: Não sejas curiosa sobre Deus,
pois eu que sou curioso sobre todas as coisas, de Deus não sou
curioso.
Não há palavras que logrem dizer quanto me sinto em paz perante
Deus e a morte.
Escuto e vejo Deus em todos os objetos, embora não entenda Deus
nem um pouquinho,
assim como não entendo que possa alguém ser mais maravilhoso do
que eu. Por que deveria eu querer ver Deus melhor do que neste dia?
Eu vejo algo de Deus a cada uma das vinte e quatro horas, e a cada
momento delas,
nos rostos dos homens e das mulheres eu vejo Deus, e no meu próprio
rosto pelo espelho;
acho cartas de Deus caídas pela rua e todas assinadas com o nome de
Deus, e as deixo onde elas estão, pois sei que aonde quer que eu vá,
outras hão de chegar pontualmente sempre e por todo o sempre.[159]

Essas linhas de Whitman ecoam maravilhosamente os sentimentos do mais antigo dos Upanixades, o "Livro da Grande Floresta" (*Brhadaranyaka*), por volta do século VIII a.C.

---

159. Walt Whitman, *Leaves of Grass*, Version of the First (1855) Edition, section 48, ll. 1262-1280, edited with an Introduction by Malcolm Cowley (New York: The Viking Press, 1961), p. 82-83. [*Folhas de Relva*. Seleção e tradução de Geir Campos. Ilustrações de Darcy Penteado. Ed. Civilização Brasileira.Rio de Janeiro, 1964.]

Isto que as pessoas dizem, "Adore este deus! Adore aquele deus" – um deus após o outro! Tudo isso é de fato criação dele! E ele mesmo é todos os deuses... Ele está dentro do universo até as pontas de nossas unhas, como uma lâmina em um estojo de navalha, ou fogo na lenha. A ele essas pessoas não veem, pois quando visto, ele está incompleto. Ao respirar, seu nome se torna "respiração"; ao falar, "voz"; ao enxergar, "o olho"; ao ouvir, "o ouvido"; ao pensar, "a mente": estes não são senão os nomes de seus atos. Quem quer que cultue um ou outro destes – não conhece; pois ele está incompleto como um ou outro destes.

A pessoa deveria cultuar com o pensamento de que ele é o seu eu, pois aí todos estes se tornam um. Este eu é a pegada daquele Todo, pois por meio dela se conhece o Todo – assim como, verdadeiramente, ao seguir uma pegada a pessoa encontra rebanhos que se perderam... Deve-se reverenciar somente o eu com estima. E aquele que reverencia somente o eu com estima – aquilo que ele estima, verdadeiramente, não perecerá...

Então quem quer que cultue outra divindade que não seu eu, pensando "Ele é um, eu sou outro", não conhece. Ele é como um animal sacrificial para os deuses. E verdadeiramente, tantos animais quantos seriam úteis para um homem, assim são as pessoas que servem aos deuses. E se um animal é levado embora, não é agradável. E se forem muitos? É, portanto, desagradável aos deuses que os homens saibam disto.[160]

Ouvimos a mesma coisa, expressa em um estilo poderoso, ainda mais antigo, no *Livro dos Mortos* egípcio, em um de seus capítulos, "Sobre a Chegada Durante o Dia no Mundo Inferior", como segue:

Eu sou Ontem, Hoje e Amanhã, e tenho o poder de nascer uma segunda vez. Eu sou a Alma divina oculta que criou os deuses e dá refeições sepulcrais aos habitantes das profundezas, o lugar dos mortos, e o céu [...]. Ave, senhor do santuário que está de pé no centro da terra. Ele sou eu, e eu sou ele![161]

---

160. Bṛhadāraṇyaka Upaniṣad 1.4.6-10,
161. *The Papyrus of Nebensi*, British Museum #9,900, sheets 23, 24. From E. A. Wallis Budge, *The Book of the Dead: The Chapters of the Coming by Day* (London: Kegan Paul, Trench, Trûbner and Co., 1896), p. 112-113.

De fato, não escutamos o mesmo do próprio Cristo, conforme relatado no antigo *Evangelho Gnóstico de Tomé*?

> Quem quer que beba da minha boca se tornará como eu sou e eu mesmo me tornarei ele, e as coisas ocultas lhe serão reveladas [...]. Eu sou o Todo, o Todo saiu de mim e o Todo alcançou a mim. Rache um pedaço de madeira, eu estou ali; erga a pedra e me encontrarás aí.[162]

Ou de novo mais duas linhas de Whitman:

> Entrego-me ao solo para brotar da relva que amo,
> Se me quiseres de novo, procura-me sob as solas de tuas botas.

Há uns quinze anos tive a experiência de conhecer em Bombaim um jesuíta alemão extraordinariamente interessante, o reverendo padre H. Heras, que me presenteou com a reimpressão de um artigo que ele tinha acabado de publicar sobre o mistério de Deus Pai e Filho conforme refletidos na mitologia indiana. Ele era uma autoridade maravilhosamente receptiva tanto quanto substancial nas religiões orientais, e o que ele fizera neste artigo muito erudito foi, na verdade, interpretar o antigo deus indiano Shiva e seu filho muito popular Ganesha como equivalentes, de certa forma, ao Pai e o Filho da fé cristã. Se a Segunda Pessoa da Santíssima Trindade for considerada, em seu aspecto *eterno*, como Deus; anterior à história, sustentando-a e refletida (em certa medida) na "imagem de Deus" em todos nós, então não é difícil, mesmo para um cristão perfeitamente ortodoxo, reconhecer o reflexo de sua própria teologia nos santos e deuses de mundos estrangeiros. Pois é simplesmente um fato – como acredito que todos nós agora temos que admitir – que as mitologias e suas divindades são produções e projeções da psique. Que deuses

Fig. 12.2 – Shiva e Ganesha

---

162. Tomé 99:28-30, 95:24-28.

existem e que deuses já existiram que não tenham partido da imaginação do homem? Nós conhecemos suas histórias: sabemos por meio de quais estágios eles se desenvolveram. Não apenas Freud e Jung, mas todos os estudiosos sérios de psicologia e de religiões comparadas hoje reconheceram e defendem que as formas do mito e as figuras do mito são, essencialmente, da natureza do sonho. Além do mais, como meu velho amigo Dr. Géza Róheim costumava dizer, assim como não existem duas maneiras de dormir, também não existem duas maneiras de sonhar. Essencialmente, os mesmos temas mitológicos serão encontrados por toda parte no mundo. Existem mitos e lendas sobre a Imaculada Conceição, sobre as Encarnações, Mortes e Ressurreições, sobre Segundos Adventos, Julgamentos e assim por diante, em todas as grandes tradições. E uma vez que tais imagens derivam da psique, elas se referem à psique. Elas nos falam de sua estrutura, sua ordem e suas forças, em termos simbólicos.

Por isso elas não podem ser interpretadas adequadamente como referências (em termos de originalidade, universalidade, essência e na maior parte de sua significação) a eventos ou personagens históricos locais. As referências históricas, se é que têm algum significado em geral, devem ser secundárias; como, por exemplo, no pensamento budista, o príncipe histórico Gautama Sakyamuni é considerado não mais que uma das muitas personificações históricas da consciência de Buda; ou no pensamento hinduísta, onde as encarnações de Vishnu são inumeráveis. A dificuldade enfrentada hoje por pensadores cristãos vem de sua doutrina do Nazareno como única encarnação histórica de Deus; e no judaísmo, da mesma maneira, há a doutrina não menos problemática de um Deus universal cujo olho não está senão sobre o único Povo Eleito dentre todos neste mundo criado. O fruto de tal historicismo etnocêntrico é uma dieta espiritual pobre hoje em dia; e as crescentes dificuldades de nossos clérigos em atrair gourmets para seus banquetes deveria ser evidência suficiente para fazê-los compreender que deve haver algo a respeito dos pratos que estão servindo que não é mais palatável. Estes eram bons o bastante para os nossos pais, nos mundinhos estreitos do conhecimento de sua época, quando cada pequena civilização era uma coisa mais ou menos para si mesma. Mas considerem aquela foto do planeta Terra que foi tirada a partir da superfície da Lua!

Enviado – sem mais horizontes

Nos tempos antigos, quando a unidade social relevante era a tribo, a seita religiosa, uma nação, ou mesmo uma civilização, era possível que a mitologia local a serviço dessa unidade retratasse todos aqueles que estavam além de suas fronteiras como inferiores, e pintasse a sua própria inflexão local da herança humana universal de imaginário mitológico ou como a única, a verdadeira e santificada, ou no mínimo como a mais nobre e mais suprema. E naquela época era benéfico para a ordem do grupo que seus jovens fossem treinados para responder positivamente a seu próprio sistema de sinais tribais e negativamente a todos os outros, para reservar seu amor para o lar e direcionar seu ódio para fora. Hoje, porém, todos nós somos os passageiros desta única nave espacial, a Terra (como Buckminster Fuller definiu certa vez), precipitando-nos a um ritmo prodigioso através da vasta noite do espaço, indo a lugar nenhum. E temos que permitir que um sequestrador embarque?

Nietzsche, há quase um século, já denominou nosso período de "A Era das Comparações". Antigamente existiam horizontes dentro dos quais as pessoas viviam, pensavam e mitologizavam. Agora não existem mais horizontes. E com a dissolução dos horizontes, temos experimentado e estamos experimentando colisões, choques formidáveis, não apenas de povos, mas também de suas mitologias. É como quando painéis divisores são retirados do meio de câmaras de ar muito quente e muito frio: há um avanço súbito dessas forças uma em direção à outra. E assim estamos em uma era extremamente perigosa de trovões, raios e furacões por todos os lados. Acho que é inadequado ficar histérico por causa disso, projetando ódio e culpa. É uma coisa inevitável, completamente natural que, quando energias que nunca se encontraram entram em rota de colisão – cada uma com o seu próprio orgulho – há de existir turbulência. Isso é exatamente o que estamos vivenciando; e estamos dirigindo a turbulência: dirigindo-a rumo a uma nova era, um novo nascimento, uma condição totalmente nova da espécie humana – para a qual ninguém vivo hoje, em lugar nenhum, pode dizer que tem a chave, a resposta, a profecia, para o seu alvorecer. Nem existe qualquer pessoa aqui a ser julgada ("não julgueis, e não sereis julgados!"). O que está ocorrendo é completamente natural, assim como o são as suas dores, confusões e erros.

E agora, entre os poderes que estão sendo catapultados juntos para colidirem e explodirem, as tradições mitológicas antigas (pode-se dizer com segurança) não são as menos importantes, principalmente as da Índia e do Extremo Oriente, que estão agora entrando em vigor nos campos de nosso patrimônio europeu, e vice-versa: ideais de humanismo e democracia estão agora inundando a Ásia. Some a isso a relevância geral dos conhecimentos da ciência moderna sobre as crenças arcaicas incorporadas em todos os sistemas tradicionais e podemos concordar que há uma considerável tarefa de seleção minuciosa a ser feita. Se é que alguma coisa da sabedoria tradicional que tem sustentado a nossa espécie até o presente há de ser preservada e passada adiante de maneira inteligente para os tempos que hão de vir.

Pensei bastante sobre este problema e cheguei à conclusão de que, quando a sabedoria tradicional é incorporada e interpretada psicologicamente, de maneira devidamente "espiritual", como algo que diz respeito aos potenciais internos da nossa espécie, então ali aparece algo que pode ser chamado de *philosophia perennis* da raça humana. No entanto, isso se perde quando os textos são interpretados literalmente, como história, à maneira comum do pensamento rigorosamente ortodoxo.

Em sua obra filosófica, o *Convito*, Dante distingue entre os sentidos literal, alegórico, moral e anagógico (ou místico) de qualquer passagem bíblica. Tomemos, por exemplo, uma afirmação tal como a que se segue: *Jesus Cristo se levantou dentre os mortos*. O significado literal é óbvio: "um personagem histórico, de nome Jesus, que foi identificado como 'Cristo' (o Messias), ressuscitou dos mortos". Alegoricamente, a leitura cristã normal seria: "Da mesma forma, nós também ressuscitaremos da morte para a vida eterna". E a lição moral: "Que nossas mentes deixem de lado a contemplação de coisas mortais e permaneçam naquilo que é eterno". Mas como a leitura anagógica ou mista, entretanto, deve ter como referência o que não é nem passado, nem presente, mas sim o que transcende o tempo e é eterno, nem neste nem naquele lugar, mas sim em toda parte, em tudo, agora e para sempre, o quarto nível de significado pareceria ser que, na morte – ou neste mundo de morte – está a vida eterna. Então pareceria que a moral, a partir deste ponto de vista transcendental, teria que ser que a mente, ao contemplar coisas mortais, reconhecerá o eterno; e a alegoria: que neste próprio corpo que São Paulo chamou de "o corpo desta morte" (Romanos 6:24) está a nossa vida eterna – não "que há de vir", em algum lugar celeste, mas aqui e agora, nesta Terra, no aspecto temporal.

Esse é o sentido, também, da fala do poeta William Blake: "Se as portas da percepção fossem purificadas, tudo apareceria ao homem como é: infinito".[163] E eu penso que reconheço o mesmo sentido nas linhas de Whitman que acabei de citar, bem como naquelas dos Upanixades indianos, no *Livro dos Mortos* egípcio e no *Evangelho Gnóstico de Tomé*.

"Os símbolos das religiões majoritárias podem parecer, à primeira vista, ter pouco em comum", escreveu um monge católico, o falecido padre Thomas Merton, em um artigo breve, mas perspicaz, intitulado "Simbolismo: comunicação ou comunhão?".[164]

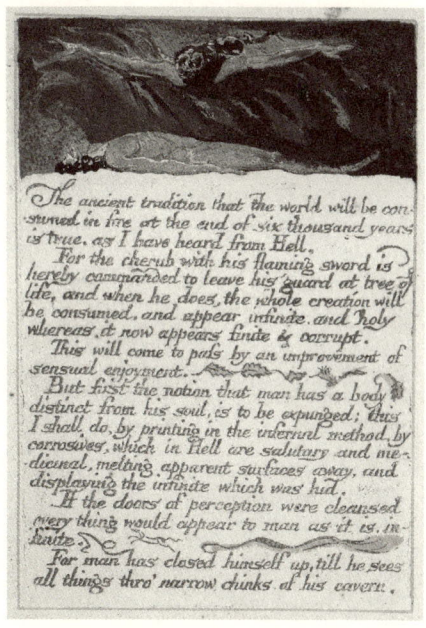

Fig. 12.3 – As Portas da Percepção

> Mas quando se chega a um melhor entendimento dessas religiões, e quando vemos que as experiências que são a realização da crença e da prática religiosa são expressas com mais clareza em símbolos, podemos vir a reconhecer que, frequentemente, os símbolos de diferentes religiões podem ter mais em comum do que as doutrinas oficiais formuladas de maneira abstrata [...].
> O verdadeiro símbolo [ele afirma novamente] não apenas aponta para alguma outra coisa. Ele contém em si mesmo uma estrutura que desperta a nossa consciência para um novo conhecimento do sentido interior da vida e da própria realidade. Um verdadeiro símbolo nos leva para o centro do círculo, não para outro ponto da circunferência. E é por

---

163. William Blake, loc. cit.
164. Thomas Merton, "Symbolism: Communication or Communion", em *New Directions* 20 (New York: New Directions, 1968), p. 11-12.

meio do simbolismo que o homem entra em contato, afetiva e conscientemente, com seu próprio eu mais profundo, com outros homens e com Deus [...]. "Deus está morto" significa, na verdade, que os símbolos estão mortos.[165]

O poeta e o místico consideram a imagética de uma revelação como uma ficção através da qual uma percepção das profundezas do ser – do próprio ser do indivíduo e do ser em geral – é transmitido anagogicamente. Teólogos sectários, por outro lado, se agarram ferrenhamente a leituras literais de suas narrativas, e estas mantêm as tradições separadas. As vidas de três encarnações, Jesus, Krishna e Sakyamuni, não são as mesmas; não obstante, enquanto símbolos que apontam não para si, ou uns para os outros, mas sim para a vida que os contempla, elas são equivalentes. Para citar o monge Thomas Merton novamente: "Não se pode apreender um símbolo a menos que a pessoa seja capaz de despertar, em seu próprio ser, as ressonâncias espirituais que respondem ao símbolo não somente como sinal, mas sim como 'sacramento' e 'presença.' O símbolo é um objeto apontando para um sujeito. Somos convocados a um conhecimento espiritual mais profundo, muito além do nível de sujeito e objeto".[166]

Mitologias e religiões são grandes poemas e, quando reconhecidas como tal, apontam infalivelmente, através de coisas e acontecimentos, para a onipresença de uma "presença" ou "eternidade" que é integral e inteira em cada uma delas. Nesta função todas as mitologias, todas as grandes poesias e todas as tradições místicas estão de acordo; e sempre que uma visão inspiradora assim permanece efetiva em uma civilização, tudo e toda criatura dentro de seu âmbito estão vivos. A primeira condição, portanto, que qualquer mitologia deve cumprir para que gere vida para as vidas modernas é a de purificar as portas da percepção para a maravilha, ao mesmo tempo terrível e fascinante, de nós mesmos e do universo do qual nós somos os ouvidos, olhos e a mente. Enquanto os teólogos, lendo suas revelações no sentido anti-horário, por assim dizer, apontam para referências no passado (nas palavras de Merton: "para outro ponto na circunferência") e os

---

165. Ibid., p. 1 e 2.
166. Ibid., p. 1 e 11.

utopistas oferecem revelações que são apenas promessas de um futuro desejado, as mitologias, tendo brotado da psique, apontam de volta para a psique ("o centro"): e qualquer pessoa que esteja seriamente se voltando para dentro irá, na verdade, redescobrir suas referências em si mesma.

Algumas semanas atrás recebi, pelo correio, do psiquiatra que dirige as pesquisas no Centro de Pesquisa Psiquiátrica de Maryland, em Baltimore, Dr. Stanislav Grof, o manuscrito de um trabalho impressionante interpretando os resultados de sua prática de terapia psicolítica durante os últimos 14 anos (primeiro na Checoslováquia e agora em seu país); isto é, o tratamento de doenças nervosas, tanto neuróticas quanto psicóticas, com o auxílio de doses de LSD judiciosamente dosadas. E eu encontrei tanto do meu pensamento sobre formas míticas iluminado de modo revigorante pelos achados relatados aqui, que vou tentar, nestas últimas páginas, apresentar uma sugestão dos tipos e das profundidades de consciência que o Dr. Grof sondou em sua busca de nosso mar interior.[167]

De maneira muito breve, o Dr. Grof denominou a primeira ordem de experiência induzida como "Experiência LSD Estética". No geral, ela corresponde ao que Aldous Huxley, em *As Portas da Percepção*, descreveu em 1954, depois de ter ingerido e experimentado os efeitos de quatro décimos de grama de mescalina. Esta experiência é de tal espantosa vivificação, alteração e intensificação de todas as percepções dos sentidos que, como Huxley observou, até mesmo uma cadeira comum de jardim ao Sol é reconhecida como "inexprimivelmente maravilhosa, maravilhosa quase a ponto de ser quase aterrorizante". Outros efeitos, mais profundos, podem resultar em sensações de transformação física, leveza, levitação, clarividência ou até mesmo o poder de assumir formas animais e coisas do gênero, tal como afirmam os xamãs primitivos. Na Índia, tais poderes (chamados de *siddhi*), são reivindicados pelos yogis, e não se acredita que tenham advindo do exterior, mas sim que tenham surgido a partir do interior, despertados

---

167. Na edição original deste livro, Campbell citou o manuscrito não publicado de Grof, *Agonia e Êxtase no Tratamento Psiquiátrico*: nunca foi publicado, mas se tornou a base para cinco volumes posteriores do trabalho de Grof. Cf. Stanislas Grof, *When the Impossible Happens: Adventures in Non-Ordinary Reality* (Boulder, Colorado: Sounds True, 2006), p. 285. [N.E. do original]

por seu treinamento místico, e que estão dentro de todos nós em potencial. Aldous Huxley teve um pensamento semelhante, que ele formulou em termos ocidentais, e sobre o qual espero ter algo a dizer um pouco mais adiante.

O Dr. Grof descreveu o segundo tipo de reação como a "Experiência Psicodinâmica com o LSD", relacionando-a a uma extensão de consciência no âmbito do que Jung denominou o Inconsciente Pessoal, e à ativação, ali, daqueles conteúdos emocionalmente sobrecarregados com os quais se lida, tipicamente, na psicanálise freudiana. As tensões ameaçadoras e as resistências ao escrutínio consciente encontradas neste nível derivam de vários tipos de defesas do ego, morais, sociais e do orgulho infantil, inapropriadas à vida adulta; e os temas mitológicos que, na literatura psicanalítica, foram associados profissionalmente com os conflitos destas: complexo de Édipo, complexo de Electra etc. – não são de maneira alguma realmente mitológicos (em suas referências neste contexto). Não manifestam, no contexto dessas associações biográficas infantis, absolutamente nenhuma relevância anagógica e transpessoal, mas são meramente alegorias de desejos de infância frustrados por proibições e ameaças parentais reais ou imaginadas. Ademais, mesmo quando figuras mitológicas tradicionais realmente aparecem nas fantasias deste estágio freudiano, elas serão meramente alegorias de conflitos pessoais; com maior frequência, como o Dr. Grof observou, "o conflito entre sentimentos ou atividades sexuais e os tabus religiosos, bem como fantasias primitivas sobre demônios e inferno ou anjos e céu, se relacionavam a narrativas ou ameaças e promessas de adultos". E somente quando esses materiais "psicodinâmicos" pessoais tiverem sido ativamente revividos, junto com suas características correlatas emocionais, sensoriais e ideacionais, que os "pontos de nó" do Inconsciente Pessoal terão sido suficientemente resolvidos para que a jornada descendente interior, mais profunda, passe das compreensões pessoais-biográficas para as devidamente transpessoais (primeiro biológicas, depois metafísicas-místicas).

O que o Dr. Grof observou é que, assim como pacientes durante uma psicanálise freudiana e nos estágios "psicodinâmicos" de um tratamento psicolítico "revivem" as fixações basais de seus padrões de comportamento e de seus afetos inconscientemente enraizados (e desse modo rompem o domínio destes sobre si), da mesma forma, ao deixar este campo de memória pessoal para trás, eles começam a manifestar, psicologica e fisicamente, a sintomatologia de uma ordem de experiências revividas totalmente diferente; isto é, aquelas da agonia do nascimento de fato: o momento (na realidade, as horas) de terror passivo, desamparado, em que as contrações uterinas subitamente começaram, e continuaram, e continuaram, e continuaram; ou as torturas mais ativas do segundo estágio do parto, quando o cérvix se abriu e começou o impulso através do canal de parto – continuando com uma intensificação incessante de puro pavor e total agonia, até um clímax que equivale praticamente a uma experiência de aniquilação; quando, subitamente, libertação, luz! A dor aguda do corte umbilical, o sufocamento até o fluxo sanguíneo encontrar sua nova rota até os pulmões, e daí, fôlego e respiração, por conta própria! "Os pacientes", afirma o Dr. Grof, "passavam horas em uma dor agonizante, ofegando, com a cor de seus rostos mudando de uma palidez mórbida para roxo escuro. Eles rolavam no chão e descarregavam tensões extremas em tremores musculares, espasmos e movimentos complexos de torção. A pulsação frequentemente dobrava, ficava fraca e rápida; com frequência havia náusea, com vômito ocasional e suor excessivo".

"Subjetivamente", continua ele, "essas experiências eram de natureza transpessoal – tinham uma estrutura muito mais ampla que o corpo e o tempo de vida de um único indivíduo. As experiências se identificavam com muitos indivíduos ou grupos de indivíduos ao mesmo tempo; em seu extremo, a identificação envolvia toda a humanidade sofredora, passada, presente e futura".

"Os fenômenos observados aqui", afirma ele novamente, "são de uma natureza muito mais fundamental e têm dimensões diferentes daquelas do estágio freudiano". Elas são, na verdade, de uma ordem mitológica transpessoal, não distorcidas para fazer alusão (como no campo freudiano) aos acontecimentos de uma vida individual, mas se abrindo tanto para o exterior quanto para o interior, para aquilo que James Joyce denominou "o que é grave e constante nos sofrimentos humanos".[168]

Por exemplo, ao reviver, no percurso do tratamento psicolítico, o pesadelo do primeiro estágio do trauma do nascimento – quando as

---

168. Grof, op. cit.

contrações uterinas começam e a criança, presa ali dentro é despertada para uma consciência de si mesma em perigo –, o sujeito completamente aterrorizado é esmagado por uma experiência aguda do próprio território do ser angustiado. Fantasias de tortura inquisidora vêm à mente, angústia metafísica e desespero existencial: uma identificação com Cristo crucificado ("Meu Deus, meu Deus, por que me abandonaste?"[169]), Prometeu atado ao penhasco, ou Íxion à sua roda giratória. O modo mítico é o do Buda: "Toda vida é cheia de sofrimento". Nascidos em meio ao medo e à dor, expirando em meio ao medo e à dor, com pouco além de medo e dor entre um e outro. "Vaidade das vaidades [...] tudo é vaidade".[170] A questão do "significado" aqui se torna obsessiva, e se a sessão de LSD terminar neste tom, geralmente permanecerá uma sensação da vida como algo repugnante, sem sentido, um inferno odioso, sem alegria, sem saída alguma seja no espaço ou no tempo, "sem saída" – exceto, possivelmente, por meio do suicídio, o qual, se escolhido, será do tipo passivo, silenciosamente desamparado, por afogamento, uma overdose de pílulas para dormir, ou algo assim.

Por outro lado, passando a uma revivência intensiva do segundo estágio do trauma do nascimento – aquele da luta angustiante no canal do parto – a atmosfera e as imagens se tornam violentas, não o sofrimento passivo, mas sim o ativo é a experiência dominante aqui, com elementos de agressão e paixão sadomasoquista: ilusões de batalhas horrendas, embates com monstros prodigiosos, marés e águas esmagadoras, deuses irados, ritos de sacrifícios terríveis, orgias sexuais, cenas de julgamento e por aí em diante. O sujeito se identifica, simultaneamente, tanto com as vítimas quanto com as forças agressoras de tais embates, e conforme a intensidade da agonia geral cresce, ela se

Fig. 12.4 – As Bacantes dilaceram o rei Pentheus

---

169. Mt 27:46.
170. Ec 1:2.

aproxima e finalmente ultrapassa o limiar de dor em uma crise excruciante que o Dr. Grof apropriadamente denominou "êxtase vulcânico", Aqui, todos os extremos de dor e prazer, alegria e terror, agressão assassina e amor passional são unidos e transcendidos. A imagética mítica relevante é a de religiões se deleitando com o sofrimento, culpa e sacrifício: visões da ira de Deus, do Dilúvio Universal, de Sodoma e Gomorra, de Moisés e o Decálogo, da Via Crucis de Cristo, de orgias báquicas, terríveis sacrifícios astecas, de Shiva o Destruidor, da macabra dança da Terra em Chamas de Kali e os ritos fálicos de Cibele.

Suicídios nesta atmosfera dionisíaca são do tipo violento: estourando o cérebro, saltando de lugares altos, diante de trens etc. Ou a pessoa é levada a cometer assassinatos sem sentido. O sujeito está obcecado com sentimentos de tensão agressiva misturados com expectativa de catástrofe; extremamente irritadiço e com uma tendência a provocar conflitos. O mundo é visto como um lugar cheio de ameaças e opressão. Carnavais com diversões selvagens, festas agitadas com sexo promíscuo, orgias alcoólicas e danças bacanais, violência de todos os tipos, aventuras vertiginosas e explosões marcam os estilos de vida atingidos pela ferocidade deste estágio da experiência de nascimento. Durante uma sessão terapêutica, uma regressão a este nível pode ser levada a culminar em uma crise extremamente aterrorizante de verdadeira morte do ego, aniquilação completa em todos os níveis, seguida de uma sensação expansiva e grandiosa de libertação, renascimento e redenção, com enormes sentimentos e experiências de descompressão, expansão espacial e luz ofuscante: visões celestiais de azul e ouro, salões gigantescos com colunas e lustres de cristal, fantasias de penas de pavão, espectros de arco-íris e coisas assim. Os indivíduos, sentindo-se purificados e expurgados, são agora movidos por um amor irresistível por toda a humanidade, uma nova apreciação das artes e das belezas naturais, grande entusiasmo pela vida, e uma sensação indulgente, maravilhosa, de harmonia e expansão com Deus no céu e tudo certo na Terra.

O Dr. Grof descobriu (e acho isso extremamente interessante) que as iconografias divergentes das várias religiões mundiais tendem a aparecer e a dar apoio aos seus pacientes de várias maneiras durante os sucessivos estágios de suas sessões. Em associação imediata com as agonias do trauma do nascimento revividas, a imagem comum que vem à mente é a do Antigo e do Novo Testamento, junto com (ocasionalmente) certas equivalências gregas, egípcias ou outras fontes pagãs. Entretanto, quando a agonia do "nascimento" já se completou e vem a experiência da libertação – na verdade, um "segundo" nascimento ou nascimento "espiritual", liberto dos medos inconscientes da condição pessoal anterior, de "nascido só uma vez" – a simbologia muda radicalmente. Ao invés de temas principalmente bíblicos, gregos e cristãos, as analogias agora apontam mais na direção do grande Oriente, especialmente da Índia. "A fonte dessas experiências", afirma o Dr. Grof, "é obscura e sua semelhança com as descrições indianas é espantosa". Ele compara o tom destas experiências ao do estado intrauterino atemporal antes dos primeiros sintomas do parto: uma condição feliz, tranquila, sem conteúdo, com sentimentos profundos, positivos, de alegria, amor e concórdia, ou mesmo de união com o Universo e/ou Deus. Paradoxalmente, este estado inefável, ao mesmo tempo, contém nada e tudo, é de um estado de não ser e ainda assim é mais que o ser, sem ego algum e, ainda assim, uma extensão do eu que abraça todo o cosmos. E aqui penso naquela passagem em *As Portas da Percepção*, de Aldous Huxley, onde ele descreve a sensação que vivenciou em sua aventura com a mescalina, de sua mente se abrindo para extensões de maravilhamento tais como nunca sequer imaginara antes.

> Refletindo sobre minha experiência [escreveu Huxley], me vejo concordando com o eminente filósofo de Cambridge, Dr. C. D. Broad, "que faríamos bem em considerar com muito mais seriedade do que estivemos inclinados a fazê-lo até agora, o tipo de teoria que Bergson propôs em conexão com a memória e a percepção dos sentidos. A sugestão é que a função do cérebro e do sistema nervoso e dos órgãos dos sentidos é, principalmente, eliminativa e não produtiva. Cada pessoa é capaz de em cada momento lembrar de tudo que já lhe aconteceu e de perceber tudo que está acontecendo em todo lugar no universo. A função do cérebro e do sistema nervoso é nos proteger de ficarmos oprimidos e confusos por esta massa de conhecimento amplamente inútil e irrelevante, impedindo a entrada da maior parte daquilo que, caso contrário, perceberíamos ou lembraríamos a qualquer momento, e permitindo somente aquela seleção muito pequena e muito especial que é provável que seja útil de maneira prática".

De acordo com essa teoria, cada um de nós é, potencialmente, a Mente como um Todo. Mas, à medida que somos animais, nosso negócio é sobreviver a todo custo. Para tornar a sobrevivência biológica possível, a Mente como um Todo tem que ser afunilada através da válvula redutora do cérebro e do sistema nervoso. O que sai do outro lado é um gotejar miserável do tipo de consciência que nos ajudará a permanecer vivos na superfície deste planeta em particular [...] A maioria das pessoas na maior parte do tempo conhecem apenas o que passa pela válvula redutora e é consagrado como genuinamente real pela linguagem local. Certas pessoas, entretanto, parecem nascer com uma espécie de desvio que contorna a válvula redutora. Em outros, desvios temporários podem ser adquiridos, seja espontaneamente ou como o resultado de "exercícios espirituais" deliberados, ou através de hipnose, ou por meio de drogas. Através desses desvios permanentes ou temporários flui, não a percepção real de "tudo que está acontecendo em todo lugar no universo" (pois o desvio não anula a válvula redutora, a qual ainda exclui o conteúdo total da Mente como um Todo), mas algo mais e, sobretudo, diferente do material utilitário cuidadosamente selecionado que nossas mentes individuais, estreitadas, consideram um retrato completo, ou pelo menos suficiente, da realidade.[171]

Ora, me parece evidente em tudo isso que o imaginário da mitologia, brotando assim da psique e refletindo de volta para ela, representa vários estágios ou graus da abertura da consciência egoica à perspectiva daquilo que Aldous Huxley chamou aqui de Mente como um Todo. Platão, no *Timeu*, declara que "existe apenas uma maneira em que um ser pode servir a outro, e é lhe dando alimento e movimentos adequados: e os movimentos que são semelhantes ao princípio divino dentro de nós são os pensamentos e as revoluções do universo".[172] São esses, eu diria, que aparecem no mito. Conforme ilustrado em várias mitologias dos povos do mundo, entretanto, em todo lugar os universais foram particularizados ao contexto socio-político local. Como costumava dizer um antigo professor meu de Religiões Comparadas, na Universidade de Munique: "Em seu sentido

---

171. Huxley, op. cit., p. 22-24.
172. Cf. Benjamin Jowett, tradutor, *The Works of Plato*, Vol. IV (New York: Cosimo Books, 2010), p. 377.

subjetivo, a religião de toda a espécie humana é uma só, e a mesma. No entanto, em seu sentido objetivo, existem formas divergentes".

No passado, acho que podemos afirmar agora, as formas divergentes serviam a interesses divergentes e, frequentemente, conflitantes das várias sociedades, prendendo indivíduos aos horizontes e ideais de seu grupo local. Ao passo que no Ocidente atual aprendemos a reconhecer uma distinção entre as esferas e funções da sociedade – a da sobrevivência prática, dos fins políticos e econômicos – e, de outro lado, a dos valores puramente psicológicos (ou, como costumávamos dizer, espirituais). Para voltar ao nome de Dante mais uma vez: existe no Quarto Tratado do *Convito* uma passagem na qual ele discursa sobre a separação divinamente ordenada entre o Estado e a Igreja, como algo simbolizado factualmente nas histórias ligadas, ainda que independentes, de Roma e Jerusalém, o Império e o Papado. Estes são os dois braços de Deus que não devem ser confundidos. Ele rechaça o papado por suas intervenções políticas, uma vez que a autoridade da Igreja não é propriamente "deste mundo", mas do Espírito – cuja relação com os objetivos deste mundo é exatamente a da Mente como um Todo de Huxley e os fins utilitários da sobrevivência biológica – os quais são muito bons e necessários também, mas não são os mesmos.

Nós vivemos hoje – graças a Deus! – em um estado secular, governado por seres humanos (com todos os seus defeitos inevitáveis) segundo princípios da lei que ainda estão se desenvolvendo e que tiveram origem não em Jerusalém, mas em Roma. O conceito de Estado, além disso, está se rendendo rapidamente, agora mesmo, ao conceito de *ecumene*, isto é, toda a Terra habitada; e, se nada mais nos unir, a crise ecológica o fará. Não existe mais, portanto, qualquer necessidade ou qualquer possibilidade para aquelas formas divergentes de religião "em seu sentido objetivo" localmente restritivas, sociopoliticamente presas, que mantiveram os homens separados no passado, dando a Deus as coisas que são de César, e a César as coisas que são de Deus.

"Deus é uma esfera inteligível cujo centro está em todo lugar e cuja circunferência não está em lugar algum." Assim afirma um livrinho do século XII conhecido como "O livro dos vinte e quatro filósofos".[173]

---

173. Hermes Trismegistus (atribuído), *Le Livre des XXIV Philosophes*, Françoise Hudry, ed., (Paris: Jérôme Millon, 1989), p. 152: *Deus est sphaera infinita cuius centrum est ubique, circumferentia nusquam.*

Cada um de nós – seja ele quem for e onde quer que esteja – é, então, o centro e, dentro dele, saiba ele ou não, está aquela Mente como um Todo, cujas leis são as leis não somente de todas as mentes, mas também de todo espaço. Pois, conforme já assinalei, nós somos os filhos deste belo planeta que vimos recentemente, fotografado a partir da Lua. Não fomos trazidos para ele por algum deus, mas viemos dele. Nós somos os seus olhos e sua mente, sua visão e seu pensamento. E a Terra, juntamente com o seu Sol, essa luz ao redor da qual ela voa como uma mariposa, nasceu, como nos dizem, de uma nebulosa; e essa nebulosa, por sua vez, proveio do espaço. Não é de se admirar, então, que as leis do espaço e as nossas sejam as mesmas! Da mesma forma, nossas profundezas são as profundezas do espaço, de onde brotaram todos esses deuses que as mentes dos homens, no passado, projetou nos animais e plantas, nas colinas e riachos, nos planetas em suas trajetórias e em seus próprios costumes sociais peculiares.

A nossa mitologia deve ser agora a do espaço infinito e sua luz, que está tanto fora quanto dentro. Como mariposas, somos pegos no encanto de seu fascínio, saímos voando para ela, até a Lua e para além dela, e voando também interiormente. Em nosso próprio planeta todos os horizontes divisórios foram estilhaçados. Não podemos mais manter nossos amores em casa e projetar nossas agressões em outros lugares; pois nesta espaçonave Terra não existe mais "outro lugar". E nenhuma mitologia que continue a falar ou a ensinar sobre "outros lugares" e "estrangeiros" atende às exigências do momento presente.

E assim, para retornar à nossa pergunta de abertura: Qual é – ou qual será – a nova mitologia?

É – e será para sempre, enquanto nossa raça humana existir – a mitologia antiga, eterna, perene, em seu "sentido subjetivo", renovada poeticamente em termos não de um passado relembrado nem de um futuro projetado, mas do agora: dirigida, por assim dizer, não para a adulação de "povos", mas para o despertar de indivíduos para o conhecimento de si mesmos; não simplesmente como egos lutando por um lugar na superfície deste belo planeta, mas igualmente como centros da Mente como um Todo – cada um à sua própria maneira, em união com todos e sem horizontes.

Fig. 12.5 – Nascer da Terra

AGRADECIMENTOS

The Clarendon Press:
The *Art of War by Sun Tzu*, traduzido por Samuel B. Griffith, 1963.

Harcourt Brace Jovanavich, Inc., and Faber and Faber Ltd.:
Burnt Norton por T. S. Eliot.

Harper & Row Publishers, Inc., and Chatto and Windus Ltd.:
p. 22-24 em *The Doors of Perception* por Aldous Huxley. Copyright 1954 by Aldous Huxley. Reeditado por permissão dos publishers.

The Macmillan Company, The Macmillan Company of Canada, and Mr. M. B. Yeats:
The Second Coming de *Collected Poems* por William Butler Yeats. Copyright 1924 por The Macmillan Company, renovado 1932 por Bertha Georgie Yeats.

Penguin Books Ltd.:
The Politics of Experience, R. D. Laing. Copyright © 1967 R. D. Laing.

Random House, Inc.:
Selected Poetry, por Robinson Jeffers. Copyright 1924 e renovdo 1952 por Robinson Jeffers.

University of Chicago Press:
Fable of the Four Treasure-Seekers from Panchatantra, traduzido por Arthur W. Ryder. Copyright 1923 pela University of Chicago.

Agradeço ao Dr. Stanislav Grof pela permissão para esboçar algumas de suas descobertas no último capítulo de um trabalho prestes a ser publicado, intitulado "Agonia e Êxtase no Tratamento Psiquiátrico" (Science and Behavior Books). [Este manuscrito nunca foi publicado na forma em que Grof compartilhou com Campbell; entretanto, Grof de fato o incorporou em seus trabalhos posteriores.]

Os editores gostariam de reconhecer a assistência inestimável das seguintes pessoas, que ajudaram a tornar esta edição possível:

- Time Beta: James Baquet, Yuria Ceridwen, David Eppstein, Brian Geremia, Carl Golembeski, Cohen Liotta, Marcus Rendon, Bob Wagner, Kelly Wyatt e Louis Ziegler.
- Os associados da JCF Working Associates: David Fox, Stephen Gerringer, Carol Gunby, Jasmine Kazarian, Michael Lambert, Mark Oppenneer, Phil Robinson, Mary Shapiro, Clare Ultimo e Martin Weyers.
- O Conselho da JCF: Roger Epstein, Katherine Komaroff Goodman, Edward Horton, David Miller e Elise Collins Shields.
- Os associados da JCF – em nosso site, na nossa página do Facebook e em nossos grupos locais da Mythological RoundTable® em todo o mundo: vocês são a esfera cuja circunferência é infinita e cujo centro está em todo lugar.

Informações sobre direitos e permissões para todas as imagens estão reconhecidas na Lista de Ilustrações.

SOBRE O AUTOR

Há mais de cem anos, em 26 de março de 1904, Joseph John Campbell nasceu em White Plains, no estado de Nova York. Joe, como era chamado, foi o primeiro filho de Charles e Josephine Campbell, um casal de católicos de classe média.

Os primeiros anos da vida de Joe foram sem incidentes. Mas quando ele tinha sete anos de idade, seu pai o levou, junto com seu irmão mais novo, ao show do velho oeste de Buffalo Bill. Aquela noite foi um ponto alto na vida de Joe pois, embora os cowboys fossem evidentemente as estrelas do show, conforme as palavras que o próprio Joe escreveu anos depois, ele ficou "fascinado, capturado e obcecado pela figura de um índio norte-americano nu, com a orelha colada ao chão, arco e flecha na mão, e um olhar de sabedoria especial".

Arthur Schopenhauer, filósofo cuja obra teve grande influência sobre Campbell, foi quem observou que:

> [...] as experiências e iluminações da infância e juventude transformam-se, em uma fase posterior da vida, nos tipos e categorias segundo as quais todas as coisas serão classificadas – nem sempre conscientemente, contudo. E é assim que na nossa infância lançam-se os fundamentos de nossa posterior visão de mundo, e junto com ela também a de sua superficialidade ou profundidade, que em anos posteriores será desenvolvida e realizada, mas nunca essencialmente modificada.

E foi assim com o jovem Joseph Campbell. Embora tenha (até sua segunda década de vida) praticado ativamente a fé de seus ancestrais, ele tornou-se consumido pela cultura dos nativos da América do Norte. E sua visão de mundo foi provavelmente modelada pela tensão dinâmica entre essas duas perspectivas mitológicas. Por um lado, estava imerso nos rituais, símbolos e rica tradição de sua herança católica irlandesa; de outro, obcecado com a experiência direta que os povos primitivos (ou, como depois veio a preferir, "primevos") tinham daquilo que viria a descrever como "a exposição dinâmica e em contínua criação de um *mysterium tremendum et fascinans* absolutamente transcendente, embora universalmente imanente, que é a base tanto de todo o espetáculo quanto de si mesmo". (Historical Atlas of World Mythology, I, 1m p. 8).

Aos dez anos de idade, Joe já tinha lido todos os livros sobre os nativos norte-americanos que havia na seção infantil da biblioteca local, e obteve permissão para ler os da seção de adultos, onde por fim devorou todos os volumes dos *Reports of the Bureau of American Ethnology*. Ele fez tradicionais cintos de contas de conchas, fundou sua própria tribo (chamada "Lenni-Lenape", por causa de uma tribo de Delaware que originalmente habitara a área metropolitana de Nova York) e frequentou o American Museum of National History, onde ficou fascinado com os totens e máscaras, começando assim uma exploração de vida inteira da vasta coleção desse museu.

Depois de passar a maior parte de seu 13º ano se recuperando de uma enfermidade pulmonar, Joe frequentou por algum tempo o Iona, uma escola privada em Westchester, Nova York, antes de sua mãe o matricular na Canterbury, uma escola-internato católica, em New Milford, Connecticut. Seus anos de ensino médio foram ricos e compensadores, embora marcados por uma grande tragédia: em 1919 a residência dos Campbell foi consumida pelo fogo, no qual pereceu sua avó e que destruiu todas as posses da família.

Joe se formou na Canterbury em 1921, e em setembro do ano seguinte entrou para o Dartmouth College, mas logo se desiludiu com a cena social e se desapontou com a falta de rigor acadêmico, transferindo-se para a Columbia University, onde se destacou: enquanto se especializava em literatura medieval, tocou numa banda de jazz e tornou-se um corredor estrela. Em 1924, acompanhado de sua família numa viagem de navio para a Europa, Joe conheceu o jovem Jiddu Krishnamurti, apresentado ao mundo pela Sociedade Teosófica como "o Novo Messias", e assim começou uma amizade que se renovaria intermitentemente ao longo dos próximos cinco anos. Depois de formado pela Columbia (1925), e tendo recebido o grau de mestre (1927) por seu trabalho sobre as lendas arturianas, Joe ganhou uma bolsa para continuar seus estudos na Universidade de Paris (1927-28). Depois disso, tendo recusado um convite para lecionar na sua faculdade de origem, sua bolsa foi renovada e ele viajou para a Alemanha a fim de continuar seus estudos na Universidade de Munique (1928-29).

Nesse período Joe foi exposto aos mestres modernistas – notadamente o escultor Antoine Bourdelle, Pablo Picasso e Paul Klee, James Joyce e Thomas Mann, Sigmund Freud e Carl Jung –, cuja arte e insights influenciariam grandemente sua obra. Esses encontros o levariam afinal a aventar que todos os mitos são produtos criativos da psique humana, que os artistas são criadores de mitos da cultura e que as mitologias são manifestações criativas da necessidade universal humana de explicar realidades psicológicas, sociais, cosmológicas e espirituais.

Quando Joe voltou da Europa no final de agosto de 1929, viu-se em uma encruzilhada, incapaz de decidir o que queria fazer de sua vida. Com o início da Grande Depressão, perdeu as esperanças de obter um cargo como professor, portanto passou os próximos dois anos reestabelecendo conexões com sua família, lendo, revendo antigos amigos e escrevendo copiosamente em seu diário. No final de 1931, depois de rejeitar a possibilidade de um doutorado ou docência na universidade de Columbia, ele decidiu, como incontáveis rapazes antes e depois dele, "pegar a estrada" e fazer uma viagem de um lado ao outro do país, jornada na qual ele desejava vivenciar a "alma da América" e talvez descobrir o propósito de sua vida. Em janeiro de 1932, quando partia de Los Angeles, onde estivera estudando russo para poder ler *Guerra e Paz* no original, Joseph Campbell refletiu sobre seu futuro nas páginas de seu diário:

> "Começo a pensar que tenho um dom para trabalhar como um boi em assuntos totalmente irrelevantes [...] Estou tomado por um sentimento horrível de que nunca cheguei a lugar algum – mas quando sinto e tento descobrir aonde quero chegar, nada me ocorre. [...] A ideia de virar professor me aterroriza. Seria uma vida tentando me enganar, e a meus alunos, de que o que buscamos está nos livros! Não sei onde está – mas a esta altura tenho certeza de que não está nos livros. Não está nas viagens. Não está na Califórnia. Não está em Nova York [...] Onde estará? E afinal de contas, o que é?

Portanto, um dos resultados da minha estadia em Los Angeles foi a eliminação da Antropologia desse concurso. Percebi de repente que todo o meu entusiasmo pelos povos primevos e nativos americanos poderia ser facilmente incorporado a uma carreira literária. Estou agora convicto de que nenhum outro campo além da literatura inglesa me daria espaço quase ilimitado para fazer aquilo que gosto. Uma ciência me ataria – e provavelmente não daria qualquer fruto que a literatura não me desse. Se quero justificar minha existência, e continuo obcecado com a ideia de que devo dar alguma coisa à humanidade – bem, ensinar deve satisfazer essa obsessão – e se eu conseguir chegar a uma visão inteligente das coisas, uma crítica inteligente dos valores contemporâneos, isto será útil ao mundo. Isso me faz voltar ao dito de Krishna: *O melhor modo de ajudar a humanidade é pelo aperfeiçoamento de si*".

Suas viagens o levaram para o norte, até San Francisco, e depois de volta para o sul, até Pacific Grove, onde passou boa parte do ano na companhia de Carol e John Steinbeck e do biólogo marinho Ed Ricketts. Durante esse período ele lutou com sua escrita, descobriu os poemas de Robinson Jeffers, leu pela primeira vez *Decline of the West*, de Oswald Spengler, e escreveu para umas setenta faculdades e universidades numa tentativa malsucedida de conseguir um emprego. Por fim, foi oferecido a ele um emprego de professor na Canterbury. Ele retornou para a costa leste, onde amargou um ano infeliz como mestre na Canterbury, e o ponto alto do período foi quando vendeu seu primeiro conto ("Strictly Platonic") para a revista *Liberty*. E então, em 1933, ele se mudou para uma casa sem água corrente na Rua Maverick em Woodstock, NY, onde passou um ano lendo e escrevendo. Em 1934 recebeu um convite e aceitou um emprego no departamento de literatura no Sarah Lawrence College, cargo que exerceu por 38 anos.

Em 1938 ele se casou com uma de suas alunas, Jean Erdman, que se tornaria uma presença importante no campo emergente da dança moderna, primeiramente como solista na trupe inicial de Martha Graham, e, mais tarde, como dançarina e coreógrafa de sua própria companhia.

Enquanto dava continuidade à sua carreira como professor, a vida de Joe continuou a se desenrolar através de felizes "acasos". Em 1940 ele foi apresentado a Swami Nikhilananda, que pediu sua ajuda para

Sobre o autor

produzir uma nova tradução do *Evangelho de Sri Ramakrishna* (publicado em 1942). Em seguida, o mesmo apresentou Joe ao estudioso da Índia Heinrich Zimmer, que o apresentou a um membro do conselho editorial da Bollingen Foundation. Esta tinha sido fundada por Paul e Mary Mellon para "desenvolver estudos e pesquisas nas artes e ciências e outros campos culturais em geral" e estava justamente embarcando num ambicioso projeto editorial, a Bollingen Series. Joe foi convidado a contribuir com uma "Introdução e Comentário" à primeira publicação: *Where Two Came to their Father: A Navajo War Ceremonial* [Onde dois foram ao pai: uma cerimônia navajo de guerra], com texto e pinturas registrados por Maud Oakes e doados por Jeff King (Bollingen Series, I: 1943).

Quando Zimmer morreu de repente em 1943, aos 52 anos de idade, sua viúva, Christiana, e Mary Mellon, pediram a Joe que supervisionasse a publicação de suas obras inacabadas. Joe acabou por editar e completar quatro volumes póstumos de Zimmer: *Mitos e Símbolos na Arte e Civilização da Índia* (Bollingen Series VI: 1946), *The King and the Corpse* [publicado em português como *A Conquista Psicológica do Mal*] (Bollingen Series XI: 1948), *Filosofias da Índia* (Bollingen Series XXXIX: 1955), e um opus de dois volumes *The Art of Indian Asia* [A arte da índia asiática] (Bollingen Series XXXIX).

Enquanto isso, Joe continuou contribuindo para a Bollingen com um "Comentário Folclorístico" aos Contos de Grimm (1944). Ele também foi coautor (com Henri Morton Robinson) de *A Skeleton Key to Finnegans Wake* [Chave Mestra para a leitura de Finnegans Wake] (1944), o primeiro grande estudo do romance notoriamente complexo de James Joyce.

Sua primeira obra solo de grande envergadura, *O Herói de Mil Faces* (Bollingen Series XVII: 1949), foi publicada e recebeu aclamação pública, tendo concedido a ele a primeira de numerosas premiações e honrarias: Prêmio por Contribuições à Literatura Criativa do National Institute of Arts and Letters. Neste estudo do mito do herói, Campbell propõe a existência de um Monomito (palavra emprestada de James Joyce), um padrão universal que é comum em contos heroicos em todas as culturas. Ao esboçar os estágios básicos desse ciclo mítico, ele também explorou variações comuns na jornada do herói que, conforme argumenta, é uma metáfora operacional, não apenas para o indivíduo, mas para a cultura também. *O Herói de Mil Faces* viria a ter uma enorme influência sobre várias gerações de artistas criativos – desde os expressionistas abstratos dos anos 1950 até os cineastas contemporâneos – e com o tempo se tornaria um clássico.

Joe escreveu dúzias de artigos e numerosos outros livros, inclusive *The Masks of God: Primitive Mythology* (Vol. 1: 1959), *Oriental Mythology* (Vol. 2: 1962), *Occidental Mythology* (Vol. 3: 1964), *Creative Mythology* (Vol. 4: 1968) [*As máscaras de Deus: Mitologia Primitiva* (Vol. 1: 1992), *Mitologia Oriental* (Vol. 2: 1994), *Mitologia Ocidental* (Vol. 3: 2004) e *Mitologia Criativa* (Vol. 4: 2010) São Paulo: Palas Athena Editora.] *The Flight of the Wild Gander: Explorations in the Mythological Dimension* (1969); Myths to Live By (1972) [*Mitos para viver.* São Paulo:Palas Athena Editora, 2023.] *The Mythic Image* (1974); *The Inner Reaches of Outer Space: Metaphor as Myth and as Religion* (1986); e cinco livros de seu Atlas Histórico da Mitologia Mundial em quatro volumes, inacabado (1983-87).

Foi também um profícuo editor. Ao longo dos anos, editou *The Portable Arabian Nights* (1952) e foi editor chefe da série *Man and Myth* (1953-1954), que incluía obras de quilate escritas por Maya Deren (*Divine Horseman: the Living Gods of Haiti,* 1953), Carl Kerrnyi (*The Gods of the Greeks,* 1954) e Alan Watts (*Myth and Ritual in Christianity,* 1954). Ele também editou *The Portable Jung* (1972), bem como seis volumes de *Papers from the Eranos Yearbooks* (Bollingen Series XXX); *Spirit and Nature* (1954), *The Mysteries* (1955), *Man and Time* (1957), *Spiritual Disciplines* (1960), *Man and Transformation* (1964) e *The Mystic Vision* (1969).

Não obstante suas muitas publicações, é possível dizer que Joe teve seu maior impacto no público atuando como orador. Desde a sua primeira aparição pública em 1940 – uma palestra no Ramakrishna-Vivekananda Center intitulada "A mensagem de Sri Ramakrishna para o Ocidente" – ficou evidente que ele era um erudito, porém um palestrante acessível, talentoso contador de histórias, e jocoso narrador. Nos anos que se seguiram, foi convidado com cada vez mais frequência para falar em diferentes locais e sobre variados assuntos. Em 1956 foi convidado a palestrar no Forum Service Institute do Departamento de Estado; falando sem anotações, ele palestrou durante dois dias inteiros. Suas apresentações eram tão bem recebidas que ele foi convidado a voltar todos os anos durante 17 anos. Em meados dos anos 1950' ele também assumiu uma série de palestras públicas no Cooper Union na cidade de Nova York, e essas palestras atraíram um público cada vez maior e mais diverso, e logo se tornaram um evento periódico.

Joe começou a ensinar no Esalem Institute em 1965. Daí em diante, todos os anos ele voltava ao Big Sur para partilhar suas ideias mais recentes, seus insights, suas histórias. Com o passar dos anos, ele acabou cada vez mais afeiçoado a suas temporadas anuais naquele lugar que ele chamava de "paraíso da Costa do Pacífico". Embora tenha se aposentado do cargo de professor no Sarah Lawrence em 1972 para se dedicar à escrita, continuou a fazer essas temporadas de dois meses de aulas todos os anos.

Em 1985 Joe ganhou a medalha de ouro de Literatura do National Arts Club. Na cerimônia de premiação, James Hillman observou: "Ninguém do nosso século – nem Freud, nem Thomas Mann, nem Levi--Strauss – aproximou tanto nossa consciência diária do sentido mítico do mundo e suas figuras eternas".

Joseph Campbell morreu inesperadamente em 1987 depois de uma breve luta contra o câncer. Em 1988 milhões de pessoas foram apresentadas às suas ideias pela transmissão do programa *Joseph Campbell e o Poder do Mito*, série apresentada por Bill Moyers – seis horas de um diálogo eletrizante entre os dois homens, que fora gravado ao longo de vários anos. Quando ele faleceu, a revista *Newsweek* observou que "Campbell tornou-se um dos intelectuais mais raros da vida norte--americana: um pensador sério que foi abraçado pela cultura popular".

Em seus últimos anos, Joe gostava de relembrar que Schopenhauer, em seu ensaio *On the Apparent Intention in the Fate of the Individual*, escreveu sobre o sentimento curioso de que há um autor em algum lugar escrevendo o romance de nossa vida, de tal modo que eventos que nos parecem acasos na verdade têm uma trama se desenvolvendo, trama que desconhecemos.

Revendo a vida de Joe, é inevitável sentir que ela comprova a observação de Schopenhauer.

SOBRE A FUNDAÇÃO JOSEPH CAMPBELL

A Fundação Joseph Campbell (JCF na sigla em inglês) é uma organização sem fins lucrativos que dá continuidade à obra de Joseph Campbell, explorando os campos da mitologia e religião comparada. A Fundação está voltada para três objetivos principais:

- Primeiramente, ela preserva, protege e perpetua a obra pioneira de Joseph Campbell. Isto inclui a catalogação e arquivamento de sua obra, o desenvolvimento de novas publicações baseadas nessa obra, a coordenação da venda e distribuição das obras publicadas, a proteção dos direitos autorais de suas obras, e o crescimento da difusão de sua obra disponibilizando-a em formato digital no website da JCF.

- Em segundo lugar, a Fundação promove o estudo da mitologia e religião comparada. Isto envolve a a implementação e/ou apoio a diversos programas educativos sobre mitologia, o apoio/patrocínio de eventos concebidos para conscientização do público em geral, a doação de obras de Campbell arquivadas principalmente no Joseph Cambell and Marija Gimbutas Archive and Library e a utilização do website da JCF como fórum para relevantes diálogos interculturais.

- Em terceiro lugar, a Fundação auxilia indivíduos a enriquecerem suas vidas pela participação em uma série de programas, inclusive nosso programa de associados via internet, nossa rede internacional local de Mesas Redondas Mitológicas, e nossos eventos e atividades periódicas relacionados a Joseph Campbell.

Para mais informações sobre a obra de Joseph Campbell e a JCF visite:

Joseph Campbell Foundation
8033 Sunset Blvd. #1114
Los Angeles, CA. 90046-2401

LISTA DE ILUSTRAÇÕES

I – O IMPACTO DA CIÊNCIA NO MITO

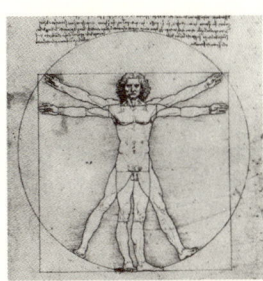

Fig. 1.1 – Homem Vitruviano. Itália, c.1485-1490. Tinta sobre papel. Leonardo daVinci. Galleria dell'Academia, Veneza, Itália. Foto: Luc Viatour via lucnix.be. sob licença de atribuição Creative Commons.

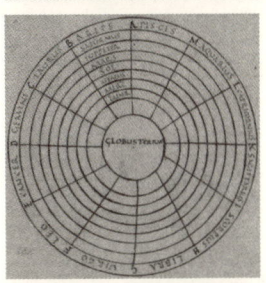

Fig. 1.2 – Esferas Planetárias. Alemanha, fac-símile de manuscrito do séc. IX. Diagrama planetário macróbio. Imagem: Richy via commons.wikimedia.org.

Fig. 1.3 – Dante e o Monte Purgatório. Itália, afresco, 1464. Domenico de Michelino: Dante diante dos portões do inferno e Monte Purgatório. O Duomo, Florença, Itália. Note as esferas celestiais com os planetas acima da cabeça de Dante.

Fig. 1.4 – Templo do Sol. México, Asteca. Séc I-II. Teotihuacan – Pirâmide do Sol. Foto: Joel Bedford via Flickr.com. Sob licença de atribuição Creative Commons.

Figura 1.5 – Batendo o Mar Lácteo. Camboja, Khmer, baixo relevo, séc. XII. O batimento do mar de leite, figurado em baixo relevo ao sul da parede leste do terceiro recôndito do templo de Angkor Wat.

II – O SURGIMENTO DA HUMANIDADE

Fig. 2.1 – O mago de Trois Frères. Ariège, France. Reprodução artística de uma pintura rupestre neolítica, c.13.000 a.C. Desenho: George Armstrong. Copyright © 1983, 2011, Joseph Campbell Foundation.

Fig. 2.2 – Sepultamento Neandertal. França, Neandertal, reconstrução artística, c.60,000 a.C. Desenho de George Armstrong. Copyright © 1983, 2011, Joseph Campbell Foundation.

Fig. 2.3 – Criação. Holanda, tinta sobre madeira. c.1500. Hieronymus Bosch: O jardim das delícias terrenas. Detalhe "A união de Adão e Eva". Museu do Prado, Madri, Espanha. Foto: The Yorck Project: 10.000 Meisterwerke. DVD-ROM, 2001.

Fig. 2.4 – Eden. Itália, afresco. 1508-1512. Michelangelo Buonarroti: Capela Sixtina. Detalhe: "A tentação e a queda". Vaticano, Roma, Itália. Foto: The Yorck Project: 10.000 Meisterwerke. DVD-ROM, 2001.

Fig. 2.5 – Não temas. Japão, bronze, 751, Templo Todaiji em Nara, Japão. O grande Buda (sânscrito, Mahavairocana; em japonês, Daibutsu) fazendo o gesto de "não tema". Foto: Christopher Schmidt/ crschmidt via Flickr.com Sob licença de atribuição Creative Commons.

Fig. 2.6 – Guardiães do Limiar. Japão, madeira entalhada, 1203. Templo de Todaiji em Nara, Japão. Guardiães que lançam raios (Kongo-rikishi). Foto: Copyright © 1985, 2011, Joseph Campbell Foundation.

Lista de ilustrações

Fig. 2.7 – Montes de pedras nas montanhas. Tibet, 2006. "Tibet – Nam-Tso: Montes de pedras e a montanha (Nyenchen Tanglha)". Foto: McKay Savage/ mckaysavage via Flickr.com. Sob licença de atribuição Creative Commons.

Fig 2.8 – Sacrifício do urso aino. Reprodução artística de uma gravura do séc. XIX. Ainos preparando um urso para "liberação". Imagem: Edward Greey, *Os adoradores de Urso de Yezo* e a *Ilha de Karafuto (Saghalin)*, ou *As aventuras da Família Jewett e seu amigo Oto Nambo* (Boston: Lee and Shepard, 1883).

Fig. 2.9 – Morte do urso. Japão, reprodução artística de uma gravura do séc. XIX. Aindu despedindo o urso. Imagem: Greey, *op.cit.*

Fig. 2.10 – Vênus de Laussel. França, reprodução artística de baixo relevo, *c.*18.000 a.C. Vênus de Laussel, Musée d'Aquitaine, Bordeaux, França.

III – A IMPORTÂNCIA DOS RITOS

Fig. 3.1 – Sacerdote hopi. Estados Unidos, 1906. Edward S. Curtis: "O Sacerdote Serpente (Hopi)". Foto: Northwestern University Livrary, Edward S. Curtis's *The North American Indian: the Photographic Images,* 2001. Library of Congress – *Edward S. Curtis's The North American Indian.*

Fig. 3.2 – Noite estrelada. França, óleo sobre tela, 1889. Vincent Van Gogh: Noite Estrelada. Museum of Modern Art, New York, Estados Unidos. Foto: The Yorck Project: 10.000 Meisterwerke. DVD-ROM, 2003.

Fig. 3.3 – Cerimônia do chá. Japão, 1958. Cerimônia do Chá. Foto Joseph Campbell. Copyright © 2008, 2011, Joseph Campbell Foundation.

Fig. 3.4 – Cavalo sem cavaleiro. Estados Unidos, 1963. Funeral de Estado de John F. Kennedy. John F. Kennedy Library and Museum. Foto: SP/4 David S. Schwartz, Exército dos Estados Unidos.

Fig. 3.5 – Constantino. Mosaico bizantino, c.1000. Constantino o Grande. Foto: The Yorck Project: 10.000 Meisterwerke. DVD-ROM, 2003.

Fig. 3.6 – Música natural. Estados Unidos, 2007. Praia de Muir, Natal. Foto: Sasha Kudler, Copyright © 2007, Sasha Kudler. Usado sob licença.

IV – A SEPARAÇÃO ENTRE ORIENTE E OCIDENTE

Fig. 4.1 – Kali sobre Shiva. Índia, guache sobre papel, data incerta. Kali em pé sobre Shiva. Usado com permissão de colecionador privado.

Lista de ilustrações

Fig. 4.2 – Matador de monstros. Iraque, incrustação de conchas e lápis lázuli, Suméria, *c.*2650-2400 a.C.

Fig. 4.3 – Máscaras de Deus. Indonésia, entalhe em madeira de Bali. 2008. Máscaras de Vishnu. Bali, Indonésia. Foto Rudy Hermann/roodee via Flickr.com. Licença de atribuição Creative Commons.

Fig. 4.4 – Beatriz mostra o Paraíso a Dante. Afresco. Alemanha, 1817-1827. Phillip Veit: Beatrice shows Dante Paradise. Casa Masimo, Roma, Itália. Foto: The Yorck Project: 10.000 Meisterwerke. DVD-ROM, 2003.

Fig. 4.5 – A bem-aventurança de seu próprio verdadeiro império. Japão, estátua em pedra, século XII. Buda. Usuki, Oita, Kyushu, Japão.

Fig. 4.6 – O pensador. França, bronze, 1878. Auguste Rodin: The Thinker. Musée Rodin, Paris, France. Foto: Andrew Horne, 2010 via commons.wikimedia.org.

Fig. 4.7 – **A criação de Eva**. Suíça, óleo sobre tela, 1793. Johan Heinrich Füssli: A criação de Eva (segundo o *Paraíso Perdido* de Milton). Künsthalle, Hamburg, Alemanha. Foto: The Yorck Project: 10.000 Meisterwerke. DVD-ROM, 2003.

V – O CONFRONTO ENTRE ORIENTE E OCIDENTE NA RELIGIÃO

Fig. 5.1 – **Kandi, 1956**. Sri Lanka. Procissão religiosa. Foto: Joseph Campbell. Copyright © 2002, 2011, Joseph Campbell Foundation. (Cf. Joseph Campbell, Sake&Satori: Asian Journals – Japan, New World Library, 2002, p. 6-7).

Fig. 5.2 – **Leo Frobenius**. Antes de 1920. Foto: US Library of Congress.

Fig. 5.3 – **Martin Buber**. Israel, c.1950.

Lista de ilustrações

Fig. 5.4 – Krishna e os criadores de vaca. Índia, tinta sobre papel. *c.*1740. Série Ragamala: Krishna playing flute. Boston Museum of Fine Art, Boston, Estados Unidos. Foto: The Yorck Project: 10.000 Meisterwerke. DVD-ROM, 2003.

Fig. 5.5 – Joseph Campbell no Japão. Japão, 1956. Joseph Campbell. Photo: Copyright © 2004, 2011, Joseph Campbell Foundation.

Fig. 5.6 – Kirtimukha. Nepal. Kirtimukha sobre a entrada do templo hindu em Kathmandu. Foto: Clemensmarabu via commons.wikimedia.org. Licença de atribuição Creative Commons.

VI – A INSPIRAÇÃO DA ARTE ORIENTAL

Fig. 6.1 – A perfeição da sabedoria. Índia, tinta sobre folha de pameira, *c.*1080. Bodisatva Prajnaparamita (perfeição da sabedoria). Bodleian Library. Oxford, Inglaterra. Foto: The Yorck Project: 10.000 Meisterwerke. DVD-ROM, 2003.

Fig. 6.2 – Cidades de sonho. Cambodja, início do século XIII. Budas. Templo Bayon, Angkor Thom, Cambodja. Foto: Henry Flower via commons.wikimedia.org. Sob licença de atribuição de Creative Commons.

Fig. 6.3 – Chakras. Representação artística de Chakras. Imagem: Copyright © 1996, 2011, Joseph Campbell Foundation.

Fig. 6.4 – Sukhavati. China, tinta sobre seda, século VIII. O Buda Amitaba na Terra Pura a Oeste (sânscrito: Sukhavati). Foto: The Yorck Project: 10.000 Meisterwerke. DVD-ROM, 2003.

Fig. 6.5 – O Caminho da natureza. Japão, xilogravura, 1872. Hokusai: A Tour of the Waterfalls of the Provinces, "Cachoeira de Amida na estrada de Kiso". Foto: The Yorck Project: 10.000 Meisterwerke. DVD-ROM, 2003.

Fig. 6.6 – Yin-yang. China, aquarela e tinta, 1535. Ch'em Shun: "Montanhas". Foto: The Yorck Project: 10.000 Meisterwerke. DVD-ROM, 2003.

VII – ZEN

Fig. 7.1 – Templo e jardim Nanzenji. Japão, 1956. O templo Nanzenji e seu jardim. Kioto, Japão. Foto: Joseph Campbell. Copyright © 2002, 2011, Joseph Campbell Foundation.

Fig. 7.2 – Postura de tocar a terra. Laos, bronze, século XVII. Buda fazendo o gesto de tocar a terra (sânscrito: Bhumisparsha Mudara). Wat Sisaket, Vientiane, Laos. Foto: Thomas Wanhoff/thomaswanhoff via Flickr.com. Sob licença de atribuição Creative Commons.

Lista de ilustrações

Fig. 7.3 – Kuan-yin. Macau, bronze, século XII. Kuan-yin. Foto: Tim Wang/jiazi via Flickr.com. Sob licença de atribuição Creative Commons.

Fig. 7.4 – Bodhidharma. Tinta sobre papel. Japão, século XVIII. Hakuin: Bodhidharma. Foto: Bob Swain via picasaweb.google.com. Sob licença de atribuição Creative Commons.

Fig. 7.5 – O círculo aberto. Estados Unidos, 1995. Círculo Zen, ou enso. Imagem: O logo do círculo aberto é marca registrada da Joseph Campbell Foundation.

Fig. 7.6 – Jardim Zen. Japão, 1956. Jardim Zen. Kioto, Japão. Foto: Joseph Campbell. Copyright © 2002, 2011, Joseph Campbell Foundation.

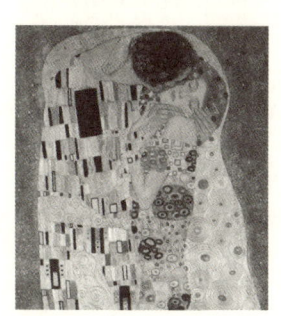

VIII – A MITOLOGIA DO AMOR

Fig. 8.1 – O beijo. Áustria, óleo e folha de ouro sobre tela, 1907-1908. Gustav Klimt: "O Beijo", Belevedere Museum, Vienna, Áustria. Foto: The Yorck Project: 10.000 Meisterwerke. DVD-ROM, 2003.

Fig. 8.2 – Krishna e as jovens esposas. Índia, tinta sobre papel, século XVIII. Krishna e as jovens esposas. Foto: The Yorck Project: 10.000 Meisterwerke. DVD-ROM, 2003.

Fig. 8.3 – Tristão e Isolda. Estados Unidos, 2011. Tristão e Isolda bebem a poção de amor. Imagem: Copyright © 2011 Gerald McDermott. Usada sob permissão (a obra foi criada para a série em vídeo *Mythos III: The Shaping of the Western Tradition*, de Joseph Campbell).

Fig. 8.4 – Paolo e Francesca. Inglaterra, gravura, 1856. Dante e Virgílio encontram Francesca di Rimini e seu amante Paolo Malatesta no Inferno. Gustav Doré: "Francisca da Rimini" em Dante Alighieri, *Inferno*, Canto V, prancha 16.

Fig. 8.5 – Parsifal e Condwiramurs. Estados Unidos, gravura, 1912. Willy Progány: "Eles se agarraram um ao outro, por um impulso docemente unidos" em T. W. Rolleston, *Parsifal or the Legend of the Holy Grail, Retold from Ancient Sources*. New York: T. Y. Crowell and Co., 1912.

IX – MITOLOGIAS DE GUERRA E PAZ

Fig. 9.1 – Arjuna e Krishna seguem para a batalha. Índia, tinta sobre tela, c.1820. Mahabharata: Arjuna e Krishna (esquerda) enfrentam Karna em batalha. Foto: The Mandarin via en.wikimedia.org.

Fig. 9.2 – Locutores de código. General Douglas MacArthur e soldados nativos americanos. Pacífico Sul, 1943. Foto US Signal Corps.

Lista de ilustrações

Fig. 9.3 – Heitor é trazido de volta a Troia. Roma, mármore, séc. II. Foto: Marie-Lan Nguyen/Jastrow via em.wikimedia.org.

Fig. 9.4 – O beijo de Judas. Pedro (em baixo à esquerda) tira a espada da bainha. Itália, tinta sobre madeira, séc. XIV. Foto: The Yorck Project: 10.000 Meisterwerke. DVD-ROM, 2003.

Fig. 9.5 – Vessantara e seu elefante. Wat Surwannaram, Tailândia, mural, séc. XIX. Wat Suwannaram, Bangkok, Tailândia. Foto: Heinrich Damm/Hdamm via en.wikimedia.org. Sob licença de atribuição Creative Commons.

Fig. 9.6 – Krishna revela sua verdadeira forma. Índia, aquarela e ouro sobre papel, séc. XVIII.

Fig. 9.7 – O grande selo dos Estados Unidos (anverso). Estados Unidos, criado em 1782. Imagem: Website do senado norte-americano.

X – ESQUIZOFRENIA – A JORNADA INTERIOR

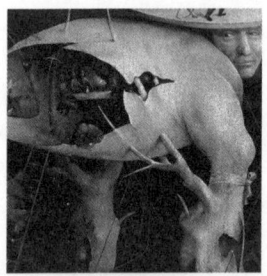

Fig. 10.1 – A jornada interior. Holanda, tinta sobre madeira, 1500. Hieronymus Bosch: O Jardim das delícias terrenas. Detalhe, "Inferno", Museu do Prado, Madri, Espanha. Foto: The Yorck Project: 10.000 Meisterwerke. DVD-ROM, 2003.

Fig. 10.2 – Knud Rasmussen. Canadá, 1921.

Fig. 10.3 – Najagneq. Alaska, 1924.

Fig. 10.4 – Afogamento. Pedro se afoga no Mar da Galileia. Áustria, afresco, 1925. Herbert Böckl: "Erretung des ertrinkenden Heiligen Petrus aus dem See Genesareth". Catedral Maria Saal, Maria Saal, Carinthia, Áustria. Foto: Zereshk via commons.wikimedia.org. Sob licença de atribuição Creative Commons.

Fig. 10.5 – Instinto. Ilhas South Padre, Texas, Estados Unidos, 2010. A Kemp's Ridley é uma espécie de tartaruga marinha sob sério risco de extinção. A cada ano o serviço de parques do governo norte--americano encuba os ovos dessas tartarugas e, quando eclodem, solta no mar para ajudar a aumentar a população. Aqui vemos a "soltura anual das tartarugas", evento que ocorre na Ilha South Padre. Foto: Zereshk via commons.wikimedia.org. Sob licença de atribuição Creative Commons.

Fig. 12.4 – Bacantes desmembrando Penteu. Cálice grego de figuras vermelhas, *c.*480 a.C. Atribuído a Douris: "A morte de Penteu". Original no Kimball Art Museum, Fort Worth, Texas, Estados Unidos.

Fig. 12.5 – Nascer da Terra. Foto: NASA, 1969.

Lista de ilustrações

Fig. 11.7 – E daí? Buzz Aldrin, Apollo XI, 1969. Foto: NASA.

ENVIADO – SEM MAIS HORIZONTES

Fig. 12.1 – Sem mais horizontes. França, gravura em madeira, 1888. Em Camille Flammarion, *L'atmosphère: météorologie populaire*. Essa xilogravura, que foi algumas vezes identificada como sendo da Idade Média, foi publicada em um livro pelo autor e por vezes gravador Flamarrion, de onde deriva seu nome. É provável que tenha sido o artista também.

Fig. 12.2 – Shiva e Ganesha. Índia, entalhe em madeira. Foto: Harminder Deshi Photography/harmid via Flickr.com. Sob licença de atribuição Creative Commons.

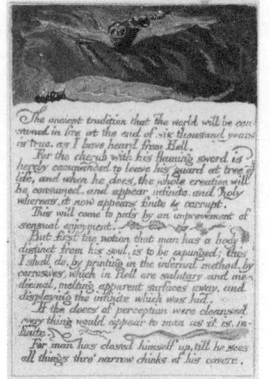

Fig. 12.3 – As portas da percepção. Inglaterra, gravura, 1791-1793. William Blake: The Marriage of Heaven and Hell, "A memorable Fancy", prancha 14. Reproduzido de Ellis e Yeats, *The Works of William Blake*.

Fig. 11.2 – Immanuel Kant.

Fig. 11.3 – **Domesticando o fogo**. Um yamabushi japonês doma o fogo. Kioto, Japão, 21 de maio de 1956. Fotografado por Joseph Campbell. Copyright © 2002, 2011, Joseph Campbell Foundation.

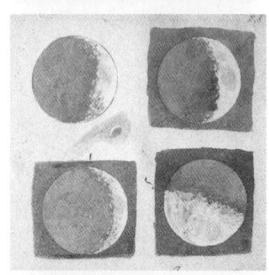

Fig. 11.4 – **Galileu: fases da Lua**. As fases da lua desenhadas por Galileu, Itália, séc. XVI.

Fig. 11.5 – **Alan Watts**. Copyright © 1972, Alan Watts Foundation. Utilizado sob licença.

Fig. 11.6 – **Expansão da visão**. Templo budista de Hongzhou, Xangai, China. Foto Ivan Walsh/ivanwalsh via Flickr.com. Sob licença de atribuição Creative Commons.

Lista de ilustrações

Fig. 10.6 – Apolo e Dafne. Itália, tinta sobre lã, c.1470-1480. Antonio del Pollaiuolo, National Gallery, Londres, Inglaterra. Foto: The Yorck Project: 10.000 Meisterwerke. DVD-ROM, 2003.

Fig. 10.7 – Prometeu. Holanda, óleo sobre tela, 1611-1612, Peter Paul Rubens. Philadelphia Museum of Art. Philadelphia, Estados Unidos. Foto: The Yorck Project: 10.000 Meisterwerke. DVD-ROM, 2003.

Fig. 10.8 – Circe. Circe transformando os homens de Odisseu em animais. Itália, gravura, c.1650-1651. Giovanni Benedetto Castiglione.

Fig. 10.9 – Nova Jerusalém. Inglaterra, tinta e aquarela, 1808. William Blake: detalhe de "O último dia do julgamento". Foto: Adaptado de Edwin John Ellis e William Butler Yeats, editores, *The Works of William Blake*, vol. III. (Londres: Bernard Quaritch, 1893).

XI – A CAMINHADA NA LUA – A JORNADA EXTERIOR

Fig. 11.1 – Caminhada na Lua. 20 de julho, 1969. NASA.

Texto composto em Versailles LT Std.
Impressão e acabamento Mundial Gráfica.